2025年度版

# 静岡県・静岡市・浜松市の

# 理科

# 過去問

協同教育研究会 編

協同出版

本書には，静岡県・静岡市・浜松市の教員採用
試験の過去問題を収録しています。各問題ごとに，
以下のように5段階表記で，難易度，頻出度を示し
ています。

## 難 易 度

非常に難しい　☆☆☆☆☆
やや難しい　　☆☆☆☆
普通の難易度　☆☆☆
やや易しい　　☆☆
非常に易しい　☆

## 頻 出 度

◎　　ほとんど出題されない
◎◎　　あまり出題されない
◎◎◎　普通の頻出度
◎◎◎◎　よく出題される
◎◎◎◎◎　非常によく出題される

# はじめに～「過去問」シリーズ利用に際して～

　教育を取り巻く環境は変化しつつあり，日本の公教育そのものも，教員免許更新制の廃止やGIGAスクール構想の実現などの改革が進められています。また，現行の学習指導要領では「主体的・対話的で深い学び」を実現するため，指導方法や指導体制の工夫改善により，「個に応じた指導」の充実を図るとともに，コンピュータや情報通信ネットワーク等の情報手段を活用するために必要な環境を整えることが示されています。

　一方で，いじめや体罰，不登校，暴力行為など，教育現場の問題もあいかわらず取り沙汰されており，教員に求められるスキルは，今後さらに高いものになっていくことが予想されます。

　本書の基本構成としては，出題傾向と対策，過去5年間の出題傾向分析表，過去問題，解答および解説を掲載しています。各自治体や教科によって掲載年数をはじめ，「チェックテスト」や「問題演習」を掲載するなど，内容が異なります。

　また原則的には一般受験を対象としております。特別選考等については対応していない場合があります。なお，実際に配布された問題の順番や構成を，編集の都合上，変更している場合があります。あらかじめご了承ください。

　最後に，この「過去問」シリーズは，「参考書」シリーズとの併用を前提に編集されております。参考書で要点整理を行い，過去問で実力試しを行う，セットでの活用をおすすめいたします。

　みなさまが，この書籍を徹底的に活用し，教員採用試験の合格を勝ち取って，教壇に立っていただければ，それはわたくしたちにとって最上の喜びです。

協同教育研究会

# CONTENTS

第1部 静岡県・静岡市・浜松市の理科
出題傾向分析……3

第2部 静岡県・静岡市・浜松市の
教員採用試験実施問題 …13

第1部

# 静岡県・静岡市・浜松市の理科出題傾向分析

# 静岡県・静岡市・浜松市の理科　傾向と対策

　中学理科の解答様式は記述式であり，毎年の傾向として物理・化学・生物・地学の各分野2題ずつ計8題を課している。高校理科の解答様式も記述式であり，2024年度は学習指導要領に関する共通問題1題と各科目独立した問題で構成されており，各科目について物理は大問6題，化学は大問7題，生物は大問9題を課している。高校理科の募集科目は年度によって変更があるため，志望する科目の募集の有無を確認する必要がある。中学理科，高校理科ともに配点は100点で，試験時間は，中学理科は80分，高校理科は90分となっている。

　中学理科は，基本的に中学で扱われる内容の範囲内からの出題となっており，一部高校範囲の知識を要する設問が含まれる場合がある。難易度に関しては，標準レベルの問題が多いため，問題集で演習を十分に積むことが最も確実な対策である。例年，実験の考察問題が出題される傾向があるため，実験の結果だけでなく，実験の目的・方法・結果から導き出される考察までのプロセスを十分に理解しておく必要がある。それに加えて，実験の留意点や器具の操作方法など，生徒への指導方法を学習指導要領や教科書で整理しておくことが望ましい。短答問題だけでなく論述問題も含まれ，論述問題での解答の記述や表現によって差がつくと考えられるため，時間内に必要な情報を過不足なく論述する学習を行っておくとよい。また身近な現象や時事問題が出題されることもあるので，科学に関する身近なできごとに関心をもっておくことも必要である。学習指導要領については，大問が設定されず，一部の科目で小問として1〜2問程度出題されることが多い。2024年度は物理および生物において，単元の内容についての空欄補充問題が出題された。2023年度は，化学において学習指導要領の空所補充問題が，2020年度は，化学において学習指導要領の一部抜粋に絡めて実験内容や注意点などを答えさせる問題や，生物・地学において学習指導要領の空所補充問題が出題され，2021年度は，物理において学習指導要領解説から理科の見方・考え方，

指導の重点に関する問題が出題された。学習指導要領からの出題は今後も小問として続くものと考え，学習指導要領解説と併せて熟読，理解し，キーワードについては正確に記述できるようにしておこう。

　高校理科は，高校で扱われる内容の範囲内からの出題となっている。難易度は標準レベルの問題が多いが，計算過程の記述や説明問題，図示問題も含まれるため，教科書の章末問題や傍用問題集で十分に演習を積んだ後，大学入試標準・難関レベルの問題集で演習を積むことが望ましい。出題範囲に特に偏りはなく全範囲からまんべんなく出題されているので，対策には十分な時間が必要である。全科目とも計算や記述の分量が非常に多いため，時間配分が重要な要素となる。また，静岡県に関連する出題(静岡県と関わりのあるノーベル賞受賞者，伊豆半島の地学事象など)や近年の科学的なトピックに関する出題もあるので，教科書の熟読に加えて，最新の科学技術や地域における応用例を適用できるようにしておくとよいだろう。学習指導要領については，空所補充問題のような基本的な問題だけでなく，学習指導要領に関連した論述問題が出題されており，学習指導要領を単に暗記しているだけでは解答するのが難しい出題も見られる。2024年度は，実験における留意事項についての記号選択問題と記述問題が，2023年度は，研究倫理について，生徒が改ざんを行う恐れのある場面と，それを防ぐための指導方法について論述する問題が出題されている。このような問題に対応するために，学習指導要領や同解説，教科書などを参考に，実際の授業を想定して，その単元の理解にふさわしい実験内容とは何か，生徒にどのように実験方法を指示し，何について考察を行うべきかについて整理しておくことや，日常生活や自然現象などと授業や実験をどう関連させると生徒の興味・関心をひきやすくなるかを考えておくことが望ましい。論述の解答欄は大きくはないので，簡略かつ必要な情報を的確に記述できるような学習も必要である。

　さらに過去問には必ず当たっておこう。数年分の過去問を実際の受験のつもりで試すことにより，出題傾向を自分で分析し，出題形式に慣れ，自分の苦手な分野を知ることができる。苦手克服の対策により，自信にもつながるのである。

# 過去5年間の出題傾向分析

■中学理科

| 科目 | 分類 | 主な出題事項 | 2020年度 | 2021年度 | 2022年度 | 2023年度 | 2024年度 |
|---|---|---|---|---|---|---|---|
| 物理 | 身近な物理現象 | 光 | | | ● | | |
| | | 音 | | | | | ● |
| | | 力 | ● | ● | | ● | |
| | 電流の働き | 電流と回路 | ● | | | ● | |
| | | 電流と磁界 | | | ● | | ● |
| | 運動の規則性 | 運動と力 | | | | | |
| | | 仕事，エネルギー，熱 | ● | ● | | ● | |
| | 学習指導要領 | 内容理解，空欄補充，正誤選択 | | ● | | | ● |
| 化学 | 身近な物質 | 物質の性質 | | | | ● | |
| | | 物質の状態変化 | | | | ● | |
| | | 水溶液 | | | ● | | |
| | | 酸性・アルカリ性の水溶液 | ● | ● | | ● | |
| | | 気体の性質 | | ● | | | |
| | 化学変化と分子・原子 | 物質の成り立ち | | | | ● | ● |
| | | 化学変化と物質の質量 | ● | ● | | | |
| | 物質と化学変化の利用 | 酸化・還元 | | | ● | | |
| | | 化学変化とエネルギー | | | ● | | |
| | 学習指導要領 | 内容理解，空欄補充，正誤選択 | ● | | | ● | |
| 生物 | 植物のからだのつくりとはたらき | 観察実験 | ● | | | | |
| | | 花や葉のつくりとはたらき | | ● | | | ● |
| | | 植物の分類 | | | | | ● |
| | 動物のからだのつくりとはたらき | 刺激と反応 | ● | | | | |
| | | 食物の消化 | | | ● | | |
| | | 血液の循環 | | | | | |
| | | 呼吸と排出 | | | | ● | |
| | 生物の細胞と生殖 | 生物のからだと細胞 | ● | | | | |
| | | 生物の殖え方 | | | | ● | ● |
| | | 環境・生態系 | | | ● | ● | ● |
| | 学習指導要領 | 内容理解，空欄補充，正誤選択 | ● | | | | ● |
| 地学 | 大地の変化 | 岩石 | | | | ● | |
| | | 地層 | | ● | ● | | |
| | | 地震 | | | | | |
| | 天気の変化 | 雲のでき方・湿度 | ● | | | ● | ● |
| | | 前線と低気圧 | ● | ● | | ● | ● |
| | | 気象の変化 | ● | ● | | | |

6

| 科目 | 分類 | 主な出題事項 | 2020年度 | 2021年度 | 2022年度 | 2023年度 | 2024年度 |
|---|---|---|---|---|---|---|---|
| 地学 | 地球と宇宙 | 太陽系 | | | ● | | |
| | | 地球の運動と天体の動き | ● | | ● | | ● |
| | 学習指導要領 | 内容理解, 空欄補充, 正誤選択 | | | | | |

## ■高校物理

| 分類 | 主な出題事項 | 2020年度 | 2021年度 | 2022年度 | 2023年度 | 2024年度 |
|---|---|---|---|---|---|---|
| 力学 | 力 | | ● | ● | ● | ● |
| | 力のモーメント | | | | ● | |
| | 運動方程式 | ● | | ● | ● | ● |
| | 剛体の回転運動 | | | | | |
| | 等加速度運動 | ● | | ● | ● | |
| | 等速円運動 | | ● | | ● | ● |
| | 単振動 | ● | | ● | ● | |
| | 惑星の運動・万有引力 | ● | | | | |
| | 仕事, 衝突 | | ● | ● | ● | ● |
| 波動 | 波動の基礎 | | | ● | | |
| | 音波 | ● | | | ● | ● |
| | 光波 | ● | ● | ● | | ● |
| 電磁気 | 電界と電位 | ● | | ● | ● | ● |
| | コンデンサーの基礎 | | | | ● | |
| | 直流回路 | ● | | | | |
| | コンデンサー回路 | | | ● | | |
| | 電流と磁界 | ● | ● | | ● | ● |
| | 電磁誘導 | ● | | | | ● |
| | 交流電流 | | | ● | | ● |
| | 電磁波 | | | | | |
| 熱と気体 | 熱, 状態の変化 | ● | ● | ● | | ● |
| | 状態方程式 | ● | ● | ● | ● | ● |
| | 分子運動 | | | | ● | ● |
| | 熱力学第一法則 | ● | ● | ● | ● | |
| 原子 | 光の粒子性 | | | ● | | |
| | 物質の二重性 | | | | | |
| | 放射線 | | | ● | ● | ● |
| | 原子核反応 | ● | | | ● | |
| その他 | 実験・観察に対する考察 | | | | | |
| 学習指導要領 | 内容理解, 空欄補充, 正誤選択 | ● | ● | | | ● |

## ■高校化学

| 分類 | 主な出題事項 | 2020年度 | 2021年度 | 2022年度 | 2023年度 | 2024年度 |
|---|---|---|---|---|---|---|
| 物質の構成 | 混合物と純物質 | | | | | |
| | 原子の構造と電子配置 | | | | | |
| | 元素の周期表 | | | | | ● |
| | 粒子の結びつきと物質の性質 | | | | | ● |
| | 原子量, 物質量 | | | | ● | |
| | 化学変化とその量的関係 | ● | ● | ● | | ● |
| 物質の変化 | 熱化学 | ● | ● | | ● | ● |
| | 酸と塩基 | ● | | | | ● |
| | 酸化と還元 | ● | | ● | | ● |
| | 電池 | ● | ● | ● | | ● |
| | 電気分解 | | ● | | | |
| 無機物質 | ハロゲン | | | | | |
| | 酸素・硫黄とその化合物 | | | | ● | |
| | 窒素・リンとその化合物 | ● | | ● | | ● |
| | 炭素・ケイ素とその化合物 | ● | | | | |
| | アルカリ金属とその化合物 | ● | | | | |
| | 2族元素とその化合物 | | | ● | | |
| | アルミニウム・亜鉛など | | | | ● | |
| | 遷移元素 | | ● | | | |
| | 気体の製法と性質 | ● | ● | ● | | |
| | 陽イオンの沈殿, 分離 | | ● | ● | | ● |
| 有機化合物 | 脂肪族炭化水素 | | ● | | | ● |
| | アルコール・エーテル・アルデヒド・ケトン | ● | ● | | | |
| | カルボン酸とエステル | ● | | ● | | |
| | 芳香族炭化水素 | ● | | | ● | |
| | フェノールとその誘導体 | | | | ● | |
| | アニリンとその誘導体 | | | | ● | |
| | 有機化合物の分離 | ● | | | ● | |
| 物質の構造 | 化学結合と結晶 | | ● | | | ● |
| | 物質の三態 | ● | | ● | ● | |
| | 気体の性質 | ● | ● | | | ● |
| | 溶液, 溶解度 | ● | ● | ● | ● | |
| | 沸点上昇, 凝固点降下, 浸透圧 | | | ● | | |
| 反応速度と化学平衡 | 反応速度 | | | | | |
| | 気相平衡 | | ● | | ● | |
| | 電離平衡 | | | ● | | |
| | 溶解度積 | | | ● | | |
| | ルシャトリエの原理 | | ● | | | |

| 分類 | 主な出題事項 | 2020年度 | 2021年度 | 2022年度 | 2023年度 | 2024年度 |
|---|---|---|---|---|---|---|
| 天然高分子 | 糖類 | | | | ● | |
| | アミノ酸・タンパク質 | | | ● | | |
| | 脂質 | | | | | |
| 合成高分子 | 合成繊維 | | ● | | | ● |
| | 合成樹脂（プラスチック） | | ● | | | |
| | ゴム | | | | | |
| 生活と物質 | 食品の化学 | | | | ● | |
| | 衣料の化学 | | | | | |
| | 材料の化学 | | | | | |
| 生命と物質 | 生命を維持する反応 | | | | ● | |
| | 医薬品 | | | | | |
| | 肥料 | | | | | |
| 学習指導要領 | 内容理解, 空欄補充, 正誤選択 | ● | ● | | | ● |

## ■高校生物

| 分類 | 主な出題事項 | 2020年度 | 2021年度 | 2022年度 | 2023年度 | 2024年度 |
|---|---|---|---|---|---|---|
| 細胞・組織 | 顕微鏡の観察 | | | | | |
| | 細胞の構造 | ● | | ● | | ● |
| | 浸透圧 | | | | | |
| | 動物の組織 | | | | | |
| | 植物の組織 | | | | | |
| 分裂・生殖 | 体細胞分裂 | ● | | | | |
| | 減数分裂 | ● | ● | | | |
| | 重複受精 | | | ● | | |
| 発生 | 初期発生・卵割 | ● | | | | ● |
| | 胚葉の分化と器官形成 | ● | | ● | | ● |
| | 誘導 | | | | | ● |
| | 植物の組織培養 | | | | | |
| 感覚・神経・行動 | 感覚器 | | | | | ● |
| | 神経・興奮の伝導・伝達 | ● | | | ● | |
| | 神経系 | | | | | |
| | 動物の行動 | | | ● | | |
| 恒常性 | 体液・血液循環 | ● | | | | |
| | 酸素解離曲線 | ● | | | | |
| | ホルモン | | | | | |
| | 血糖量の調節 | | | | | |
| | 体温調節 | | | | | |
| | 腎臓・浸透圧調節 | | ● | | ● | |
| | 免疫 | | | | | ● |

| 分類 | 主な出題事項 | 2020年度 | 2021年度 | 2022年度 | 2023年度 | 2024年度 |
|---|---|---|---|---|---|---|
| 恒常性 | 器官生理 | | | | | |
| | 自律神経系 | | | | | |
| 遺伝 | メンデル遺伝 | | | | | |
| | 相互作用の遺伝子 | | | | | |
| | 連鎖 | | | | | |
| | 伴性遺伝 | | | | | |
| | 染色体地図 | | | | | |
| 植物の反応 | 植物の反応 | | | | | ● |
| | 植物ホルモン | ● | | ● | | ● |
| | オーキシンによる反応 | ● | | | | |
| | 種子の発芽 | | | | | |
| | 花芽形成 | | | ● | | |
| 遺伝子 | DNAの構造とはたらき | | ● | | | |
| | 遺伝情報の発現とタンパク質合成 | | ● | ● | | ● |
| | 遺伝子の発現・調節 | ● | | | | ● |
| | 遺伝子工学 | ● | ● | ● | ● | ● |
| 酵素・異化 | 酵素反応 | | | ● | ● | |
| | 好気呼吸 | | ● | | ● | |
| | 嫌気呼吸 | | ● | | ● | |
| | 筋収縮 | | | | ● | |
| 同化 | 光合成曲線 | | ● | | | |
| | 光合成の反応 | | | ● | | ● |
| | 窒素同化 | | | | ● | |
| | C4植物 | | | | | ● |
| 個体群・植物群落・生態系 | 成長曲線・生存曲線・生命表 | ● | | | | ● |
| | 個体群の相互作用 | ● | | | | |
| | 植物群落の分布 | | | ● | | ● |
| | 植物群落の遷移 | | | | | |
| | 物質の循環 | | | | | |
| | 物質生産 | | | | ● | |
| | 湖沼生態系 | | | | | |
| | 環境・生態系 | | ● | | | ● |
| 進化・系統・分類 | 進化の歴史 | ● | ● | | ● | |
| | 分子系統樹 | | ● | | | |
| | 進化論 | | | | ● | ● |
| | 集団遺伝 | | | | | ● |
| | 系統・分類 | ● | | | ● | |
| 学習指導要領 | 内容理解, 空欄補充, 正誤選択 | ● | ● | | | ● |

■高校地学

| 分類 | 主な出題事項 | 2020年度 | 2021年度 | 2022年度 | 2023年度 | 2024年度 |
|---|---|---|---|---|---|---|
| 惑星としての地球 | 地球の姿 | | | ● | ● | |
| | 太陽系と惑星 | | | | ● | |
| 大気と海洋 | 大気の運動 | | ● | ● | ● | |
| | 天候 | | | | | |
| | 海水の運動 | | | | ● | |
| 地球の内部 | 地震と地球の内部構造 | | ● | ● | ● | |
| | プレートテクトニクス | | ● | ● | ● | |
| | マグマと火成活動 | | | ● | | |
| | 地殻変動と変成岩 | | ● | ● | | |
| 地球の歴史 | 地表の変化と堆積岩 | | ● | ● | ● | |
| | 地球の歴史の調べ方 | | ● | | ● | |
| | 日本列島の生い立ち | | | ● | | |
| 宇宙の構成 | 太陽の姿 | | | | | |
| | 恒星の世界 | | ● | ● | | |
| | 銀河系宇宙 | | | | ● | |
| その他 | 実習活動の要点 | | | | | |
| 学習指導要領 | 内容理解, 空欄補充, 正誤選択 | | ● | | | |

# 第2部

# 静岡県・静岡市・
# 浜松市の
# 教員採用試験
# 実施問題

**2024年度** **実施問題**

## 中　学　理　科

【1】 花子さんは，毎年冬にドアノブを触ろうとすると，パチッと音がして火花が見える経験をする。花子さんはこの現象がなぜ起こるのか不思議に思い，追究することにした。

(1) 次の文章の空欄に入る語句を書きなさい。

　　この現象は，違う種類の物質を互いに摩擦したときに発生した電気が，物体にたまったために起こる現象である。このような物体にたまった電気を(　　)という。

(2) 次の表は，いろいろな繊維どうしをこすり合わせたときに，どちらが＋や－の電気を帯びやすいかを示したものである。ウールとアクリルをこすり合わせた場合，ウールは＋，－のどちらの電気を帯びるか，次の表を参考にして書きなさい。

表

| －に帯電しやすい　←　　　　　　　　→　＋に帯電しやすい | | | | | | | |
|---|---|---|---|---|---|---|---|
| アクリル | ポリエステル | アセテート | 麻 | 綿 | 絹 | レーヨン | ウール | ナイロン |

(3) 花子さんは，(1)の現象には電子の移動が関係していることを知った。この電子の移動により，物体に＋の電気がたまったり，－の電気がたまったりする。物体の電気の帯び方を調べる道具として，箔検電器がある。箔検電器を使って，次のような手順で実験を行った。

　(実験手順)
　i　図1のように，ティッシュペーパーでプラスチック製のストローをよくこすり，これを箔検電器の金属円盤に近づける(ただし接触はさせない)。

14

ii iの状態のまま，箔検電器の金属円盤を指でさわる。

iii iiの状態から，箔検電器の金属円盤から指を離す。

iv iiiの状態から，ストローを箔検電器の金属円盤から離す。

実験手順iの結果，箔検電器の箔が開いた。図1は，この状態を表したものである。図1を参考にして，以下の問いに答えなさい。

図1

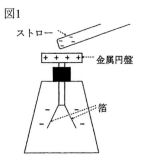

① iiiでは，箔検電器の箔はどのような状態になるか，帯電の様子も含めて次の図に表しなさい。

② ivでは，箔検電器の箔はどのような状態になるか，帯電の様子も含めて次の図に表しなさい。

(4) 花子さんは，冬にドアノブを触ろうとしたときに見える火花が，非常に大きな電圧により発生する小さな雷のような現象であると知った。この現象を，理科室では図2のように誘導コイルとクルックス管を用いて再現することができる。

図２

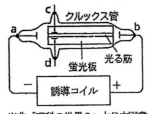

出典「理科の世界２」大日本図書

① クルックス管の中の光る筋は，何という名称で呼ばれているか，書きなさい。

② クルックス管の中の光る筋が，－の電気を帯びている粒子の流れであることを確かめるためには，図2のc，dにどのような操作を行い，どのような結果が得られればよいか簡潔に書きなさい。

(5) 次は，中学校学習指導要領(平成29年3月告示)において，花子さんが追究した内容が含まれる単元の目標の一部である。文中の空欄にあてはまる語句を書きなさい。

「中学校学習指導要領(平成29年3月告示)第2章　第4節　理科」より

> 電流，磁界に関する事物・現象を( ① )や( ② )と関連付けながら，次のことを理解するとともに，それらの観察，実験などに関する技能を身に付けること。

(☆☆☆◎◎◎)

【２】太郎さんは，図1のように水の入った試験管の口に自分の唇を当て，軽く息を吹き込んで音を出す楽器をつくった。そして，この楽器の音の高さを変化させるため，音を出す条件を変化させて調べることにした。ただし，この問題では，空気中の音の速さは340m/sとし，開口端

16

補正は考えないものとする。

図1

出典：「未来へひろがるサイエンス1」啓林館

(1) 最初に太郎さんが音を出した時，試験管の口から水面までの高さは8.5cmであった。このときの音の振動数は何Hzか求め，書きなさい。ただし，試験管内には基本振動による波ができているものとする。

(2) 次に，太郎さんは息を吹き込む強さだけを変化させて，音がどのように変化するか調べた。オシロスコープで波形を観察したところ，振動数は変化せず，振幅だけが変化していた。「振幅」の大きさを表している部分を，図2のア～エから1つ選び，記号で書きなさい。

図2

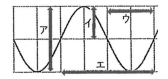

(3) 次に，太郎さんは試験管に入れる水の量と音の高さの関係について調べたところ，試験管に入れる水の量を多くするほど，音の高さが高くなることが分かった。しかし，太郎さんは，音の高さの変化が，試験管の中の空気の部分の長さの変化か，水の部分の長さの変化かどちらによるものなのかに疑問をもった。そこで，同じ太さの試験管で，図3のようにア～エの4つのパターンを用意し，実験をして確かめることにした。以下のa，bそれぞれの場合について確かめる時の適切な組み合わせを選び，記号を書きなさい。

図3

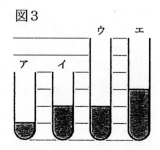

a　空気の部分の長さが関係しているかを確かめる場合。

b　水の部分の長さが関係しているかを確かめる場合。

(4)　太郎さんは，試験管での実験の結果と関係付けて「音を出す部分が短いほど，高い音が出るだろう。」と考えるようになった。そこで，輪ゴムと空き箱を使って，図4のような楽器を組み立て，輪ゴムが振動する部分の長さを変化させて，音の高さが変化するか確かめることにした。

図4

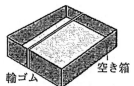

① 最初に太郎さんは，図4の状態で指ではじいて音を出した。輪ゴムが振動する部分の長さが20cmとすると，この輪ゴムの波長は何mか求め，書きなさい。ただし，このとき，輪ゴムには基本振動による波ができているものとする。

② 次に，太郎さんは図5のように輪ゴムの1か所に割りばしを入れ，輪ゴムが振動する部分を短くしていった。輪ゴムが振動する長さが①の場合の半分の時，300Hzの音が出ていたとすると，この輪ゴムを伝わる波の速さは何m/sか求め，書きなさい。

18

図5

輪ゴム　　割りばし　　空き箱

③　太郎さんと同じ班の次郎さんも，輪ゴムと空き箱で楽器をつくった。しかし，輪ゴムが振動する長さが同じでも，次郎さんのほうが低い音が出た。このとき，太郎さんと次郎さんが使った輪ゴムの条件が1つだけ違っていたとすると，次郎さんが使った輪ゴムは太郎さんが使った輪ゴムに比べて，どのようなものであったと考えられるか書きなさい。ただし，輪ゴム以外の条件は二人とも同じであったとする。

④　太郎さんと次郎さんは，自分たちがつくった楽器を②と同じ条件にして，同時に音を鳴らした。すると，毎秒4回のうなりが聞こえた。この時の，次郎さんがつくった楽器の振動数は何Hz求め，書きなさい。

(5)　この実験を終えた後の休み時間，救急車の音が聞こえた。救急車が近づいてくるときと遠ざかっていくときとでは，音の高さが違って聞こえた。この現象を説明した次の文章の空欄に入る適切な語句を書きなさい。

音源が近づいてくるときには，もとの音の高さより(　a　)音が観測され，音源が遠ざかっていくときには，もとの音の高さより(　b　)音が観測される。この現象を(　c　)効果という。

(☆☆☆◎◎◎)

【3】太郎さんは，ホットケーキを作る材料であるベーキングパウダーに炭酸水素ナトリウムが含まれていることに興味をもち，炭酸水素ナトリウムの性質を調べるために次のような実験を行った。以下の問いに答えなさい。

19

【方法】

i　図1のように装置を組み立てる。ゴム管の先を石灰水から抜いておき，ガスバーナーに火をつける。炭酸水素ナトリウムを加熱し始めてから，すぐにゴム管の先を石灰水に入れる。

図1

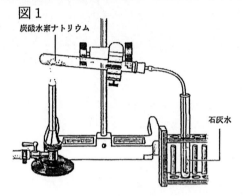

炭酸水素ナトリウム

石灰水

出典：「理科の世界2」大日本図書

ii　発生した気体を石灰水に通して調べる。

iii　試験管に付着した液体を塩化コバルト紙で調べる。

iv　炭酸水素ナトリウムと加熱後の固体の水への溶けやすさや，それぞれにフェノールフタレイン液を入れたときの色の変化を図2のように比べ，結果を表にまとめる。

図2

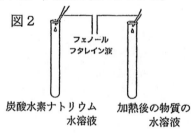

フェノールフタレイン液

炭酸水素ナトリウム　　加熱後の物質の
水溶液　　　　　　　　水溶液

【結果】

| | 炭酸水素ナトリウム | 加熱後の白い物質 |
|---|---|---|
| ①水に入れたときの様子 | a | b |
| ②水に入れ，フェノールフタレイン液を入れたときの様子 | c | d |

(1) 加熱する試験管の口を，少し下向きにして実験を行った。それはなぜか書きなさい。

(2) 方法iiで石灰水が白くにごった。このことから，発生した気体は何か物質名で書きなさい。

(3) (2)の気体が石灰水を白くにごらせる現象を，次の語群から適切な化学式を用いて，化学反応式で書きなさい。

語群 $CaCO_3$　　$CaCl_2$　　$Ca(OH)_2$　　$Ca(HCO_3)_2$　　$Na_2CO_3$
　　　$NaHCO_3$　　$CO_2$　　$O_2$　　$H_2O$

(4) 石灰水が白くにごった後，さらに(2)の気体を加え続けると，白いにごりがなくなる現象が見られた。このときに起こる化学変化を，(3)の語群から適切な化学式を用いて，化学反応式で書きなさい。

(5) 方法iiiで，塩化コバルト紙は何色から何色に変化するか，また発生した液体は何か物質名で書きなさい。

(6) 正しい実験の結果となるように，次の語群から【結果】の表のa～dに当てはまるものを選び，記号で書きなさい。

語群　ア　よく溶けた　　　　　イ　少し溶けた
　　　ウ　溶けなかった　　　　エ　変色しなかった
　　　オ　わずかに変色した　　カ　はっきりと変色した

(7) 加熱後に残った白い物質は何か，物質名で書きなさい。

(8) 太郎さんは，炭酸水素ナトリウムの熱分解により固体，液体，気体を生じていることが分かった。(3)の語群から適切な化学式を用いて，炭酸水素ナトリウムの熱分解を化学反応式で書きなさい。

(9)　実験後，太郎さんは他の物質の熱分解についても興味をもち，酸化銀が同じ装置で熱分解ができることを調べた。このとき発生する気体と白っぽい固体は何か，物質名でそれぞれ書きなさい。

(10)　さらに太郎さんは，(9)の白っぽい固体が酸化銀とは異なる別の物質であることを，色以外についても実験して調べたいと考えた。中学校の理科室で可能な方法を簡単に書きなさい。

(☆☆☆◎◎◎)

【4】花子さんは，金属の種類によって，イオンへのなりやすさに差があるかを調べる実験を行った。次は，実験の方法と結果の表である。以下の問いに答えなさい。

【方法】
　i　図1のように，マイクロプレートの横の列に同じ種類の水溶液，縦の列に同じ種類の金属板を入れる。

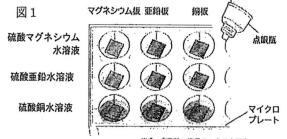

出典：「理科の世界3」大日本図書

　ii　それぞれの組み合わせで，金属板にどのような変化が起きているか観察する。

【結果】

| | マグネシウム板 | 亜鉛板 | 銅板 |
|---|---|---|---|
| 硫酸マグネシウム水溶液 | 変化なし | 変化なし | 変化なし |
| 硫酸亜鉛水溶液 | a | 変化なし | 変化なし |
| 硫酸銅水溶液 | b | c | 変化なし |

(1)　この実験でピンセットを使用する際，金属製のピンセットとプラスチック製のピンセットでは，どちらが適切か書きなさい。また，その理由についても書きなさい。

(2)　正しい実験の結果となるように，結果の表のa～cに当てはまる記号をア～エから1つずつ選び，記号で書きなさい。

　　ア　金属板が厚くなり，黒い物質が付着した。

　　イ　金属板が厚くなり，赤い物質が付着した。

　　ウ　金属板がうすくなり，黒い物質が付着した。

　　エ　金属板がうすくなり，赤い物質が付着した。

(3)　実験の結果から，マグネシウム，亜鉛，銅のイオンへのなりやすさの順序が分かった。3つの金属をイオンになりやすい順に書きなさい。(例　○　＞　□　＞　△ )

(4)　花子さんは，さらに銀と銅のイオンへのなりやすさを比べるため，図2のように硝酸銀水溶液と硝酸銅水溶液をそれぞれ入れた試験管，および，銅線と銀線を用いた実験を行った。実験の結果は，硝酸銀水溶液に銅線を入れた方で変化が見られたが，硝酸銅水溶液に銀線を入れた方では変化が見られなかった。

図2

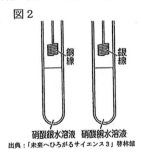

硝酸銀水溶液　硝酸銅水溶液
出典：「未来へひろがるサイエンス3」啓林館

①　硝酸銀水溶液に銅線を入れ，静かに置いておくと，銀色の結晶が樹木の枝のように成長していく現象が見られ，水溶液の色が変化した。このときの，水溶液の色の変化は，何色から何色か書きなさい。

②　①で見られた現象を説明した反応式として，正しいものをア～エから2つ選び，記号で書きなさい。

ア　Ag$^+$+e$^-$→Ag 　　イ　Ag→Ag$^+$+e$^-$ 　　ウ　Cu$^{2+}$+2e$^-$→Cu
エ　Cu→Cu$^{2+}$+2e$^-$

(5) (2)と(4)の実験の結果をふまえ，マグネシウム，亜鉛，銅，銀の
イオンへのなりやすさの順序が分かった。4つの金属をイオンにな
りやすい順に書きなさい。(例　◇　＞　○　＞　□　＞　△ )

(6) 花子さんは，金属のイオンへのなりやすさのことをイオン化傾向
ということを調べて知った。それについて正しい文となるように，
(　　)に当てはまる言葉を選びなさい。

> イオン化傾向が(大きい・小さい)金属ほど，他の物質と反応
> しやすいという傾向がある。

(☆☆☆◎◎◎◎)

【5】太郎さんは近くの山や川，畑などで野外観察を行い，次のⅠ，Ⅱに
ついて調べた。

> Ⅰ　太郎さんは山や畑で植物を観察し，「植物にはどんな特徴が
> あるのだろうか，また，仲間分けはできるのだろうか。」とい
> う問題を見いだし，調べることにした。太郎さんが見つけた
> 植物は，トウモロコシ，アスパラガス，トマト，ツバキ，マ
> ツ，イヌワラビ，スギゴケである。

(1) ツバキとトウモロコシの葉の様子を比べたところ，図1，図2のよ
うな葉脈の様子の違いに気がついた。それぞれの葉脈の名称を書き
なさい。

図1
ツバキ

図2
トウモロコシ

(2) 花の様子に着目し，トマトとマツの花の様子をインターネットや
書籍で調べたところ，図3，図4が見つかった。ア，イ，ウ，エをそ
れぞれ何というか。以下の語群から選びなさい。

24

図3

トマト

図4

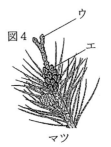

マツ

〈語群〉やく　　がく　　雌花　　雄花　　子房　　胚珠
　　　　柱頭　　花弁

(3)　それぞれの植物を観察したり，インターネットや書籍で特徴を調べたりしていくと，図5のようにa〜fの基準で分類できることが分かった。eの基準は何か，ア〜クから選んで記号で書きなさい。

図5

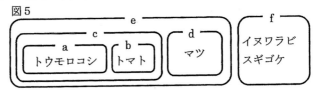

ア　子葉が1枚　　　　イ　子葉が2枚　　ウ　種子でふえる
エ　胞子でふえる　　　オ　花弁が1枚　　カ　花弁が複数
キ　胚珠がむき出し　　ク　胚珠が子房に包まれる

(4)　図6の写真はアスパラガスを色水につけてしばらくしたのちに，茎を切断した断面である。断面にみえる維管束の様子から，アスパラガスは図5のa，b，d，fのどこの分類に当てはまるか選び，記号で書きなさい。

図6

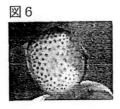

(5)　中学校学習指導要領理科編　第2章2(1)「いろいろな生物とその共

通点」において育成を目指す「思考力，判断力，表現力等」は何か，次の文章の空欄に当てはまる語句を書きなさい。

「イ　身近な生物についての観察，実験などを通して，いろいろな生物の( g )や( h )を見いだすとともに，生物を分類するための観点や基準を見いだして表現すること。」

> Ⅱ　太郎さんは，近所の川で，ミシシッピアカミミガメやオオカナダモなどの生物を見つけた。またその周辺で，ペットボトルなどのプラスチック製品が落ちているのを発見した。

(6)　ミシシッピアカミミガメやオオカナダモのように，本来は分布していなかった地域に，ほかの地域から人間の活動によって意図的，あるいは非意図的に移入され定着した生物を何というか，書きなさい。

(7)　自然界にプラスチック製品が放置されることの問題点は何か，次の文の(　　)に当てはまる語句を書きなさい。

> 「プラスチックは自然界の菌類や細菌類には(　　)されにくく，腐らずに長持ちするという特徴がある。そのため，自然界に放置されると長期間残り，動物が誤飲するなどの問題につながる。」

(☆☆☆◎◎◎)

【6】生物のふえ方について，次のⅠ，Ⅱのように学習した。

> Ⅰ　動物の発生について，理科室で飼育しているメダカのふえ方を調べた。メダカのオスとメスを水槽で飼っていたところ，ある日水槽内にメダカの卵を発見した。その卵を取り出して水を入れたシャーレに入れ観察し続けたところ，図1のような変化が観察でき，数日後に稚魚が生まれた。
>
> 図1 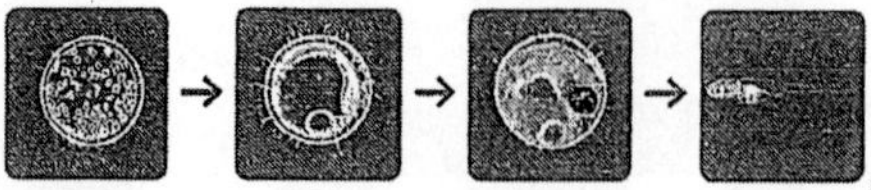
>
>
> 出典「理科の世界3」大日本図書

(1) 水槽内で発見し観察した卵は，オスの精子とメスの卵が受精して
できた受精卵であった。オス，メスの体内で精子と卵が作られる場
所を何というか，それぞれ書きなさい。

(2) (1)内で精子や卵をつくる際に起こる細胞分裂を何というか，書き
なさい。

(3) (2)の細胞分裂の際，細胞分裂後の細胞一つの中の染色体の数は細
胞分裂前と比べどうなっているか。正しいものを次のア～ウから選
び，記号で書きなさい。
　　ア　半分になる　　　イ　変わらない　　　ウ　2倍になる

(4) メダカのように雌雄の親がかかわって子をつくることを何という
か，書きなさい。

(5) (4)に対して，雌雄の親を必要とせず，親の体の一部から新しい個
体ができるふえ方をする生物がいる。このようなふえ方をする際，
子に表れる特徴は親と比べてどうであるか，書きなさい。

---

Ⅱ　植物の受粉について調べた。花粉が柱頭に付着しても花粉
が胚珠に届いていないことを疑問に思った。そこで「花粉と
胚珠をつなぐものがあるはずだ」と考え，次の実験を行った
ところ，図3のように花粉からaが出ている様子が確認できた。

図2

砂糖水
スライドガラスに　10％の砂糖水をスポイトで
1滴落とし，その上に花粉を落とす。
出典　「未来へ広がるサイエンス3」啓林館

図3　0分後　花粉　2.5分後　10分後　a

花粉が変化するようすを顕微鏡で 100 倍程度の倍率で観察する。

出典　「理科の世界３」大日本図書

(6)　図2の実験で砂糖水を用いた理由を書きなさい。

(7)　図3の花粉から出ているaの名称を書きなさい。

(8)　受粉してから種子ができるまでが正しい順となるよう，<u>ア</u>に続くようにイ～エを並べかえなさい。

　　<u>ア　花粉がめしべの柱頭に付着する</u>

　　イ　精細胞の核と卵細胞の核が合体する(受精卵ができる)

　　ウ　aが胚珠まで伸び，aの中を精細胞が移動する

　　エ　受精卵が胚に成長し胚珠全体が種子になる

(9)　スギ，ヒノキなどは風によって花粉を運び受粉するため，受粉の効率が悪く大量の花粉を生成する必要がある。そのため，現代では花粉によるアレルギー症状を引き起こすことにもつながっていると考えられている。スギ，ヒノキのように風によって花粉を運び受粉を行う植物を何というか，書きなさい。

(☆☆☆☆◎◎◎)

【7】次のⅠ～Ⅲの問いに答えなさい。

　Ⅰ　冬のある日，気象観測を行った。

(1)　この日は晴れで，北西の風，風力3であった。天気図記号で表しなさい。

(2)　図1はこの日の乾湿計の様子を示している。また表は乾湿計用湿度表の一部である。この時の湿度を表から読み取って書きなさい。

図1

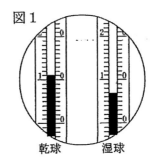

乾球　　　湿球

表

| 乾球の示度 (℃) | 乾球と湿球の示度の差 (℃) | | | | | |
|---|---|---|---|---|---|---|
| | 0 | 1 | 2 | 3 | 4 | 5 |
| 15 | 100 | 89 | 78 | 68 | 58 | 48 |
| 14 | 100 | 89 | 78 | 67 | 57 | 46 |
| 13 | 100 | 88 | 77 | 66 | 55 | 45 |
| 12 | 100 | 88 | 76 | 65 | 53 | 43 |
| 11 | 100 | 87 | 75 | 63 | 52 | 40 |
| 10 | 100 | 87 | 74 | 62 | 50 | 38 |

Ⅱ　連続した3日間の天気図A～Cを用意したが，日付が分からなくなってしまった。

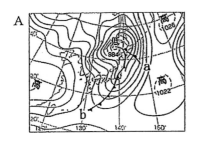

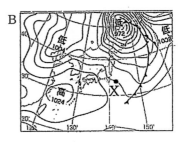

29

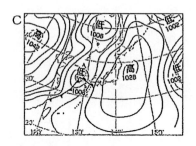

(3) 天気図A〜Cを日付の早い順に並べかえ，記号で書きなさい。

(4) 天気図BのX地点の気圧を天気図から読み取り書きなさい。単位も書くこと。

(5) 天気図Aの前線aの説明として正しいものを，次のア〜エから1つ選び，記号で書きなさい。

　　ア　暖気が寒気の上をはい上がっている
　　イ　寒冷前線が温暖前線に追いつき重なっている
　　ウ　暖気が寒気を押し上げている
　　エ　寒気団と暖気団が同じ勢力で押し合っている

(6) 天気図Aの前線b付近の気象について説明したものである。文中の( ① )〜( ⑤ )にあてはまる語句を，以下のオ〜シからそれぞれ選び，記号で書きなさい。

---

　　前線付近では( ① )が( ② )を押し上げるように進むので，前線面の傾きは急で強い( ③ )気流を生じる。このため( ④ )が発達して，強いにわか雨になることが多く，雷や突風をともなうこともある。前線の通過後は，気温が急激に( ⑤ )。

---

オ　暖気　　カ　寒気　　キ　上昇　　ク　下降　　ケ　積乱雲
コ　巻雲　　サ　上がる　シ　下がる

Ⅲ　フェーン現象について，次の文を読んで問いに答えなさい。

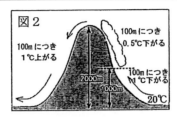

| 気温〔℃〕 | 0 | 1 | 2 | 3 | 4 | 5 | 6 | 7 | 8 | 9 | 10 |
|---|---|---|---|---|---|---|---|---|---|---|---|
| 飽和水蒸気量〔g/m³〕 | 4.8 | 5.2 | 5.6 | 5.9 | 6.4 | 6.8 | 7.3 | 7.8 | 8.3 | 8.8 | 9.4 |
| 気温〔℃〕 | | 11 | 12 | 13 | 14 | 15 | 16 | 17 | 18 | 19 | 20 |
| 飽和水蒸気量〔g/m³〕 | | 10.0 | 10.7 | 11.3 | 12.1 | 12.8 | 13.6 | 14.5 | 15.4 | 16.3 | 17.3 |
| 気温〔℃〕 | | 21 | 22 | 23 | 24 | 25 | 26 | 27 | 28 | 29 | 30 |
| 飽和水蒸気量〔g/m³〕 | | 18.3 | 19.4 | 20.6 | 21.8 | 23.0 | 24.4 | 25.7 | 27.2 | 28.7 | 30.3 |

　水蒸気を含んだ空気が山を越えて風下側にふいたとき，風上側に比べて気温が高く空気が乾燥する。これをフェーン現象という。図2のようにふもと(標高0m)に温度20℃の空気のかたまりがあるとする。この空気のかたまりが上昇気流となって雲をつくらずに山の斜面を上ると，高度100mにつき1℃の割合で気温が下がる。ふもとにあった空気のかたまりが上昇し，標高1000mで露点に達して雲を作り，その後雨を降らせながら上昇するとき，( ① )ので，温度の下がる割合は，高度100mにつき0.5℃となる。標高1000mで( ② )℃だった気温は，標高2000mの山頂に達すると，気温は( ③ )℃になる。山頂でちょうど雲が消え，空気が斜面を下る時は100mにつき1℃温度上昇する。風下側のふもと標高0mで温度( ④ )℃，湿度( ⑤ )%となる。

(7)　下線部の説明として，( ① )に当てはまる文を次のア～エから選び，記号で書きなさい。

　ア　水蒸気が水滴になるときに熱が吸収される

　イ　水滴が水蒸気になるときに熱が吸収される

　ウ　水蒸気が水滴になるときに熱が放出される

　エ　水滴が水蒸気になるときに熱が放出される

(8)　( ② )～( ⑤ )に当てはまる数値を整数(小数第一位を四捨五入)で書きなさい。

(☆☆☆○○○)

【8】図1は太陽・地球の位置と，地球の公転軌道，天球上の太陽の通り道付近にある星座の位置を模式的に示したものであり，A～Dは約3ヶ月ごとの地球の位置である。

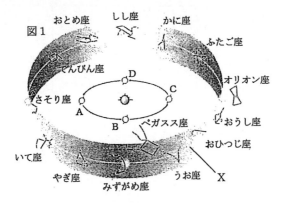

図1

(1)　図1のXは天球上の太陽の見かけの通り道である。何というか書きなさい。

(2)　地球がAの位置にある時，真夜中0時に真南の空に見える星座の名称を，図1から1つ選び書きなさい。

(3)　おとめ座が真夜中の0時に真南の空に見えたとき，西の方角の地平線近くに見える星座は何か。最も適切なものを次のア～オから選び，記号で書きなさい。
　　ア　いて座　　イ　てんびん座　　ウ　しし座　　エ　うお座
　　オ　ふたご座

(4)　(3)の後も南の空の観察を続けたところ，同日の2時間後にはてんびん座が真南の空に見えた。これは地球の何という運動によって起こるものか書きなさい。

(5)　(3)から2週間後，おとめ座が(3)と同じ位置にくるのは何時頃か，

次のア～カから選び，記号で書きなさい。

ア　22時　　イ　23時　　ウ　0時　　エ　1時　　オ　2時

カ　3時

(6)　おとめ座は9月や10月の夜間にはほとんど見ることができない。その理由を書きなさい。

(7)　図2の星座が真夜中0時頃に天頂に見えるのは，図1の地球A～Dのどの位置の頃か，記号で書きなさい。

図2

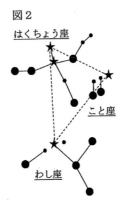

(8)　次の文は，太陽の見かけの動きについて述べたものである。正しい文になるように，（　①　），（　②　）にはそれぞれ方角を，（　③　）には当てはまる数値を整数で書きなさい。

> 　地球が太陽のまわりを公転することにより，地球から見た太陽は，星座の星の位置を基準にすると，星座の星の間を（　①　）から（　②　）へゆっくり移動しているように見える。太陽が星座の間を1日に動く角度は約（　③　）度である。

(9)　次のア～ウの文章が正しければ○，間違っていれば×を書きなさい。

ア　赤道上では，毎日太陽は天頂を通過する。

イ　日本では見えるが，オーストラリアでは見えない星座がある。

ウ　赤道上では年間を通じて昼と夜の長さがほぼ等しい。

(10)　東経135度の地方標準時を示す正確な時計を持った人が，都市Y
　　　へ旅行し，太陽が南中した時，その時計は13時20分を示していた。
　　　またこの日，都市Yでの北極星の高度を計測したところ，48度だっ
　　　た。都市Yの緯度と経度を書きなさい。

(☆☆☆○○○○)

# 高 校 理 科

## 【共通問題】

【1】高等学校学習指導要領(平成30年告示)における理科の目標には，
「見通しをもって観察，実験を行うことなどを通して，自然の事物・
現象を科学的に探究するために必要な資質・能力を(中略)育成するこ
とを目指す。」とある。実験に関する次の問いに答えなさい。

問1　実験において，精度の高いデータを得るために必要なこととし
　　て適切なものを，次のア～オから2つ選び，記号で答えなさい。

　　ア　1つの方法の実験を1回行う。

　　イ　1つの方法の実験を複数回行い，平均値をとる。

　　ウ　複数の異なる方法の実験を1回ずつ行う。

　　エ　1つの方法の実験で調べる要因を1つにしぼる。

　　オ　1つの方法の実験で調べる要因は2つまでにする。

問2　生徒が実験を行う際にやってはいけないことを，次のア～カか
　　ら1つ選び，記号で答えなさい。

　　ア　実験机を整理整頓してから実験を行う。

　　イ　実験を計画するときには，安全についても十分に配慮する。

　　ウ　使用した薬品はすべて，大量の水とともに流して捨てる。

　　エ　事前に事故が発生したときにどう対処するのか，学習，訓練し
　　　ておく。

　　オ　実験は慌てないように段取りを立ててから行う。

　　カ　実験室では白衣や保護めがねを使う。

問3　実験で使用する液体の体積をはかりとるとき，様々なガラス器具を使用することが考えられる。あるガラス器具を用いて溶液Aを一定量正確にはかりとろうとしたとき，そのガラス器具の乾燥が不十分で，純水で濡れていた。このガラス器具をすぐに使いたい場合，どのようにすればよいか。簡単に説明しなさい。

(☆☆☆◎◎)

## 【物理】

【1】放射線と力学に関する次の問いに答えなさい。

問1　放射線には，主なものとして α 線，β 線，γ 線がある。表1は，α 線，β 線，γ 線の正体と性質を示したものである。表1の空欄（ ア ）〜（ エ ）に入る語句の組み合わせとして最も適切なものを，以下の①〜⑨から1つ選び，記号で答えなさい。

表1

| 放射線 | 正体 | 電離作用 | 透過力 |
|---|---|---|---|
| α 線 | （ ア ） | 大 | （ ウ ） |
| β 線 | （ イ ） | 中 | 中 |
| γ 線 | 電磁波 | 小 | （ エ ） |

| | ア | イ | ウ | エ |
|---|---|---|---|---|
| ① | 電子 | He の原子核 | 大 | 小 |
| ② | 電子 | 中性子 | 小 | 大 |
| ③ | 電子 | 中性子 | 大 | 小 |
| ④ | 中性子 | 電子 | 小 | 大 |
| ⑤ | 中性子 | He の原子核 | 大 | 小 |
| ⑥ | 中性子 | He の原子核 | 小 | 大 |
| ⑦ | He の原子核 | 中性子 | 大 | 小 |
| ⑧ | He の原子核 | 電子 | 小 | 大 |
| ⑨ | He の原子核 | 電子 | 大 | 小 |

問2　軽い糸の一端を天井に固定し，他端におもりを取りつけて単振り子をつくり，振れ角を小さくして，おもりを左右に振った。この

　　単振り子の周期を長くする方法として適切なものを，次のア〜エか
　　らすべて選び，記号で答えなさい。
　　ア　おもりの質量を大きくする。
　　イ　おもりの質量を小さくする。
　　ウ　糸の長さを長くする。
　　エ　糸の長さを短くする。
問3　ケプラーの法則に関する次の文章の空欄（　ア　）〜（　エ　）に適
　　切な語句や数値を入れなさい。
　　　ドイツの天文学者ケプラーは，惑星の運行に関して以下の3つの
　　法則を発見した。
　　第1法則　惑星は，太陽を1つの焦点とする（　ア　）軌道上を運動す
　　　　　　る。
　　第2法則　太陽と惑星とを結ぶ線分が，単位時間に描く（　イ　）は，
　　　　　　それぞれの惑星について一定である。
　　第3法則　惑星の公転周期の（　ウ　）乗と，軌道の半長軸の（　エ　）
　　　　　　乗の比の値はすべての惑星について同じ値である。
問4　自動車Aと自動車Bが直線コースの同じ位置から同じ方向に同時
　　に走り出す。図1は，AとBがスタートした時刻を$t=0$として，時刻$t$
　　と速さ$v$の関係を表したものである。なお，自動車Aは，$t=10$sと$t=$
　　30sに加速度の大きさを変化させており，$t=30$s以降，AとBは等加
　　速度直線運動をし続ける。以下の問いに答えなさい。

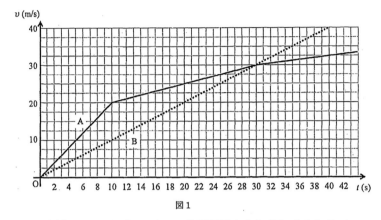

図1

(1) 時刻$t=10$sにおけるAとBの移動距離をそれぞれ求めなさい。

(2) スタートしてから$t=40$sまでの間で，AとBの移動距離の差が最も大きくなる時刻を求めなさい。また，そのように考えた理由を，簡単に書きなさい。

(3) AとBがちょうど横に並ぶ時刻を求めなさい。ただし，$t=0$sを除く。

次に，自動車Aを5.0m/sの一定の速さで水平に走らせる。このとき，自動車Aの窓から外を眺めてみると，雨滴が鉛直方向に対して30°の角をなして前方から降ってくるように見えた。

(4) 風がなく，雨滴が鉛直下向きに降っているとき，地上に対して雨滴が落下する速さを求めなさい。ただし，$\sqrt{3}=1.73$とし，有効数字2桁で答えなさい。

問5 図2のように，なめらかな水平面上で，球Pに初速度$v_0$を与え，静止している球Qに衝突させた。衝突後の球Pと球Qの速度をそれぞれ求めなさい。ただし，球Pの質量を$m$，球Qの質量を$5m$，球Pと球Qの間の反発係数を$e$とし，初速度$v_0$の向きを正の向きとする。

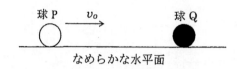

図2

問6　図3のように，質量Mの一様な直方体の容器がある。この容器の
　　底面は一辺がaの正方形で，高さは4aである。この容器の蓋を開け，
　　質量mの液体を入れ，蓋を閉じた。このとき，液体の高さは2aであ
　　った。図4は，図3の容器を真横から見た図であり，底面の中心を原
　　点Oとし，そこから鉛直上向きにy軸をとる。液体の入った容器全体
　　の重心のy座標を，M，m，aを用いて表しなさい。

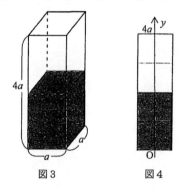

図3　　　　図4

(☆☆☆○○○)

【2】力学に関するⅠ，Ⅱの問いに答えなさい。
　Ⅰ　形と大きさの等しいプラスチック球と鉄球を用いて，2種類の実
　　験を行う。鉄球の質量は，プラスチック球の質量の5倍である。次
　　の実験1，2に関する以下の問いに答えなさい。
　　実験1…図5のように，同じ高さにあるプラスチック球と鉄球を，初
　　　速度0で同時に落下させる。

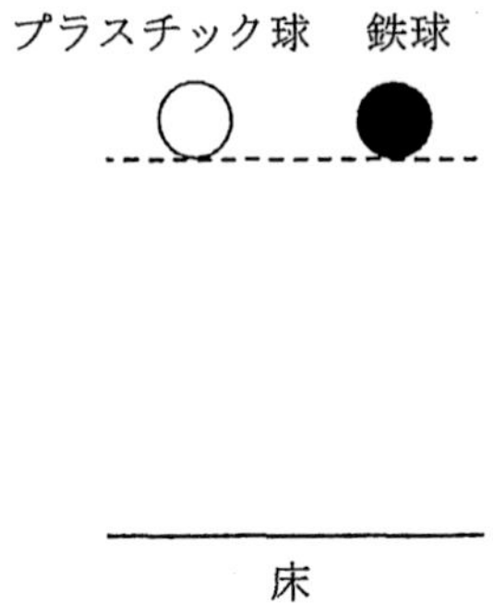

プラスチック球　鉄球

図5

床

問1　実験1において，空気中を落下する物体は空気抵抗を受ける。空気中を落下する物体の運動に関する次の文章の空欄(　ア　)，(　イ　)に適切な語句を入れなさい。

　　空気中を落下する物体が，速さに比例する空気抵抗を受ける場合を考える。物体が落下し始めてから十分に時間が経過すると，空気抵抗と重力がつりあって物体の速度が一定になる。この一定になった速度を(　ア　)と呼ぶ。形と大きさが等しく，質量の異なる物体の場合，(　ア　)の大きさは，質量の大きい物体の方が(　イ　)なる。

実験2…図6のように，水槽に水を張り，同じ深さにあるプラスチック球と鉄球を，初速度0で同時に落下させる。ただし，プラスチック球の比重は1より大きいものとする。

39

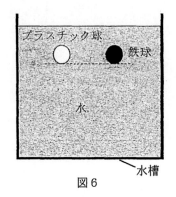

図6

問2　実験2の結果として最も適切なものを，次のア～ウから1つ選
　　び，記号で答えなさい。また，そのように判断した理由を，簡単
　　に書きなさい。

　　ア　鉄球の方が先に底につく。

　　イ　プラスチック球の方が先に底につく。

　　ウ　両方同時に底につく。

Ⅱ　図7のように，水平面の左側に斜面，右側に半径$r$の半円筒面がな
　　めらかに接続されている。水平面からの高さが$2r$の斜面上の点Aか
　　ら，質量$m$の小球を静かにはなした。重力加速度の大きさを$g$とし
　　て，以下の問いに答えなさい。ただし，斜面，水平面，半円筒面と
　　小球との間にはたらく摩擦及び空気抵抗は考えないものとし，小球
　　の大きさは無視できるものとする。また，図7の半円筒面の中心をO，
　　半円筒面の最高点をCとしたとき，OCとOBのなす角度を$\theta$とする。

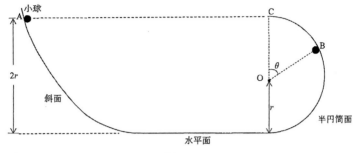

図7

問3　小球は，斜面を下って水平面上に達した。小球が水平面に達したときの速さを，$g$, $r$を用いて表しなさい。

問4　小球が点Bを通過するときの速さを，$g$, $r$, $\theta$を用いて表しなさい。

問5　小球が点Bを通過するときの面から受ける垂直抗力の大きさを，$m$, $g$, $\theta$を用いて表しなさい。

問6　やがて，小球はある点で半円筒面から離れた。その点の水平面からの高さを，$r$を用いて表しなさい。

(☆☆☆◎◎)

【3】熱力学に関するⅠ，Ⅱの問いに答えなさい。

Ⅰ　図8のように，なめらかに動くピストンがついた円筒の容器が水平に置かれている。ピストンには，ばね定数$k$のばねが付いており，そのばねの他端は壁に固定されている。これらは断熱材で作られていて，容器の断面積は$S$である。容器内には加熱装置があり，容器内の気体を加熱することができる。加熱装置の体積と熱容量は小さく，無視できるものとする。容器内に単原子分子の理想気体を入れたところ，容器内の気体の圧力は大気圧と同じ$p_0$で，ばねは自然長の状態であった(状態A)。次に，容器内の気体に熱を加えていくと，ピストンはゆっくりと動き，ばねが距離$x$だけ縮んで静止した(状態B)。以下の問いに答えなさい。

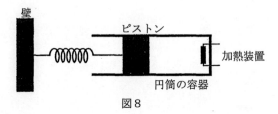

図8

問1　状態Bのときの気体の圧力を$p_B$とする。$p_B$を，$S$，$k$，$p_0$，$x$を用いて表しなさい。

問2　状態Aから状態Bまでの，容器内の気体の圧力と体積の関係を表したグラフとして最も適切なものを，次のア〜エから1つ選び，記号で答えなさい。ただし，状態A，状態Bの気体の体積をそれぞれ$V_A$，$V_B$とする。

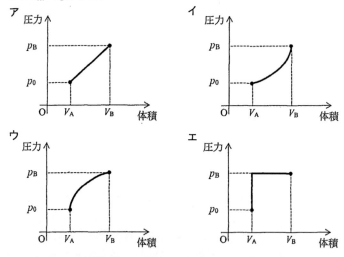

問3　状態Aから状態Bまでの間に，容器内の気体が外部にした仕事を，$S$，$k$，$p_0$，$x$を用いて表しなさい。

Ⅱ　内半径$r$の球状の容器の中に，質量$m$の分子$N$個からなる理想気体を入れる。気体分子は，さまざまな方向に運動しているが，図9のように，内壁の法線方向と$\theta$のなす角度で，内壁に速さ$v$で衝突する分子について考える。内壁と分子の衝突は弾性衝突で，容器内の

分子の速さはすべて$v$であるとして，以下の問いに答えなさい。ただし，円周率を$\pi$とする。

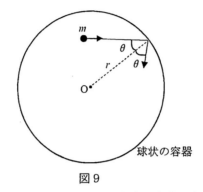

図9

問4　1回の衝突で1個の分子が内壁に与える力積の大きさを，$m$，$v$，$\theta$を用いて表しなさい。

問5　1個の分子が単位時間に内壁に衝突する回数を，$r$，$v$，$\theta$を用いて表しなさい。

問6　容器内の気体の圧力を，$r$，$m$，$v$，$N$，$\pi$を用いて表しなさい。

(☆☆☆○○○)

【4】レンズと球面鏡に関するⅠ，Ⅱの問いに答えなさい。

Ⅰ　焦点距離7.5cmの凸レンズ$L_1$，焦点距離15.0cmの凸レンズ$L_2$，焦点距離不明の凹レンズ$L_3$がある。レンズ$L_1$の左側に15.0cm離れたところに，高さ2.0cmの物体$S_0$を，光軸を一致させて置き，移動できる板Bに像を映し出す2つの実験を行った。次の問いに答えなさい。

問1　図10のように，凸レンズ$L_2$を，凸レンズ$L_1$から右側に35.0cm離れたところに光軸を一致させて置き，$L_2$の右側で板Bを左右に移動させたところ，ある位置でBに鮮明な像ができた。$L_2$とBの距離と像の大きさを，それぞれ小数第1位まで答えなさい。

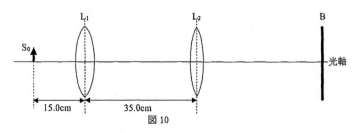

図10

問2　図11のように，凹レンズL₃を，凸レンズL₁から右側に5.0cm離れたところに光軸を一致させて置き，L₃の右側で板Bを左右に移動させたところ，L₃とBの距離が30.0cmのところに鮮明な像ができた。L₃の焦点距離を，小数第1位まで答えなさい。

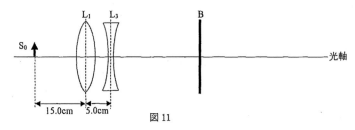

図11

Ⅱ　鏡面が球面である鏡を球面鏡といい，球面の内側を鏡面とした凹面鏡と球面の外側を鏡面とした凸面鏡がある。次の問いに答えなさい。

問3　凹面鏡に関する次の文章の空欄( ア )，( イ )に適切な語句を入れなさい。

　　物体が凹面鏡の焦点の外側にあるとき，凹面鏡の前方に( ア )立( イ )像ができる。

問4　凹面鏡や凸面鏡は，それらの特徴によって利用されるものが異なる。日常生活において，凸面鏡はどのようなものに用いられるか，1つ答えなさい。また，凸面鏡を使うメリットを，簡単に説明しなさい。

問5　凸面鏡に入射した光について，図12のように，主軸(光軸)に平行な光は反射後，焦点Fから出たように進み，図13のように，球

面の中心Oに向かう光は反射後，同じ直線を逆向きに進む。また，図14のように，焦点距離fの凸面鏡から距離aだけ離れた位置に物体PQを置いたところ，凸面鏡の前方に距離bだけ離れた位置に像P′Q′が見えた。ただし，凸面鏡の球面半径が極めて大きいため，点N，N′，Mは一直線上と考えてよいものとする。以下の問いに答えなさい。

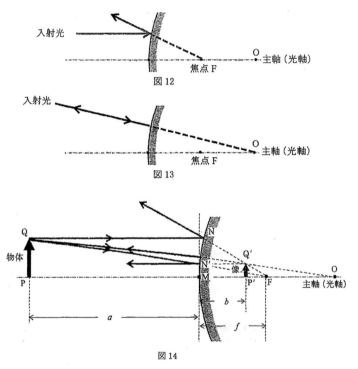

図12

図13

図14

(1) PQに対するP′Q′の比を，fとaを用いて表しなさい。

(2) PQに対するP′Q′の比を，fとbを用いて表しなさい。

(3) (1)と(2)が等しいことから，a，b，fの関係の式を導出しなさい。

(☆☆☆☆◎◎◎)

45

【5】ノートパソコンのディスプレイや冷蔵庫の扉の開閉を検出するために「ホールセンサー」が使われている。このセンサーの機能は，「ホール効果」という現象を利用している。ホール効果に関する次の文章を読み，以下の問いに答えなさい。

図15のような高さ$h$，幅$d$の試料がある。図15のように，$x$, $y$, $z$軸を定め，試料に電流$I$を$y$軸の正の向きに流す。試料の中の自由電子の平均の速さを$v$，電子の電荷を$-e$とする。磁束密度$B$の磁場を$z$軸の正の向きにかけると，試料内を運動する自由電子は$x$軸の（　ア　）の向きに，大きさ　a　のローレンツ力を受け，試料の面P側が（　イ　）に帯電する。反対側の面Q側は電子が（　ウ　）するので，（　エ　）に帯電する。このため，自由電子はこれらの電荷によって生じた電場からも力を受ける。この静電気力とローレンツ力がつりあうと，自由電子は直進する。このときの電場は$x$軸の（　オ　）の向きに大きさが　b　となり，PQ間には　c　の電位差が生じる。試料中には単位体積あたり$n$個の自由電子があるとすると，この電位差は速さ$v$を使わず　d　と表すことができる。

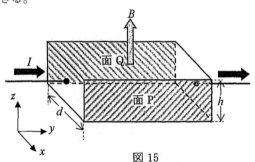

図 15

問1　文中の空欄（　ア　）～（　オ　）に入る最も適切な語句を，次の①～④から1つ選び，それぞれ記号で答えなさい。なお，同じ語句を複数回使用してもよい。

① 正　　② 負　　③ 超過　　④ 不足

問2　文中の空欄　a　～　d　に適切な式をそれぞれ入れなさい。

(☆☆☆◎◎◎)

46

【6】交流に関するⅠ，Ⅱの問いに答えなさい。

Ⅰ　私たちが一般的な家庭で使用している電気は100Vの交流で，発電所から送電線によって送られている。次の文章を読んで，以下の問いに答えなさい。

　2011年，福島における原子力発電所の事故により，東日本の電力が不足し，計画停電とともに，他地域の電力会社からの電力供給を実施した。しかし，西日本の電力会社からの電力供給は容易ではなかった。それは，日本においては静岡県の富士川を境界として東西で交流の[　ア　]が異なるためである。

問1　[　ア　]に入る最も適切な語句を次の①〜④から1つ選び，記号で答えなさい。

①　電圧　　②　電流　　③　周波数　　④　電力

問2　交流で送電するメリットを，簡単に説明しなさい。

問3　一般的な家庭で使用している100Vの交流電圧の最大値は何Vか。ただし，$\sqrt{2}$＝1.41とする。

問4　図16は，ノートパソコン用のACアダプターであり，ACアダプターはノートパソコンの本体と電源の差し込みプラグの間にある。ACアダプターの役割について，簡単に説明しなさい。

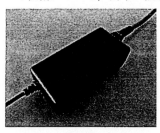

図16

Ⅱ　図17は，磁場中でコイルを回転させて交流を発生させる装置である。磁束密度Bの一様な磁場の中で，長さLの辺abと辺cd，長さ2rの辺bcと辺daの長方形の一巻きコイルを，磁場に垂直な軸のまわりに，一定の角速度ωで回転させた。図18のようにコイルの面が磁場に垂直な位置にあるときの時刻をt＝0とする。なお，図17，図18中の矢

47

印(⇨)は，コイルの面に垂直な方向を示すもので，図18の矢印(⇨)の向きに磁束線が貫く場合の磁束を正，逆向きに貫く場合の磁束を負とする。ただし，誘導起電力は，コイルのcdabの向きに電流が流れるときを正とする。

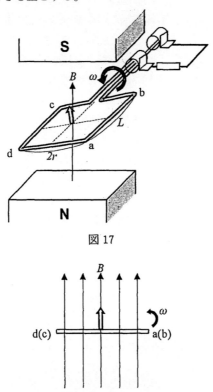

図 17

図 18

問5　$t=0$のときのコイルを貫く磁束$\Phi_0$を，$B$，$L$，$r$，$\omega$，$t$の中から必要なものを用いて表しなさい。

問6　コイルを貫く磁束$\Phi$と時刻$t$の関係を表したグラフとして適切なものを，次のア～エから1つ選び，記号で答えなさい。

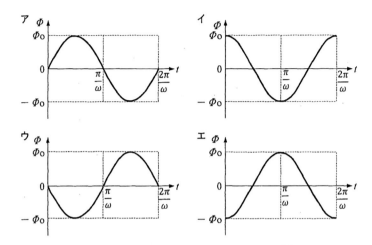

問7 コイルを貫く磁束の単位時間当たりの変化量$\frac{\Delta\Phi}{\Delta t}$と時刻$t$の関係を表したグラフとして適切なものを，次のア〜エから1つ選び，記号で答えなさい。

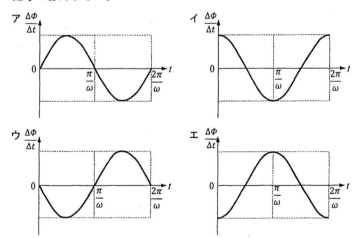

問8 コイルに発生する誘導起電力$V$と時刻$t$の関係を表したグラフとして適切なものを，次のア〜エから1つ選び，記号で答えなさい。

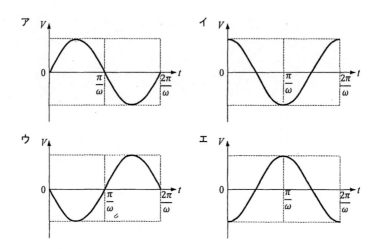

問9　誘導起電力$V$の最大値$V_0$を，$B$，$L$，$r$，$\omega$，$t$の中から必要なものを用いて表しなさい。

(☆☆☆◎◎)

# 【化学】

【1】実験などで科学的に探究することで，様々な化合物の性質や化学反応について内容の理解を深めることができる。次のⅠ～Ⅲについて，以下の問いに答えなさい。

Ⅰ　4種類の陽イオン$Ag^+$，$Al^{3+}$，$Ca^{2+}$，$Zn^{2+}$を含む水溶液に，図1のような実験を行った。

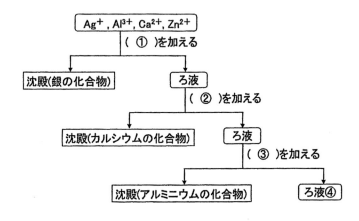

**図1**

問1　（　①　）～（　③　）に当てはまる最も適切な試薬を，次のア～オから1つずつ選び，それぞれ記号で答えなさい。

ア　希塩酸

イ　希硝酸

ウ　硫酸アンモニウム水溶液

エ　アンモニア水

オ　水酸化ナトリウム水溶液

問2　試薬（　①　）～（　③　）を加えた後の「ろ液④」には，亜鉛が錯イオンとなった状態で存在している。その錯イオンの名称を答えなさい。

Ⅱ　温度$T$〔K〕，圧力$p$〔Pa〕において，窒素と水素を密閉容器に入れてアンモニアを合成する実験を行った。

問1　アンモニアの生成熱は46kJ/molである。このことを示す熱化学方程式を表しなさい。

問2　次の(1)～(3)のように反応条件を変えた場合，反応速度とアンモニアの生成量はどのように変化するか。反応速度については以下のア～ウから，生成量については以下のエ～カから，1つずつ選び，それぞれ記号で答えなさい。

(1)　温度$T$〔K〕，圧力$p'$〔Pa〕，ただし，$p'>p$

(2)　温度$T'$〔K〕，圧力$p$〔Pa〕，ただし，$T>T'$

(3)　温度$T$〔K〕，圧力$p$〔Pa〕で触媒を加えた場合

　　[反応速度]　ア　大きくなる　　イ　変わらない

　　　　　　　　ウ　小さくなる

　　[生成量]　　エ　増加する　　オ　変わらない

　　　　　　　　カ　減少する

問3　アンモニアは工業的には四酸化三鉄を主成分とした触媒を用いて高圧下で窒素と水素を加熱して合成する。この製法を何というか。

Ⅲ　次の文を読んで，以下の問いに答えなさい。

　　酢酸と水酸化ナトリウムを完全に中和させると，水と酢酸ナトリウムが生じる。酢酸ナトリウムは水溶液中で完全に電離し，酢酸イオンを生じる。<u>酢酸イオンの一部は水と反応して（　①　）イオンを生じる</u>ため，酢酸ナトリウム水溶液は（　②　）性である。このように酸の陰イオンや塩基の陽イオンの一部が水と反応する変化を塩の（　③　）という。

問1　文中の空欄（　①　）～（　③　）に当てはまる最も適切な語句をそれぞれ答えなさい。

問2　文中の下線部の反応をイオン反応式で表しなさい。

問3　食酢中の酢酸の濃度を求めるために，食酢を10倍に希釈したもの10mLをコニカルビーカーに入れ，フェノールフタレインを指示薬として加え0.10mol/L水酸化ナトリウム水溶液で滴定したところ，7.6mL滴下した時点で中和が完了した。希釈前の食酢中の酢酸の質量パーセント濃度〔％〕を有効数字2桁で答えなさい。ただし，食酢の密度は1.0g/cm³とし，酢酸の分子量は60とする。また，食酢中の酸はすべて酢酸とする。

(☆☆☆◎◎◎◎)

【2】イオン結晶では陽イオンと陰イオンが規則正しく配列している。結晶中の規則正しい粒子の配列を結晶格子という。結晶格子は基本となる構造が積み重なってできており，この構造を単位格子という。単位格子は立方体や直方体などで表される。

図2は塩化ナトリウムの単位格子である。以下の問いに答えなさい。

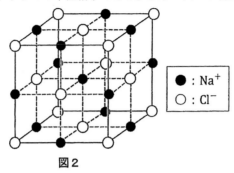

**図2**

問1　単位格子中の$Na^+$，$Cl^-$はそれぞれ何個あるか答えなさい。

問2　1個の$Cl^-$に最も近い$Na^+$は何個あるか答えなさい。

問3　1個の$Na^+$に最も近い$Na^+$は何個あるか答えなさい。

問4　単位格子の1辺の長さを$a$〔cm〕，アボガドロ定数を$N_A$〔/mol〕とし，結晶の密度$d$〔g/cm³〕を$a$，$N_A$を用いて表しなさい。ただし，原子量は$Na＝23$，$Cl＝35.5$とする。

(☆☆☆○○○○)

【3】メタンハイドレートは，永久凍土や深海底の堆積物中に存在することが知られている。日本近海にも多く存在していることが確認されており，その埋蔵量は日本で消費される天然ガスの100年分以上とも言われ，将来のエネルギー資源の一つとして期待されている。静岡県沖から和歌山県沖の南海トラフにも多く存在しており，2013年に世界で初めて海底からメタンハイドレートを採取し，生産に成功した。メタンに関する次の問いに答えなさい。

問1　メタンの電子式を表しなさい。

問2　メタンの分子の形状を答えなさい。

問3 メタンは無極性分子である。次のア～オの分子から，無極性分子をすべて選び，記号で答えなさい。

ア 二酸化炭素

イ 水

ウ アンモニア

エ 塩化水素

オ 窒素

問4 容積2.0Lの容器に0.020molのメタンと，0.060molの酸素を入れ，点火して完全燃焼させた。ただし，気体定数は$R=8.3\times10^3$Pa・L/(mol・K)，27℃における水蒸気圧は$3.6\times10^3$Paであり，液体の体積，および液体への気体の溶解は無視できるものとする。また，容器の容積は実験の途中で変化しないものとする。

(1) メタンの完全燃焼を化学反応式で表しなさい。

(2) 燃焼前の27℃における容器内の全圧〔Pa〕を，有効数字2桁で答えなさい。

(3) 燃焼後に容器内に存在する物質および物質量〔mol〕を，有効数字2桁で[例]に従ってすべて答えなさい。

　 [例] 水素が0.20mol，塩素が0.10mol

(4) 燃焼後，27℃まで冷やしたときの容器内の全圧〔Pa〕を，有効数字2桁で答えなさい。

(5) (4)のとき，容器内で凝縮している水の物質量〔mol〕を，有効数字2桁で答えなさい。

(☆☆☆◎◎◎◎)

【4】リチウムイオン電池は，図3に示すように正極と負極の間をリチウムイオンが移動することで充放電を行う電池であり，現在ではスマートフォンなどのIT機器には欠かすことができない。この電池を開発し，ノーベル化学賞を受賞した吉野彰氏は，富士市にある企業の研究所で研究していた経歴があるなど，静岡県に縁のある人物である。

　リチウムイオン電池を放電すると，負極，正極では，それぞれ次の

変化がおこる。

負極：$Li_xC_6 \rightarrow C_6 + xLi^+ + xe^-$

正極：$Li_{1-x}CoO_2 + xLi^+ + xe^- \rightarrow LiCoO_2$

$$(0 < x \leq 1)$$

以下の問いに答えなさい。ただし，ファラデー定数は$9.65 \times 10^4$C/molとし，原子量はLi=6.9，Cu=64とする。

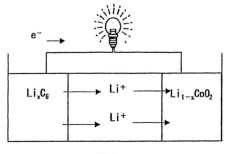

**図3**

問1　負極では酸化，還元のいずれの反応が起こっているか答えなさい。

問2　電解液には水溶液ではなく，有機溶媒にリチウム塩を溶解させたものを用いている。その理由を「$Li_xC_6$は，」の書き出しに続くように10字以内で説明しなさい。

問3　リチウムイオン電池から0.50Aの電流を32分10秒間放電したところ，負極の質量が減少した。この減少した質量〔mg〕を有効数字2桁で答えなさい。

問4　問3で生じた電流を用いて，1.0mol/L硫酸銅水溶液0.50Lを電気分解したところ，陰極で銅が析出した。析出した銅の質量〔mg〕を有効数字2桁で答えなさい。

問5　リチウムイオン電池は二次電池である。次のア〜オから，二次電池をすべて選び，記号で答えなさい。

ア　アルカリマンガン乾電池

イ　ニッケル・水素電池

ウ　空気亜鉛電池

エ　酸化銀電池

オ　鉛蓄電池

(☆☆☆○○○)

【5】周期表15族の元素である窒素やリンは様々な化合物をつくり，肥料の原料になるなど，植物の生育に関して重要な役割を果たしている。窒素，リンに関する次の文を読んで，以下の問いに答えなさい。

周期表15族に属する窒素NとリンPはいずれも価電子を(　①　)個もち，他の原子と(　②　)結合をする。

リンを空気中で燃やすと白色の(　③　)が得られる。a(　③　)は吸湿性が高く，乾燥剤に用いられる。また，リンは肥料の三要素の1つであり，bリン酸肥料として用いられる。

窒素も肥料の三要素の1つである。窒素化合物であるアンモニアはアンモニウム塩やc尿素のような肥料の原料として使われている。アンモニアは実験室では塩化アンモニウムと水酸化カルシウムの混合物を加熱して発生させる。発生した気体がアンモニアであるか確認するためには，d濃塩酸をつけたガラス棒を発生した気体に近づける。

一酸化窒素や二酸化窒素などの窒素の酸化物を総称してNOx(ノックス)といい，大気汚染の原因となる。これらの発生源の主な原因は，自動車の排気ガスである。排気ガス中に含まれる一酸化窒素が大気中に多量に放出され，空気中ですみやかに酸化されて二酸化窒素を生じる。生じたe二酸化窒素が雨水に溶けて酸性雨の原因となる硝酸を生成する。

問1　文中の空欄(　①　)～(　③　)に当てはまる最も適切な語句，化合物名または数値をそれぞれ答えなさい。

問2　リンの代表的な同素体の名称を2つ答えなさい。

問3　下線部aについて，(　③　)は塩基性の気体には乾燥剤として適さない。この理由を30字以内で説明しなさい。

問4　リン，窒素以外に肥料の三要素として知られている元素の名称を答えなさい。

問5 下線部bのうち，粉砕したリン鉱石に適量の硫酸を反応させて得られるリン酸二水素カルシウムと硫酸カルシウムの混合物の名称を答えよ。

問6 下線部cについて，尿素はアンモニアを高温・高圧下で二酸化炭素と反応させることで生じる。この反応を化学反応式で表しなさい。

問7 下線部dについて，どのような現象が起こることによりアンモニアの発生を確認できるのか10字以内で説明しなさい。

問8 下線部eについて，二酸化窒素が水に溶けて硝酸を生じる反応を化学反応式で表しなさい。

問9 次の反応により，主に生じる気体をそれぞれ分子式で答えなさい。

(1) 銅に希硝酸を加える　　(2) 銀に濃硝酸を加える

(☆☆☆◎◎◎)

【6】有機化合物には分子式は同じであるが，構造が異なるものが存在する。これらを互いに異性体と呼び，物理的，化学的性質が異なっている。分子式$C_4H_8$で表される化合物に関する次の文を読んで，以下の問いに答えなさい。

分子式$C_4H_8$で表されるアルケンにはA，B，C，Dという4種類の異性体が存在する。これらに水素$H_2$を付加するとB，C，Dからは同じ物質が生じた。また，A，B，C，Dに水を付加するとAからはアルコールEとFが，B，CからはアルコールGが，DからはアルコールGとHが生じた。これらのアルコールを穏やかに酸化したところ，F，Hからは<sub>a</sub>酸性の物質が，Gからは中性の物質が生じたが，Eは酸化されなかった。

<sub>b</sub>エタノールに濃硫酸を加えて130℃に加熱をすると物質Iが生じる。IはアルコールE，F，G，Hと異性体の関係にある。

問1 BとCのような関係の異性体を何というか答えなさい。

問2 物質A～Iから，鏡像異性体が存在するものを1つ選び，記号で答えなさい。

問3 下線部aについて，この物質がもつ官能基の名称を答えなさい。

57

問4　A，D，E，G，H，Iの構造式を記入例にならってそれぞれ答えなさい。

問5　C₄H₈で表されるアルケン以外の化合物を，記入例にならって構造式で1つ答えなさい。

**構造式の記入例**

$$HO-\overset{\overset{O}{\|}}{C}-\underset{\underset{H}{|}}{C}=\underset{\underset{H}{|}}{C}-\overset{\overset{O}{\|}}{C}-O-CH_2-CH_3$$

問6　下線部bについて，この反応を170℃で行った際に，物質Iとは別の物質が生じた。この物質を構造式で表しなさい。

(☆☆☆☆◎◎◎◎)

【7】ナイロンはアメリカの化学者カロザースが1935年に開発した合成繊維で，現在でも2番目に生産量が多い素材である。ナイロンを始めとした合成繊維と静岡県との関わりは深く，三島市内近くにある企業では独自の技術でナイロンの合成に成功した。現在でも三島市内に繊維研究所が存在し，新しい合成繊維の創出など技術革新を続けている。ナイロンに関する次の文を読んで，以下の問いに答えなさい。

　　ナイロンは，分子内に多数のアミド結合を持つポリアミド系合成繊維である。代表的なナイロン66は，炭素が6個の二価アミンの（　①　）と炭素が6個の二価カルボン酸の（　②　）の（　③　）重合によって合成した重合体である。また，ナイロン6は（　④　）を（　⑤　）重合させて合成した重合体である。ナイロンは分子間に（　⑥　）結合を形成することから強い強度を持ち，ストッキングやスポーツウェアなどに用いられている。

問1　文中の空欄（　①　）～（　⑥　）に当てはまる最も適当な語句，化合物名をそれぞれ答えなさい

問2　下線部について，アミド結合の構造式を次の構造式の記入例に

58

ならって答えなさい。

構造式の記入例

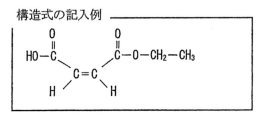

問3　下線部について，アミド結合を有する化合物を次のア〜オから1つ選び，記号で答えなさい。

ア　ポリエチレンテレフタラート

イ　アクリル繊維

ウ　ビニロン

エ　アラミド繊維

オ　ビスコースレーヨン

問4　あるナイロン66に含まれているアミノ基の量を調べたところ，113gのナイロン66に$5.0 \times 10^{-3}$molのアミノ基の存在が確認できた。このナイロン66について，1分子に含まれるアミド結合の数を有効数字2桁で答えなさい。ただし，ナイロン66は，1分子中に1個のアミノ基を有し，すべて同一の分子量の分子からなるものとする。また，原子量はH=1.0，C=12，N=14，O=16とする。

(☆☆☆☆◎◎◎)

## 【生物】

【1】次の文章を読み，あとの問いに答えなさい。

①細胞膜はリン脂質の二重層からなり，さまざまな膜タンパク質が配置されている。それら膜タンパク質のはたらきの1つに，細胞どうしを結合する細胞間結合がある。例えば，内胚葉由来である②小腸の上皮細胞は，図1のような3つの結合様式，すなわち固定結合，密着結合，ギャップ結合によって隣接する細胞や基底膜と接着している。固定結合はさらに3つの様式(接着結合，デスモソーム，ヘミデスモソー

ム)に分けることができる。③接着結合では，隣接する細胞の双方から
突き出た膜タンパク質の(　ア　)が互いに結合し，その細胞内領域で
はアクチンフィラメントと結合している。ギャップ結合ではコネクソ
ンと呼ばれるタンパク質によって結合している点が特徴的である。

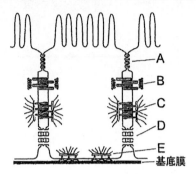

**図1　小腸の上皮細胞の模式図**

問1　文章中の(　ア　)に適する語句を答えなさい。

問2　下線部①について，次の(1)，(2)の問いに答えなさい。

(1)　リン脂質二重層の断面構造を示す図をかきなさい。その際，リ
ン脂質の分子は図2のような模式図であらわすこと。なお，図2の
上の丸い部分が親水部を示している。

**図2　リン脂質の
分子の模式図**

(2)　膜タンパク質として，(a)水を通過させる膜タンパク質の名称と
(b)マクロファージなどの食細胞に存在し，病原体を直接認識する
膜タンパク質の名称をそれぞれ答えなさい。

問3　下線部②について，小腸の上皮細胞には，賜管内腔から体内に

栄養素を取り込むはたらきがある。グルコースが小腸の上皮細胞を経由して体内に取り込まれる仕組みについて，次の文章中の(c)～(f)に入る語句として正しい方を選びなさい。

上皮細胞の血管側細胞膜には(c)(　ナトリウムポンプ・ナトリウムチャネル　)があり，$Na^+$を血管側に(d)(　受動輸送・能動輸送　)することにより細胞内の$Na^+$濃度は(e)(　低く・高く　)なり，小腸の管腔と細胞内の間に$Na^+$の濃度勾配が生じる。管腔側細胞膜にある輸送体により，濃度勾配に従って$Na^+$が流入する際にグルコースを管腔から細胞内に積極的に取り込み，細胞内のグルコース濃度が高くなる。すると，血管側細胞膜にある輸送体により血管側へとグルコースが(f)(　受動輸送・能動輸送　)される。

問4　下線部③について，次の(1)，(2)の問いに答えなさい。

(1)　下線部③に該当する結合を図1のA～Eから1つ選び，記号で答えなさい。

(2)　(　ア　)は1982年に竹市雅俊らによって発見，命名された物質である。その関連研究として，1955年にアメリカのホルト・フレーターによるイモリ胚の異なる2つの組織(予定表皮と予定神経)の細胞を生きたまま，ばらばらにして混ぜた実験がある。その研究では，両者は混ざり合って細胞集塊を作るが，やがて同じ種類の細胞が集まり組織を再構築する結果が得られている。なぜこのような結果になったのか。(　ア　)の特徴と発現に注目して説明しなさい。

(☆☆☆◎◎)

【2】次の文章を読み，あとの問いに答えなさい。

新型コロナウイルスの感染の流行により，様々な簡易検査キットが市販されるようになった。図3はイムノクロマト法というクロマトグラフィーを基礎とする方法を用いた新型コロナウイルス(以下，抗原)の簡易検査キットである。図3の簡易検査キットでは，投入口に粘膜より採取した検体を滴下すると，毛細管現象によって検査場所の右端

へと検体は移動する。その際に，検体中に含まれる抗原はキット中に含まれる標識物質と複合体(以下，複合体)を作る。T付近には抗原と結合する抗体(以下，抗体T)が，C付近には標識物質と結合する抗体(以下，抗体C)が固定されている。この固定された抗体Tや抗体Cに複合体や標識物質が結合することで，標識が集まり呈色につながる。図3のア〜ウは，この検査を行った際の結果であり，抗原が含まれていると判断される結果，抗原が含まれていないと判断される結果，検査がきちんと行えなかった結果のいずれかである。

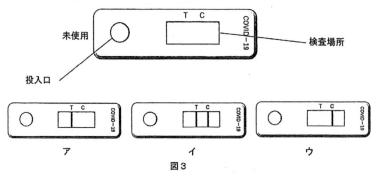

図3

問1　検査がきちんと行えなかった結果と判断されるものを，図3のア〜ウから1つ選び，記号で答えなさい。

問2　図3のキットで検査をした際，インフルエンザウイルスのみに感染しており，検査がきちんと行えた場合の結果はどのようになるか。図3のア〜ウから1つ選び，記号で答えなさい。

問3　この簡易検査キットは体液性免疫のどのような反応を応用したものか答えなさい。

問4　新型コロナウイルスワクチンは，これまでのワクチンとは異なる。これについて説明した次の文章の空欄( エ )〜( オ )に適する語句を，それぞれ答えなさい。

　　従来のワクチンには弱毒化や無毒化した病原体などが含まれており，この病原体を認識して免疫機構が反応し，( エ )細胞が活性化し抗体を作るようになる。一方，新型コロナウイルスのワクチン

では病原体の( オ )の一部が含まれている。このワクチンを注射した際には,( オ )が細胞内に取り込まれ,細胞内で病原体のスパイクタンパク質が作られる。このタンパク質に対して,従来と同様の免疫細胞の反応が生じる。

(☆☆☆☆◎◎)

【3】先生と生徒(太郎と花子)の会話文を読み,以下の問いに答えなさい。

先生 「今日は最初に,前回の授業で学んだ"植物による光合成反応の違い"について復習の問題に取り組んでもらいます。」

【問題】

　植物は葉緑体における光合成の反応過程の違いによって,$C_3$植物,$C_4$植物,CAM植物に区別される。一般に,光合成における二酸化炭素の固定反応は葉緑体のストロマで行われ,回路をなす複雑な反応系でありカルビン・ベンソン回路と呼ばれている。カルビン・ベンソン回路では,ルビスコと呼ばれる酵素のはたらきにより6分子の$CO_2$が( ア )分子のリブロースビスリン酸(炭素数( イ ))と結合すると,( ウ )分子のホスホグリセリン酸(炭素数3)が作られる。( ウ )分子のホスホグリセリン酸はその後,12分子のグリセルアルデヒドリン酸(炭素数3)となる。乾燥地に適したサボテンなどの　( エ )植物では,$CO_2$を夜間に気孔を通じて取り込み,これを細胞小器官の液胞内にリンゴ酸(炭素数4)などとして蓄積し,日中に再び$CO_2$にもどしてカルビン・ベンソン回路での有機物合成に用いる。熱帯原産のトウモロコシなどの( オ )植物では,葉肉細胞で取り込んだ$CO_2$をリンゴ酸などの有機酸に変え,維管束鞘細胞へ送ったのち$CO_2$に戻して有機物合成に用いる。

太郎 「陸上植物の多様性について,しっかり学ぶことができました。今度は陸上植物と藻類の違いについても学びたいです。」

先生 「次回は,特に陸上植物と藻類の違いに関する実験として光合

63

成色素の分離を行います。以下に実験の手順を示すので、次回までに把握しておくとともに注意点についても調べておいてください。」

【手順】

①　試料を粉末シリカゲルとともに乳鉢ですり潰し、エタノールを入れて静置し上澄みをとる(抽出液)。

②　薄層クロマトグラフィー(TLCシート)の下端から約2cmの位置を原点とし、毛細管を使って抽出液を複数回滴下する。

③　TLCシートの原点から下側1cmの部分のみを展開液(石油エーテル：アセトン＝7：3)に浸し、試料を展開する。

④　展開が終了したら、TLCシート上の展開液の上限の位置(溶媒前線)と色素の位置に印を付ける。

⑤　シートを乾燥させて、移動率(Rf値)を計算する。

〜翌日〜

先生「今日は、陸上植物と藻類で光合成色素の分離を行い、違いの理解を深めます。手順は前回示した通りです。何か質問はありますか。」

太郎「先生、【手順】②で2cmの位置をTLCシートにかくときに、油性マジックを用いるんですよね。」

花子「太郎くん、油性マジックはだめだと思うよ。私は、鉛筆を使うかなあ。」

先生「花子さんの言うとおりですね。①その理由は後で説明します。では、それぞれ実験に取り掛かりましょう。」

太郎「実験の試料は、シロツメクサとアオサ、ワカメ、テングサ(マクサ)の4種類だね。あっ、しまった。どのTLCシートにどの試料の抽出液を滴下したのか分からなくなってしまった。」

花子「②大丈夫だよ。種類によって含まれる光合成色素が異なることは授業で学んだでしょ。その知識を使えば分かるはずだよ。」

太郎「Rf値も求めてみよう。クロロフィルaのRf値は(　カ　)だね。」

花子「橙色をしている光合成色素Aは(　キ　)で、光合成色素Fはキサ

　　ントフィルの1種でフコキサンチンだね。」

太郎「同じ藻類でも，光合成色素がこんなにも違うなんて，面白いね。」

問1　【問題】文章中の（　ア　）〜（　オ　）に適する語句や数値を，それ
　　ぞれ答えなさい。

問2　会話文中の下線部①について，先生が説明しようと思った油性
　　マジックを使ってはいけない理由について，簡潔に答えなさい。

問3　図4と表1は今回の実験の結果である。会話文中の下線部②につ
　　いて，実験結果のうち，Ⅰはシロツメクサと分かっている。Ⅱ〜Ⅳ
　　の試料のうち，アオサを扱ったTLCシートの結果はどれか。Ⅱ〜Ⅳ
　　から1つ選び，記号で答えなさい。

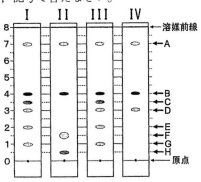

図4　光合成色素分離の結果

表1

| 色素 | 色 |
|---|---|
| A | 橙色 |
| B | 青緑色 |
| C | 黄緑色 |
| D | 黄色 |
| E | 黄色 |
| F | 橙色 |
| G | 黄色 |
| H | 黄緑色 |

問4　会話文中の（　カ　）に当てはまる数値を算出しなさい。数値は四

捨五入して小数点第2位まで求めなさい。

問5　会話文中の(　キ　)に適する光合成色素の名称を答えなさい。

(☆☆☆◎◎◎)

【4】次の文章を読み，あとの問いに答えなさい。

　ヒトのアルコール代謝に関わる主要な酵素に，アルデヒド脱水素酵素2がある。アルコールは体内に入ると，主に(　ア　)で分解されて，顔面紅潮や頭痛などを引き起こす有害なアセトアルデヒドができる。このアセトアルデヒドは，アルデヒド脱水素酵素2によって無害な(　イ　)に分解される。アルデヒド脱水素酵素2は*ALDH2*という遺伝子にコードされており，通常のはたらきをする活性型と突然変異により生じた不活性型がある。①活性型と不活性型の違いは，*ALDH2*に存在する13個のエキソンのうち12番目のエキソンの114番目の塩基(図5の▼)がグアニン(G)からアデニン(A)に置き換わることで生じ，不活性型は通常のはたらきをもたない。なお，図5は活性型の*ALDH2*について，12番目のエキソンの塩基配列の一部を示したものである。このように個体間で見られる1塩基単位での塩基配列の違いを(　ウ　)という。活性型の*ALDH2*をホモ接合にもつ場合は酒に非常に強い体質となるのに対し，不活性型の*ALDH2*をホモ接合にもつ場合は酒に非常に弱い体質となる。活性型と不活性型の遺伝子をヘテロ接合にもつ場合は，両者の中間の酒に弱い体質となる。②この*ALDH2*の遺伝子頻度は，世界の各地で違いがあることが知られている。

```
5' CAAATTACAG GGTCAACTGC TATGATGTGT TTGGAGCCCA GTCACCCTTT
          10         20         30         40         50
   GGTGGCTACA AGATGTCGGG GAGTGGCCGG GAGTTGGGCG AGTACGGGCT
          60         70         80         90        100
   GCAGGCATAC ACTGAAGTGA AAACTGTGAG TGTGG  3'
          110    ▼    130
```

図5

問1　文章中の(　ア　)～(　ウ　)に適する語句をそれぞれ答えなさい。

問2　下線部①について，*ALDH2*mRNAはスプライシングを経て生成される。*ALDH2*に含まれるイントロンの数は，少なくともいくつ以上か。答えなさい。

問3　下線部①について，これによりこの塩基を含むコドンがコードするアミノ酸であるグルタミン酸は，どのアミノ酸に置き換わるか。最も適当なものを表2の遺伝暗号表から1つ選び答えなさい。

表2　遺伝暗号表

| | | 2番目の塩基 | | | | |
|---|---|---|---|---|---|---|
| | | U | C | A | G | |
| 1番目の塩基 | U | フェニルアラニン | セリン | チロシン | システイン | U C |
| | | ロイシン | | 終始コドン | 終始コドン | A |
| | | | | | トリプトファン | G |
| | C | ロイシン | プロリン | ヒスチジン | アルギニン | U C |
| | | | | グルタミン | | A G |
| | A | イソロイシン | トレオニン | アスパラギン | セリン | U C |
| | | メチオニン | | リシン | アルギニン | A G |
| | G | バリン | アラニン | アスパラギン酸 | グリシン | U C |
| | | | | グルタミン酸 | | A G |

(3番目の塩基)

問4　活性型の*ALDH2*をホモ接合にもつ場合の遺伝子型をGG型，不活性型の*ALDH2*をホモ接合にもつ場合をAA型，活性型と不活性型の遺伝子をヘテロ接合にもつ場合をGA型とする。これら3種類の遺伝子型のうち，どの遺伝子型をもっているのかを3人の被験者で調べた次の実験において，図6の被験者1〜3の遺伝子型をそれぞれ答えなさい。

(実験)

　被験者それぞれの毛髪からDNAを抽出し，それを鋳型にPCR法によりDNAを増幅した。PCRの反応液は各被験者において2つずつ用意し，活性型*ALDH2*を検出するもの(試料1)と不活性型*ALDH2*を検出するもの(試料2)とした。PCR法で増やしたDNA断片を電気泳動した結果を図6に示す。なお，この実験において，各プライマーは目的の領域のみを増幅し，またPCRの失敗はないものとする。

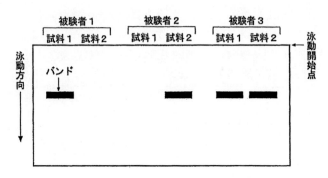

**図6　被験者３人の電気泳動の結果**

問5　下線部②について，日本人の成人の25人に1人が変異型のホモ接合体だと仮定する。総人口が約3,600,000人の静岡県においては，毎年約30,000人の新生児が誕生する。新生児30,000人のうち*ALDH2*の活性が中間の人は何人いると推定されるか答えなさい。ただし，ハーディ・ワインベルグの法則が成り立つものとする。また割り切れない場合は，小数点第二位を四捨五入して答えなさい。

(☆☆☆◎◎◎)

【5】次の文章を読み，以下の問いに答えなさい。

　ショウジョウバエの卵は，側方から見ると細長い楕円形であるが平らな側と湾曲した側があり，平らな側が将来の胚の背側になる。胚の体軸は，卵形成時に発現し未受精卵の前端にビコイドのmRNAが局在し，後端に（　ア　）のmRNAが局在する。これらのmRNAをはじめ，卵に蓄えられたmRNAやタンパク質のうち，発生過程に影響を及ぼすものを（　イ　）因子と呼び，このような遺伝子を（　イ　）効果遺伝子と呼ぶ。その後の初期発生では，受精卵から①卵割を経て多細胞の胞胚が生じ，やがて原腸形成が始まり，体節が作られていく。体節数の決定をするのが分節遺伝子である。分節遺伝子にはギャップ遺伝子群，ペアルール遺伝子群，セグメント・ポラリティ遺伝子群がある。これらの遺伝子がはたらいて最終的に14個の体節が決定される。体節をど

のような構造にするかは，（　ウ　）遺伝子群によって決定される。

問1　文章中の（　ア　）〜（　ウ　）に適する語句をそれぞれ答えなさい。

問2　下線部①について，ショウジョウバエ，ウニ及びカエルに見られる特徴をそれぞれ次のa〜eからすべて選び，記号で答えなさい。なお，同じ記号をくり返し用いてもよい。

a　最初の細胞分裂は胚の動物極と植物極を通る面で起こる。

b　割球は動物極だけで分裂する。

c　核分裂をくり返して生じた多数の核が，胚の表面付近で細胞膜によって仕切られる。

d　3回目の細胞分裂で動物極側と植物極側にそれぞれ4個の割球が生じる。

e　3回目の細胞分裂で生じた割球は動物極側の方が植物極側より大きい。

問3　ビコイドをコードする遺伝子が機能を欠失した変異体をbcd変異体という。この変異体のホモ個体のメスは生殖能力があるが，それが産卵した卵は受精しても胚発生の途中で致死する。ビコイドの野生型遺伝子のmRNAを，bcd変異体または野生型個体が産卵した受精卵の多核体期に次の実験A〜Eのように処理し，胚発生の結果形成される体節構造を観察した。なお，この結果は図7に示すa〜dのいずれかとなった。

【実験A】野生型の卵をそのまま発生させる。

【実験B】bcd変異体の卵をそのまま発生させる。

【実験C】野生型の卵の後端にビコイドの野生型遺伝子のmRNAを注射する。

【実験D】bcd変異体の前端部にビコイドの野生型遺伝子のmRNAを注射する。

【実験E】bcd変異体の卵の中央部にビコイドの野生型遺伝子のmRNAを注射する。

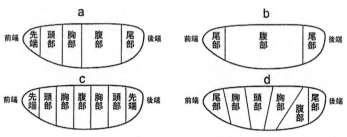

**図7 実験結果の模式図**

　　【実験A】で発生した胚は図7のaに，【実験B】で発生した胚は図7のbに相当する形態となった。図7のc，dの結果となったのは【実験C】～【実験E】のうちそれぞれどれか。それぞれC～Eの記号で答えなさい。なお，該当する実験が複数ある場合は，すべて答えること。

問4　アフリカツメガエルの背腹軸形成は受精時に始まる。次はアフリカツメガエルの背腹軸形成の説明文である。次の文章中の(a)～(c)に入る語句として正しい方を選びなさい。

　　受精の際，アフリカツメガエルの精子は(a)(　動物半球・植物半球　)から侵入する。受精後，卵の表層が細胞質に対して約30°回転し，精子の(b)(　侵入点側・侵入点と反対側　)に灰色三日月環が現れる。この部分は将来(c)(　腹側・背側　)になる。

　　　　　　　　　　　　　　　　　　　　　　　　　　（☆☆☆☆◎◎◎）


【6】次の文章を読み，あとの問いに答えなさい。

　　神経系による情報処理は，感覚入力，統合，運動出力の3つの段階からなる。3つの段階にはそれぞれのニューロンが関わる。①光や音などの外界の刺激は受容器で受け取られ，(　ア　)ニューロンによって刺激の情報が中枢神経系に伝えられる。中枢神経系では(　イ　)ニューロンによって情報は統合される。その後，(　ウ　)ニューロンによって効果器に情報が伝えられ，反応が起こる。ニューロンでは，細胞膜を介した電位差が生じている。この電位差のことを膜電位という。

情報は，この膜電位の変化によって伝えられている。情報を伝えていないときのニューロンの膜電位は( エ )と呼ばれている。このとき，ニューロンでは，$Na^+$や$K^+$のチャネルや$Na^+$-$K^+$ポンプのはたらきにより，ニューロンの外側に対し内側では( オ )が少なく，( カ )が多い状況が作られている。閾値以上の強さの刺激が加わると，( オ )チャネルが開き，ニューロン内に( オ )が流入する。こうして変化した膜電位を( キ )という。その後，( カ )チャネルが開き，ニューロン外に( カ )が流出する。図8は膜電位の変化を示したものである。

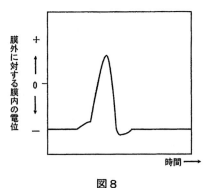

**図8**

問1　文章中の( ア )～( キ )に適する語句等を，それぞれ答えなさい。

問2　下線部①について，図9は眼と視神経と脳とのつながりを示したものである。検査として，右目の前には右目にだけ見えるように●画を，左目の前には左目だけに見えるように○画を示した時，正常であれば右目には●のみが，左目には○のみが図9のように見える。ある患者は事故により損傷を受け，図9の点線部で視神経が切断されてしまった。この患者ではどのように見えると考えられるか。次のa～fから1つ選び，記号で答えなさい。なお，検査中は顔や眼球は動かさないものとする。

71

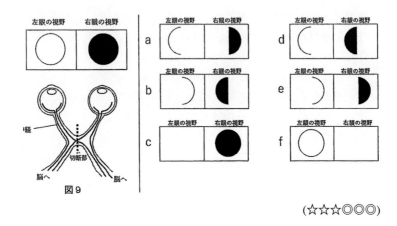

図9

(☆☆☆○○○)

【7】次の文章を読み，あとの問いに答えなさい。

　植物は，生育場所の環境に応じて形態などを変化させながら，成長や生殖をおこなっている。植物の形態形成や生理的状態は，植物体内の特定の部位で合成される①植物ホルモンと総称される一群の物質によって調整されている。例えば，蒸散や光合成に大きな影響を与える$CO_2$の取り込みに関する気孔の開閉にも，植物ホルモンは深くかかわる。この気孔の開閉は水の出入りと孔辺細胞の体積の増減により起こる。図10は，気孔の開閉メカニズムの模式図である。

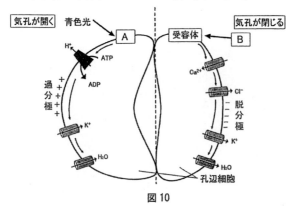

図10

72

問1　下線部①について，静岡県の特産品であるウンシュウミカンには，昨今の温暖化の影響で，浮き皮による品質低下の問題が発生している。ウンシュウミカンの浮き皮問題の対策として，2種類の植物ホルモンを混合した農薬が使用されることがある。次のaとbはその2種類の植物ホルモンについて説明した文章である。文章に適する植物ホルモンの名称をそれぞれ答えなさい。

a　昆虫の消化酵素のはたらきを阻害する物質の合成を促進する。

b　種子の休眠打破や子房の発達を促進する。

問2　気孔を開かせるシグナルとしてはたらく青色光を受容する光受容体(図10のA)の名称を答えなさい。

問3　気孔を閉じさせるシグナルとしてはたらくホルモン(図10のB)の名称を答えなさい。

問4　次の文章は気孔が開くときのメカニズムを説明したものである。文章中の( ア )〜( エ )に適する語句の組み合わせとして正しいものを以下の①〜⑥から1つ選び，番号で答えなさい。

　　孔辺細胞がK$^+$を( ア )ことで，孔辺細胞の浸透圧が( イ )する。その結果，孔辺細胞が( ウ )し，孔辺細胞内の膨圧が( エ )し，気孔が開く。

|    | ア | イ | ウ | エ |
|----|------|------|------|------|
| ① | 排出する | 低下 | 排水 | 低下 |
| ② | 排出する | 上昇 | 排水 | 低下 |
| ③ | 排出する | 低下 | 吸水 | 上昇 |
| ④ | 取り入れる | 上昇 | 吸水 | 上昇 |
| ⑤ | 取り入れる | 低下 | 吸水 | 上昇 |
| ⑥ | 取り入れる | 上昇 | 排水 | 上昇 |

(☆☆○○○○)

【8】次の文章を読み，あとの問いに答えなさい。

ニホンカモシカは日本の固有種であり，本州，四国，九州に生息する哺乳類である。捕獲などを理由に個体群が著しく減少したこと，学

術的な価値があることから特別天然記念物に指定されている。表3は
日本のある地域に生息するニホンカモシカの調査によって得られた生
命表である。年齢はニホンカモシカの角にある角輪という輪の数によ
り判断している。死亡率の算出は小数第1位までを四捨五入で求めた
数値を記載している。

表3

| 年齢 | 生存数 | 死亡率 | 年齢 | 生存数 | 死亡率 | 年齢 | 生存数 | 死亡率 |
|---|---|---|---|---|---|---|---|---|
| 0 | 1000 | 10.5 | 9 | 298 | 23.5 | 18 | 105 | 16.2 |
| 1 | 895 | 15.8 | 10 | 228 | 7.5 | 19 | 88 | 20.5 |
| 2 | 754 | 13.9 | 11* | 211 | - | 20 | 70 | 24.3 |
| 3 | 649 | 8.2 | 12* | 211 | - | 21 | 53 | 34.0 |
| 4 | 596 | 5.9 | 13* | 211 | - | 22* | 35 | - |
| 5 | 561 | 18.7 | 14 | 211 | 8.5 | 23* | 35 | - |
| 6 | 456 | 11.4 | 15 | 193 | 18.1 | 24 | 35 | 48.6 |
| 7 | 404 | 17.6 | 16 | 158 | 11.4 | 25* | 18 | - |
| 8 | 333 | 10.5 | 17 | 140 | 25.0 | 26 | 18 | 100 |

　表中の「*」は調査の際に捕獲できなかったことを示しており，生存
数は次に捕獲できた時の生存数を記載している。

問1　年齢8の個体の死亡数を答えなさい。

問2　生命表をグラフにしたものを生存曲線という。生存曲線は生存
数を対数目盛りにすることが多いが，算術目盛りにすることもある。
図11は，ある2種類の生物A，Bの生存数において，Aは対数目盛り，
Bは算術目盛りにしたもので，どちらも直線になっている。この直
線のグラフは単位期間内においてある値が一定であることを示して
いる。対数目盛りと算術目盛りでは何が一定であるか，それぞれ答
えなさい。

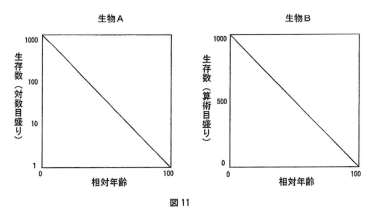

図11

問3　ニホンカモシカは主に①ブナ林，ミズナラ林，針葉樹と広葉樹の混交林に生息しており，各種木本類の枝，葉，草本類などを食べる草食性で，ニホンジカと共通する。②ニホンジカの過採食により，ニホンカモシカの餌環境が著しく劣化し，ニホンカモシカは，分布域の縮小や個体数の減少が進んでいた。しかし，保護対象になったのち，日本各地で野生のニホンカモシカの遭遇報告が増えており，1990年代から，③ニホンカモシカの個体数は増加傾向であると考えられている。これについて次の(1)～(3)の問いに答えなさい。

(1)　下線部①について，ブナやミズナラがみられるバイオームの名称と気候帯を答えなさい。ただし，気候帯は漢字3字で答えなさい。

(2)　下線部②について，ニホンカモシカとニホンジカでみられるような異種個体群間の相互作用を何というか答えなさい。また，この相互作用と同じ個体群間の関係を，次のa～dから1つ選び，記号で答えなさい。

　　a　大型魚のハタの歯から腐敗した食物を小型魚が取り除く。

　　b　人間活動から排水に含まれる有害物質が川の下流の魚を殺す。

　　c　動物の死骸をめぐってハイエナやハゲワシが争う。

　　d　地衣類の構造を作っているのは菌類で，その菌糸で作られた構造物の内部で藻類が光合成をしている。

(3)　下線部③について，個体数の増加の要因として，大面積の森林を伐採する皆伐方式が挙げられている。伐採後5年から10年で個体数が倍増することも報告されているが，これはなぜか。考えられる理由をニホンカモシカの餌に注目して説明しなさい。

(☆☆☆◎◎)

【9】次の文章を読み，以下の問いに答えなさい。

　論理的な進化論を最初に発表した人物として知られているのは（　ア　）である。（　ア　）は現生種と化石種とを比較し，子孫系列において何が起きたかを発見した。彼はこの現象を2つの原理により説明した。1つ目は①キリンが餌を得るために首や足を伸ばしていたところ，実際に首や足が伸び，この形質が代々積み重なって現在のキリンに進化したという考えである。2つ目は生物が獲得した変化を子孫に渡すことができるという考えである。

　（　イ　）は進化に関する様々な説に影響を受けながら，自身もビーグル号の航海などで膨大な知見を得て，②自然選択説を唱え，「種の起源」の出版に至った。現在では，自然選択，突然変異に加え，遺伝的浮動をもとにして，進化の仕組みが説明されている。

問1　空欄（　ア　），（　イ　）に適する人物名を，それぞれ答えなさい。
問2　下線部①について，この考え方を何というか答えなさい。
問3　下線部②について，自然選択とはどのような考えか説明しなさい。なお，説明には「環境」の語句を含めて答えなさい。

(☆☆◎◎◎◎)

## 解答・解説

# 中 学 理 科

【1】(1) 静電気　(2) ＋

(3) ①　　　　　　　　　　　　　②

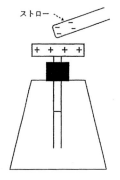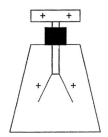

(4) ①　陰極線(電子線)　②　cを電源の＋極，dを電源の－極につなぎ，(電圧を加えたときに)陰極線がcのほうに引き寄せられればよい。

(5) ①　日常生活　②　社会

〈解説〉(1) 解答参照。　(2) 表より，ウールは＋，アクリルは－に帯電しやすい。　(3) ①　iでは，金属円盤が＋の電気を帯び，箔は－の電気を帯びて開く。iiでは，箔の－の電気が指を伝わって移動するので，iiiでは箔は電気を帯びていないため閉じた状態となる。

②　ivでは，金属円盤がもつ＋の電気が箔検電器全体に分布するため，箔は＋の電気を帯びて開く。　(4) 解答参照。　(5)「中学校学習指導要領(平成29年3月告示)　第2章　第4節　理科　第1分野　2　内容(3)　電流とその利用　ア」を参照。

【2】(1) 1000〔Hz〕　　(2) イ　(3) a イ，ウ　b ア，エ
(4) ①　0.4〔m〕　　②　60〔m/s〕　　③　次郎さんがつくった楽

器の輪ゴムのほうが張りが弱かった。　　④　296〔Hz〕

(5)　a　高い　　b　低い　　c　ドップラー

〈解説〉(1)　水の入った試験管なので閉管での共鳴が起き，開口端補正を無視するとき，基本振動による波の$\frac{1}{4}$波長が試験管の口から水面までの高さに相当する。これより，音の波長は8.5×4＝34〔cm〕＝0.34〔m〕となる。よって，求める振動数を$f$〔Hz〕とすると，波の基本式より340＝0.34×$f$が成り立つので，$f$＝1000〔Hz〕となる。　(2)　振幅は，振動の振れ幅のことであり，イが該当する。　(3)　a　水の部分の長さが同じで，空気の部分の長さが異なるイとウが該当する。

b　空気の部分の長さが同じで，水の部分の長さが異なるアとエが該当する。　(4)　①　弦の基本振動の場合，弦の長さは$\frac{1}{2}$波長に相当するので，求める波長は20×2＝40〔cm〕＝0.40〔m〕となる。

②　波長は0.40×$\frac{1}{2}$＝0.20〔m〕なので，求める速さを$v$〔m/s〕とすると，$v$＝300×0.20＝60〔m/s〕となる。　③　輪ゴムの伸びやすさが異なる場合，張りの強弱に差が生じる。輪ゴムの張りが強いほど高い音が出る。　④　まず，太郎さんは②と同じ条件，つまり「輪ゴムの1か所に割りばしを入れ，輪ゴムが振動する部分を短く」したところ，300Hzの音が出ている。一方，次郎さんは③より，張りの弱い輪ゴムで太郎さんと同じ条件で音を出したところ低い音が出たので，この音の振動数は300Hzより小さいはずである。ここで，毎秒4回のうなりが聞こえたので，太郎さんと次郎さんがつくった楽器の振動数の差は4Hzとなり，次郎さんがつくった楽器の振動数は300－4＝296〔Hz〕となると考えられる。　(5)　解答参照。

【3】(1)　発生した液体が加熱部分に流れ込み，試験管が割れることを防ぐため。　(2)　二酸化炭素　(3)　$Ca(OH)_2＋CO_2→CaCO_3＋H_2O$
(4)　$CaCO_3＋H_2O＋CO_2→Ca(HCO_3)_2$　(5)　青色から赤色　　液体…水　(6)　a　イ　　b　ア　　c　オ　　d　カ　(7)　炭酸ナトリウム　(8)　$2NaHCO_3→Na_2CO_3＋H_2O＋CO_2$　(9)　気体…酸素　　固体…銀　(10)　電流を流して電気伝導性を調べる。

〈解説〉(1) 炭酸水素ナトリウムを熱分解すると，炭酸ナトリウム $Na_2CO_3$，水$H_2O$，二酸化炭素$CO_2$が生成する。水が発生する反応では，試験管の口を少し下向きにする。　(2) 石灰水に二酸化炭素を通すと白濁する。　(3)(4) 炭酸カルシウム$CaCO_3$は水に溶けないが，炭酸水素カルシウム$Ca(HCO_3)_2$は水に溶ける。　(5) 塩化コバルト紙は水に触れると青色から赤色に変化する。　(6) 炭酸水素ナトリウムより，炭酸ナトリウムの方が，水によく溶け強いアルカリ性(塩基性)を示す。(7)(8) (1)の解説を参照。　(9) 酸化銀の熱分解では，$2Ag_2O \rightarrow 4Ag + O_2$より，固体の銀と気体の酸素が発生する。　(10) 電気を通す，磨くと金属光沢が生じる，たたくと薄く広がることが確認できる。

【4】(1) ピンセット…プラスチック　理由…ピンセットの金属が水溶液中で溶ける可能性があるため。　(2) a ウ　b エ　c エ　(3) マグネシウム＞亜鉛＞銅　(4) ① 無色から青色　② ア，エ　(5) マグネシウム＞亜鉛＞銅＞銀　(6) 大きい

〈解説〉(1) 金属のイオンへのなりやすさを調べる実験であり，水溶液中の金属イオンと金属のピンセットが触れると，金属のピンセットが反応することが考えられる。　(2) a マグネシウムの方が亜鉛よりイオンになりやすいので，マグネシウム板が溶け出し，亜鉛がマグネシウム板に付着する。　b マグネシウムの方が銅よりイオンになりやすいので，マグネシウム板が溶け出し，銅がマグネシウム板に付着する。　c 亜鉛の方が銅よりイオンになりやすいので，亜鉛板が溶け出し，銅が亜鉛板に付着する。　(3) イオンになりやすいのは，(2)のaよりMg＞Zn，bよりMg＞Cu，cよりZn＞Cuなので，Mg＞Zn＞Cuの順である。　(4) ① 銅の方が銀よりイオンになりやすいので，水溶液は銅のイオンを含み無色から青色に変化する。　② 銀のイオンは銀となって析出し，銅はイオンとなって溶け出す。　(5) (4)よりイオンへのなりやすさはCu＞Agなので，(3)と合わせると，Mg＞Zn＞Cu＞Agの順となる。　(6) 解答参照。

【5】(1)　ツバキ…網状脈　　トウモロコシ…平行脈　　(2)　ア　胚珠
　　イ　やく　　ウ　雌花　　エ　雄花　　(3)　ウ　　(4)　a
　　(5)　g　共通点　　h　相違点　　(6)　外来生物(外来種)　　(7)　分解
〈解説〉(1)　ツバキは双子葉類，トウモロコシは単子葉類であり，それ
　　ぞれ網状脈と平行脈をもつ。　　(2)　トマトは被子植物であり，めしべ
　　の子房の中に胚珠があり，先端には柱頭がある。マツは裸子植物であ
　　り，上側に雌花，下側に雄花がある。　　(3)　イヌワラビはシダ植物，
　　スギゴケはコケ植物であり，どちらも胞子でふえる。　　(4)　図より，
　　アスパラガスの維管束は茎の全体に分布しているので，aのトウモロ
　　コシと同じ単子葉類である。　　(5)　「中学校学習指導要領(平成29年3月
　　告示)　第2章　第4節　理科　第2分野　2　内容　(1)　いろいろな生
　　物とその共通点　イ」を参照。　　(6)　解答参照。　　(7)　生物の死がい
　　や排出物などの有機物は，菌類や細菌類などにより分解されて無機物
　　となるが，一般的なプラスチックは分解されにくい。

【6】(1)　オス…精巣　　メス…卵巣　　(2)　減数分裂　　(3)　ア
　　(4)　有性生殖　　(5)　子に表れる特徴は，親と同じである。
　　(6)　柱頭(めしべ，花柱)と同じ環境に近づけるため。　　(7)　花粉管
　　(8)　ア→ウ→イ→エ　　(9)　風媒花
〈解説〉(1)　解答参照。　　(2)(3)　減数分裂は，精子や卵といった生殖細
　　胞ができる際に起きる分裂であり，このときできる生殖細胞がもつ染
　　色体数は，もとの細胞の半分である。　　(4)　雄と雌が関わる生殖は有
　　性生殖である。　　(5)　このようなふえかたを無性生殖といい，分裂，
　　出芽，栄養生殖がある。　　(6)(7)　花粉が雌しべの柱頭につくと，柱頭
　　から糖が供給され，花粉から花粉管が伸びる。　　(8)　受粉が行われる
　　と，胚珠が種子に成長する。　　(9)　解答参照。

【7】(1)

(2) 52〔％〕　　(3) C→A→B　　(4) 1016〔hPa〕　　(5) ア

(6) ① カ　② オ　③ キ　④ ケ　⑤ シ　(7) ウ

(8) ② 10　③ 5　④ 25　⑤ 30

〈解説〉(1)　風向は風が吹いてくる方角に矢ばねをのばし，風力は右側から矢ばねをかく。　(2)　図より，乾球の示度は11℃，湿球の示度は7℃なので，乾球と湿球の示度の差は4℃である。よって，表より湿度は52％と読み取れる。　(3)　日本付近の天気は，偏西風の影響で西から東へ変化していく。よって，前線を伴う低気圧の位置が西から東へ進む順なので，C→A→Bとなる。　(4)　等圧線は4hPaごとに引かれ，X地点の等圧線は1024hPaの等圧線より2本分だけ低いので1016hPaである。　(5)　aは温暖前線である。　(6)　bは寒冷前線である。

(7)　水蒸気が水滴に状態変化するとき，凝結熱を放出する。

(8)　②　標高0mのふもとで20℃の空気が1000m上昇する間，高度100mにつき1℃の割合で気温は低下するので，標高1000mでの気温は$20-\frac{1000}{100}\times1=10$〔℃〕となる。　③　標高2000mの山頂までの残り1000mは，高度100mにつき0.5℃の割合で気温は低下するので，山頂での気温は$10-\frac{1000}{100}\times0.5=5$〔℃〕となる。　④　標高2000mの山頂から標高0mのふもとまで，高度100mにつき1℃の割合で気温は上昇するので，ふもとでの気温は$5+\frac{2000}{100}\times1=25$〔℃〕となる。　⑤　気温5℃の山頂でちょうど雲は消えたので湿度100％であり，水蒸気量は5℃での飽和水蒸気量に等しく6.8g/m³である。この水蒸気を含む空気がふもとで25℃になったので，ふもとでの湿度は$\frac{6.8}{23.0}\times100\fallingdotseq30$〔％〕となる。

【8】(1)　黄道(こうどう)　　(2)　さそり座　　(3)　オ　　(4)　自転
(5)　イ　　(6)　おとめ座は地球から見て太陽と同じ方向にあるため。
(7)　A　　(8)　①　西　　②　東　　③　1　　(9)　ア　×
イ　○　　ウ　○　　(10)　緯度…北緯48度　　経度…東経115度
〈解説〉(1)　解答参照。　　(2)　Aの位置に地球があるとき，地球に対し
太陽と反対方向にある星座が真夜中に南中するので，さそり座である。
(3)　地球は北極の上から見ると反時計回りに自転しているので，おと
め座が真夜中に見える位置の地球から西の方角は図の右側なので，選
択肢のうちふたご座が該当する。　　(4)　地球は1日に1回転(360度)反時
計回りに自転しているので，2時間後には反時計回りに30度の空にあ
る星座が見える。　　(5)　2週間で地球は約14度反時計回りに太陽の周
りを公転している。そのため，おとめ座が南中する時刻は，2週間前
より約14度回る分早くなる。地球は1時間で15度反時計回りに自転し
ているので，おとめ座が南中するのは2週間前より約1時間早くなる。
よって，真夜中の0時より1時間早い23時となる。　　(6)　地球から見て，
太陽と同じ方向にある星座は見ることができない。　　(7)　図2には夏
の大三角が見られるので，このときの地球の位置は夏の星座が真夜中
に南中するところである。北半球の地軸が太陽の方向に向いているA
が，夏の地球の位置である。　　(8)　太陽は，天球上の星座の間を西か
ら東へ1年間で1周するように見える。よって，1日に動く角度は約1度
である。　　(9)　ア　赤道上では，春分と秋分に太陽が天頂を通過する。
イ　北極星は南半球では地平線の下にあるので見ることはできない。
逆に，南半球の南十字星は日本で見ることはできない。　ウ　解答参
照。　　(10)　北極星の高度はその位置の緯度を表すので，都市Yの緯度
は48度である。また，都市Yでは東経135度の日本より南中が80分遅れ
ているので，経度は日本より$\frac{360}{24} \times \frac{80}{60} = 20$〔度〕西へずれているので，
東経115度である。

# 高 校 理 科

## 【共通問題】

【1】問1　イ，エ　　　問2　ウ　　　問3　溶液Aで共洗いしてから用いる。

〈解説〉問1　精度の高いデータを得るためには，1つの方法の実験を複数回行って平均値をとるようにする。また，1つの方法で調べる要因は1つに絞るようにする。　　問2　有毒な薬品やこれらを含む廃棄物の処理は，大気汚染防止法，水質汚濁防止法，海洋汚染等及び海上災害の防止に関する法律，廃棄物の処理及び清掃に関する法律など，環境保全関係の法律に従って処理する必要がある。　　問3　そのガラス器具を純水で濡れた状態のまま使用すると，溶液Aの濃度が純水により薄まってしまう。

## 【物理】

【1】問1　⑧　　　問2　ウ　　　問3　ア　楕円　　イ　面積(面積速度)
ウ　2　　エ　3　　　問4　(1)　A　100〔m〕　　　B　50〔m〕

(2)　時刻…30〔s〕　　　理由…30sまでは常にAの方が速く，AとBの差が開いていくが，30sで初めてBの速さがAの速さと等しくなり，以降Bの方が常に速くなるから。　　　(3)　50〔s〕　　　(4)　8.7〔m/s〕

問5　球P…$\dfrac{1-5e}{6}v_0$　　球Q…$\dfrac{1+e}{6}v_0$　　　問6　$\dfrac{(2M+m)a}{M+m}$

〈解説〉問1　$\alpha$線はHe原子核(陽子2個と中性子2個)，$\beta$線は原子核から出る電子，$\gamma$線は短い波長(高エネルギー)の電磁波である。したがって，透過力が最も強いのは高エネルギーの$\gamma$線，最も小さいのは$\alpha$線である。　　問2　単振り子の周期$T$は，振り子の長さ$l$と重力加速度$g$のみで決まり，$T=\sqrt{\dfrac{l}{g}}$の関係がある。　　問3　解答参照。

問4　(1)　$v-t$グラフと$t$軸で囲まれた面積が移動距離となるので，自動車Aでは$\dfrac{1}{2}\times10\times20=100$〔m〕，自動車Bでは$\dfrac{1}{2}\times10\times10=50$〔m〕となる。　　(2)　Bから見たAの相対速度は，$t=30$〔s〕までは正である

から，BからみるとAは$t=0\sim30$〔s〕までの間，遠ざかることになる。$t=30$〔s〕以降は，BからみるとAは近づいてくる。　(3)　$t=10\sim30$〔s〕までの間，Aの移動距離は$\frac{1}{2}\times(20+30)\times20=500$〔m〕，Bの移動距離は$\frac{1}{2}\times(10+30)\times20=400$〔m〕なので，$t=30$〔s〕のとき，Aの移動距離は$100+500=600$〔m〕，Bの移動距離は$50+400=450$〔m〕となる。したがって，AはBよりも150mだけ前方にいることになる。ここで，グラフの傾きより$t=30$〔s〕以降のAの加速度は0.25m/s²，Bの加速度は1.0m/s²であり，$t=30+T$〔s〕でAとBがちょうど横に並ぶとすると，$t=30$〔s〕でのAとBの速さが同じなので，$\frac{1}{2}\times1.0\times T^2-\frac{1}{2}\times0.25\times T^2=150$より，$T=20$〔s〕となる。よって，求める時刻は$30+20=50$〔s〕となる。　(4)　次図より，求める速さを$v$〔m/s〕とすると，$v\tan30°=5.0$より，$v=5.0\times\sqrt{3}=5.0\times1.73≒8.7$〔m/s〕となる。

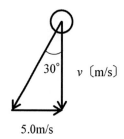

問5　求める球Pの速度と球Qの速度をそれぞれ$v_1$, $v_2$とすると，運動量保存則より$mv_0+0=mv_1+5mv_2$より，$v_0=v_1+5v_2$となる。また，反発係数の式より$e=-\dfrac{v_1-v_2}{v_0-0}$より，$ev_0=v_2-v_1$となる。これらより，$v_1=\dfrac{1-5e}{6}v_0$, $v_2=\dfrac{1+e}{6}v_0$となる。　問6　$y$軸上で$y=2a$の位置に質量$M$，$y=a$の位置に質量$m$の物体があると考えてよいので，求める座標は，$\dfrac{M\times2a+m\times a}{M+m}=\dfrac{(2M+m)a}{M+m}$となる。

【2】 I 問1 ア 終端速度　 イ 大きく(速く)　　　問2 記号…ア
理由…球にはたらく力は重力，水の浮力，水の抗力である。鉄球とプ
ラスチック球は形と体積が同じで浮力は等しい。重力のみ物体の質量
に依存している。そのため運動方程式を立てると，鉄球の加速度の方
が大きくなる。　 II 問3 $2\sqrt{gr}$ 問4 $\sqrt{2gr(1-\cos\theta)}$
問5 $mg(2-3\cos\theta)$　　問6 $\frac{5}{3}r$

〈解説〉 I 問1, 2 解答参照。　 II 問3 求める速さを$v_0$とすると，
力学的エネルギー保存の法則より，$mg\times 2r=\frac{1}{2}\times m\times v_0{}^2$より，$v_0=$
$2\sqrt{gr}$となる。　 問4 求める速さを$v_B$とすると，力学的エネルギー保
存の法則より，$mg\times 2r=mg\times r(1+\cos\theta)+\frac{1}{2}\times m\times v_B{}^2$より，$v_B=$
$\sqrt{2gr(1-\cos\theta)}$となる。　 問5 小球は円運動をしているので，求める
垂直抗力の大きさを$N$とすると，運動方程式は，$\frac{mv_B{}^2}{r}=N+mg\cos\theta$ よ
り，$N=mg(2-3\cos\theta)$となる。　 問6 小球が半円筒面から離れる条件
は$N=0$なので，$2-3\cos\theta=0$より，$\cos\theta=\frac{2}{3}$のときである。よって，
求める高さは$r+\frac{2}{3}r=\frac{5}{3}r$となる。

【3】 I 問1 $p_0+\frac{kx}{S}$　　問2 ア　　問3 $p_0Sx+\frac{1}{2}kx^2$

II 問4 $2mv\cos\theta$　　問5 $\frac{v}{2r\cos\theta}$　　問6 $\frac{Nmv^2}{4\pi r^3}$

〈解説〉 I 問1 ピストンについての力のつり合いより，$pBS=p_0S+kx$
より，$p_B=p_0+\frac{kx}{S}$となる。　 問2 状態Bのときの体積は，$V_B=V_A+Sx$
なので，$x=\frac{V_B-V_A}{S}$となる。これを問1の結果に代入すると，$p_B=$
$p_0+\frac{k(V_B-V_A)}{S^2}$より，$\frac{p_B-p_0}{V_B-V_A}=\frac{k}{S^2}=(一定)$なので，圧力が体積の1次関
数になることを意味しており，アのグラフが該当する。　 問3 問2の
$p-V$図で囲まれた面積が求める仕事を表すので，$\frac{1}{2}\times(p_0+p_B)\times(V_B-$
$V_A)$であり，問1，2より，$\frac{1}{2}\times\left(2p_0+\frac{kx}{S}\right)\times Sx=p_0Sx+\frac{1}{2}kx^2$となる。

Ⅱ　問4　気体分子の運動量のうち，内壁に垂直な成分の変化量が力積に相当するので，$-mv\cos\theta-mv\cos\theta=-2mv\cos\theta$ となり，求める力積の大きさは $2mv\cos\theta$ である。　問5　ある衝突位置から次の衝突位置までの距離は $2r\cos\theta$ なので，ある衝突から次の衝突までに要する時間は $\dfrac{2r\cos\theta}{v}$ となる。よって，気体分子が単位時間に内壁に衝突する回数は，$\dfrac{1}{\frac{2r\cos\theta}{v}}=\dfrac{v}{2r\cos\theta}$ となる。　問6　単位時間に内壁に与える力積が，1個の気体分子が内壁に与える力なので，この力の大きさは $2mv\cos\theta\times\dfrac{v}{2r\cos\theta}=\dfrac{mv^2}{r}$ となる。よって，$N$個の気体分子が内壁に及ぼす力の大きさは，$\dfrac{Nmv^2}{r}$ となる。容器の表面積は $4\pi r^2$ なので，求める圧力は $\dfrac{Nmv^2}{4\pi r^3}$ となる。

【4】　Ⅰ　問1　距離…60.0〔cm〕　　　像の大きさ…6.0〔cm〕
問2　15.0〔cm〕　　Ⅱ　問3　ア　倒　　イ　実　　問4　利用されるもの…カーブミラー　　メリット…広範囲を見ることができる。
問5　(1)　$\dfrac{f}{f+a}$　（$f+a:f$）　　(2)　$\dfrac{f-b}{f}$　（$f:f-b$）

(3)　$\dfrac{1}{a}-\dfrac{1}{b}=-\dfrac{1}{f}$

〈解説〉　Ⅰ　問1　物体$S_0$の凸レンズ$L_1$による像ができる位置を$b$〔cm〕とすると，$\dfrac{1}{15.0}+\dfrac{1}{b}=\dfrac{1}{7.5}$ より，$b=15.0$〔cm〕なので，$L_1$から15.0cm右側，つまり凸レンズ$L_2$の20.0cm左側に像ができ，この像の倍率は $\left|\dfrac{15.0}{15.0}\right|=1.00$〔倍〕である。これを光源として，$L_2$とBとの距離を$x$〔cm〕とすると，$\dfrac{1}{20.0}+\dfrac{1}{x}=\dfrac{1}{15.0}$ より，$x=60.0$〔cm〕となり，この像の倍率は $1.00\times\left|\dfrac{60.0}{20.0}\right|=3.00$〔倍〕となる。よって，$L_2$とBの距離は60.0cm，Bにできる像の大きさは $2.0\times3.00=6.0$〔cm〕となる。

問2　$L_1$による像の位置は問1より$L_1$から15.0cm右側，つまり凹レンズ$L_3$の10.0cm右側である。これは$L_3$に対する虚物体となるので，求める$L_3$の焦点距離を$f$〔cm〕とすると，$-\dfrac{1}{10.0}+\dfrac{1}{30.0}=-\dfrac{1}{f}$より，$f=15.0$〔cm〕となる。　Ⅱ　問3，4　解答参照。　問5　(1)　△FMN′∽△FPQなので，P′Q′＝MN′を用いると，$\dfrac{MN′}{PQ}=\dfrac{P′Q′}{PQ}=\dfrac{FM}{FP}=\dfrac{f}{f+a}$，またはPQ：P′Q′＝$f+a$：$f$となる。　(2)　△FP′Q′∽△FMNなので，MN＝PQを用いると，$\dfrac{P′Q′}{MN}=\dfrac{P′Q′}{PQ}=\dfrac{FP′}{FM}=\dfrac{f-b}{f}$，またはPQ：P′Q′＝$f$：$f-b$となる。　(3)　(1)(2)より，$\dfrac{f}{f+a}=\dfrac{f-b}{f}$となり，$f^2=f^2+af-bf-ab$となるので，$af-bf=ab$となり，$\dfrac{1}{a}-\dfrac{1}{b}=-\dfrac{1}{f}$となる。

【5】問1　ア　①　イ　②　ウ　④　エ　①　オ　①

問2　a　$evB$　　b　$vB$　　c　$vBd$　　d　$\dfrac{IB}{enh}$

〈解説〉問1　自由電子が受けるローレンツ力の向きはフレミングの左手の法則より$x$軸の正の向き(ア)となり，自由電子は負の電荷をもつので，試料の面P側が負に帯電する(イ)。一方，面Q側は電子が不足(ウ)するので正に帯電し(エ)，電場は$x$軸の正の向きに生じる(オ)。　問2　自由電子が受けるローレンツ力の大きさは$evB$であり(a)，これと電場から受ける力がつり合うが，電場は点電荷が受ける力の大きさなので$\dfrac{evB}{e}=vB$であり(b)，PQ間の電位差は$vB×d=vBd$となる(c)。一方，電流$I$はある断面を単位時間に通過する電気量なので，$I=envdh$と表せ，$v=\dfrac{I}{endh}$より，PQ間の電位差は$\dfrac{I}{endh}×Bd=\dfrac{IB}{enh}$となる(d)。

【6】Ⅰ　問1　③　　問2　・送電による電力損失が抑えることができる。・変圧できる。　　・電圧を高くすることで電流が小さくなり，ジュール熱を下げることができる。　　問3　141〔V〕　　問4　交流を直流に変換する。　　Ⅱ　問5　$2BrL$　　問6　イ　　問7　ウ　　問8　ア　問9　$2BrL\omega$

〈解説〉Ⅰ　問1　東日本では50Hz，西日本では60Hzである。　問2　解答参照。　問3　交流電圧の実効値$V_e$は，最大値$V_0$の$\frac{1}{\sqrt{2}}$〔倍〕なので，$V_e＝100$〔V〕のとき$V_0＝100×\sqrt{2}＝100×1.41＝141$〔V〕となる。問4　解答参照。　Ⅱ　問5　$t＝0$のとき，磁場と垂直な部分のコイルの面積は$2rL$なので，$\varPhi_0＝2BrL$となる。　問6　図18の後，コイルを貫く磁束は最大であったところから徐々に減少し，これが0になるのはコイルの面が磁束と平行になるとき，つまり$\omega t＝\frac{\pi}{2}$，$\frac{3\pi}{2}$のときである。これらを満たすのは，イのグラフである。　問7　問6のイのグラフの傾きをとると，ウのグラフが該当する。　問8　$V＝-\frac{\varDelta \varPhi}{\varDelta t}$なので，問7のグラフの正負が逆転した，アのグラフが該当する。

問9　問6の結果より，$\varPhi＝2BrL\cos\omega t$となるので，$V＝-\frac{\varDelta \varPhi}{\varDelta t}＝2BrL\omega \sin\omega t$となる。よって，誘導起電力$V$の最大値$V_0$は$2BrL\omega$となる。

## 【化学】

【1】Ⅰ　問1　①　ア　　②　ウ　　③　エ　　問2　テトラアンミン亜鉛(Ⅱ)イオン　　Ⅱ　問1　$\frac{1}{2}N_2(気)＋\frac{3}{2}H_2(気)＝NH_3(気)＋46kJ$
問2　(1)　反応速度…ア　　生成量…エ　　(2)　反応速度…ウ　生成量…エ　　(3)　反応速度…ア　　生成量…オ　　問3　ハーバー・ボッシュ法　　Ⅲ　問1　①　水酸化物　　②　(弱)塩基，(弱)アルカリ　　③　加水分解　　問2　$CH_3COO^-＋H_2O \leftrightarrows CH_3COOH＋OH^-$
問3　4.6〔%〕

〈解説〉Ⅰ　問1　①　$Ag^+$と希塩酸中の$Cl^-$により$AgCl$の沈殿が生じる。②　$Ca^{2+}$と硫酸アンモニウム水溶液中の$SO_4{}^{2-}$により$CaSO_4$の沈殿が生じる。　③　$Al^{3+}$とアンモニア水中の$OH^-$により$Al(OH)_3$の沈殿が生じる。　問2　$Zn^{2+}$に少量のアンモニア水を加えると$Zn(OH)_2$の沈殿が生じるが，過剰に加えるとテトラアンミン亜鉛(Ⅱ)イオン$[Zn(NH_3)_4]^{2+}$となる。　Ⅱ　問1　熱化学方程式は，ある物質1molがもつエネルギーを表し，左辺と右辺は等号で結ぶ。　問2　(1)　圧力を高くしたので気体分子の運動が激しくなり，反応速度は大きくなる。また，気体分

子の総数が減少する右側へ平衡が移動するので，アンモニアの生成量は増加する。　(2)　温度を低くしたので，反応速度は小さくなる。また，発熱反応が進む右側へ平衡が移動するので，アンモニアの生成量は増加する。　(3)　触媒は反応速度を大きくするが，平衡の移動には影響を与えないので，アンモニアの生成量は変わらない。　問3　解答参照。　Ⅲ　問1, 2　酢酸ナトリウムは，弱酸と強塩基からなる塩なので，加水分解すると弱塩基性を示す。　問3　10倍に希釈した食酢のモル濃度を$x$〔mol/L〕とすると，$1 \times x \times \dfrac{10}{1000} = 1 \times 0.10 \times \dfrac{7.6}{1000}$より，$x = 0.076$〔mol/L〕となる。したがって，希釈前の食酢中の酢酸のモル濃度は$0.076 \times 10 = 0.76$〔mol/L〕である。次に，この食酢1L(1000cm³)を考えると，質量は$1.0 \times 1000 = 1000$〔g〕であり，これに含まれる酢酸(分子量60)の物質量は0.76molなので，酢酸分子の質量は$60 \times 0.76 = 45.6$〔g〕となる。よって，この食酢中の酢酸の質量パーセント濃度は，$\dfrac{45.6}{1000} \times 100 \fallingdotseq 4.6$〔%〕となる。

【2】問1　$Na^+$…4〔個〕　　　$Cl^-$…4〔個〕　　　問2　6〔個〕

問3　12〔個〕　　　問4　$\dfrac{234}{a^3 N_A}$〔g/cm³〕

〈解説〉問1　$Na^+$の数は$\dfrac{1}{4} \times 12 + 1 = 4$〔個〕であり，$Cl^-$の数は$\dfrac{1}{8} \times 8 + \dfrac{1}{2} \times 6 = 4$〔個〕である。　問2　図の単位格子を2つ並べ，中心に$Cl^-$が位置するように見ると，6個の$Na^+$に囲まれていることがわかる。問3　図の単位格子の中心に$Na^+$が位置しており，12個の$Na^+$に囲まれていることがわかる。　問4　NaCl(式量58.5)1個の質量は$\dfrac{58.5}{N_A}$〔g〕，単位格子の体積は$a^3$〔cm³〕，単位格子中には$Na^+$と$Cl^-$がそれぞれ4個ずつ含まれるので，密度$d = \dfrac{\dfrac{58.5}{N_A} \times 4}{a^3} = \dfrac{234}{a^3 N_A}$〔g/cm³〕となる。

【3】問1

```
    H
    ∷
H:C:H
    ∷
    H
```

問2　正四面体(形)　　問3　ア，オ　　問4　(1)　CH$_4$＋2O$_2$→CO$_2$＋2H$_2$O　　(2)　1.0×10$^5$〔Pa〕　　(3)　酸素が0.020mol，二酸化炭素が0.020mol，水が0.040mol　　(4)　5.3×10$^4$〔Pa〕　　(5)　3.7×10$^{-2}$〔mol〕

〈解説〉問1，2　メタンの構造では，中心の炭素原子が4つの水素原子との間で単結合を形成しており，分子全体としては正四面体形である。　問3　二酸化炭素は，中心の炭素原子と2つの酸素原子の間で電気陰性度に差があるが，分子全体としては直線形の構造をしており無極性分子である。　オ　窒素は2つの窒素原子から構成され，電気陰性度の差がないため無極性分子である。　問4　(1)　メタンが燃焼すると，二酸化炭素と水が生成する。　(2)　求める全圧を$P$〔Pa〕とすると，気体の状態方程式より，$P \times 2.0 = (0.020 + 0.060) \times (8.3 \times 10^3) \times (273 + 27)$より，$P = 99600 \fallingdotseq 1.0 \times 10^5$〔Pa〕となる。　(3)　0.020molのメタンが燃焼すると，二酸化炭素が0.020mol，水が$0.020 \times 2 = 0.040$〔mol〕生成し，酸素が$0.060 - 0.020 \times 2 = 0.020$〔mol〕残る。　(4)　燃焼後に生成した水がすべて水蒸気であると仮定すると，その分圧は$\dfrac{0.040 \times (8.3 \times 10^3) \times (273 + 27)}{2.0} = 49800$〔Pa〕となる。これは27℃における水蒸気圧$3.6 \times 10^3$〔Pa〕を上回るため，一部が液体となっており水蒸気の分圧は$3.6 \times 10^3$〔Pa〕である。よって，求める全圧は，

$$\dfrac{(0.020 + 0.020) \times (8.3 \times 10^3) \times (273 + 27)}{2.0} + (3.6 \times 10^3) = 53400 \fallingdotseq 5.3 \times 10^4$$

〔Pa〕となる。　(5)　水蒸気の物質量は$\dfrac{(3.6 \times 10^3) \times 2.0}{(8.3 \times 10^3) \times (273 + 27)}$〔mol〕

より，凝縮している水の物質量は，$0.040 - \dfrac{(3.6 \times 10^3) \times 2.0}{(8.3 \times 10^3) \times (273 + 27)} \fallingdotseq 3.7 \times 10^{-2}$〔mol〕となる。

【4】問1　酸化　　問2　($Li_xC_6$は，)水に可溶であるため(9字)
問3　69〔mg〕　　問4　$3.2 \times 10^2$〔mg〕　　問5　イ，オ
〈解説〉問1　負極では電子が放出されているので，酸化反応が起こっている。　問2　解答参照。　問3　流れた電気量は$0.50 \times (32 \times 60 + 10) = 965$〔C〕であり，流れた電子の物質量は$\dfrac{965}{9.65 \times 10^4} = 0.0100$〔mol〕となる。電子が1mol流れると，負極ではリチウムが1mol(6.9g)減少するので，求める減少した質量は$6.9 \times 0.0100 = 6.9 \times 10^{-2}$〔g〕$= 69$〔mg〕となる。　　問4　陰極では$Cu^{2+} + 2e^- \rightarrow Cu$と反応するので，電子が2mol流れると銅が1mol(64g)析出するので，求める析出した銅の質量は$64 \times \dfrac{0.0100}{2} = 0.32$〔g〕$= 3.2 \times 10^2$〔mg〕となる。　　問5　解答参照。

【5】問1　①　5　　②　共有　　③　十酸化四リン　　問2　赤リン，黄リン(白リン)　　問3　酸性酸化物のため塩基性の気体とは中和反応をしてしまうため(28字)　　問4　カリウム　　問5　過リン酸石灰
問6　$2NH_3 + CO_2 \rightarrow (NH_2)_2CO + H_2O$　　問7　白煙が生じる(6字)
問8　$3NO_2 + H_2O \rightarrow 2HNO_3 + NO$　　問9　(1)　NO　　(2)　$NO_2$
〈解説〉問1　①②　周期表15族に属する元素は，最外殻に5個の電子をもつので，5個の価電子をもち，これらが他の原子との間で共有結合を形成する。　③　リンを空気中で燃やすと，$4P + 5O_2 \rightarrow P_4O_{10}$の反応が起こり，十酸化四リンが得られる。　問2　解答参照。　問3　アンモニアを除く塩基性の気体には，塩基性や中性の乾燥剤を用いる。
問4〜6　解答参照。　問7　塩化水素とアンモニアを接触させると，塩化アンモニウム$NH_4Cl$の白煙を生じる。　問8　解答参照。
問9　(1)　$3Cu + 8HNO_3 \rightarrow 3Cu(NO_3)_2 + 4H_2O + 2NO$の反応が起こる。
(2)　$Ag + 2HNO_3 \rightarrow AgNO_3 + H_2O + NO_2$の反応が起こる。

【6】問1　シス－トランス異性体(幾何異性体)　　　問2　G　　　問3　カルボキシ(ル)基

問4　A

$$CH_3-\underset{\underset{CH_3}{|}}{C}=CH_2$$

D

$$CH_3-CH_2-CH=CH_2$$

E

$$CH_3-\underset{\underset{CH_3}{|}}{\overset{\overset{CH_3}{|}}{C}}-OH$$

G

$$CH_3-\underset{\underset{OH}{|}}{CH}-CH_2-CH_3$$

H

$$CH_3-CH_2-CH_2-CH_2-OH$$

I

$$CH_3-CH_2-O-CH_2-CH_3$$

問5

$$\begin{matrix}CH_2-CH_2\\ |\qquad\quad |\\ CH_2-CH_2\end{matrix}\quad 又は\quad \begin{matrix}CH-CH_3\\ \diagup\quad\ \ \diagdown\\ CH_2-CH_2\end{matrix}$$

問6　$CH_2=CH_2$

〈解説〉問1　分子式$C_4H_8$のアルケンのうち，水素を付加して同じ物質が得られることからBとCは2－ブテン$CH_3CH=CHCH_3$であり，シス－トランス異性体(幾何異性体)の関係にある。　問2　BまたはCに水を付加して得られるGは，2－ブタノールであり，不斉炭素原子をもつので鏡像異性体が存在する。　問3　アルコールを酸化すると得られる酸性の有機化合物なので，カルボキシ基をもっている。　問4　Aから得られるアルコールのうちEは酸化されなかったので第三級アルコールとわかり，これが得られるのでAはイソブテンとなる。すると，はじめのアルケンのうち，残ったDは1－ブテンとなる。さらに，Aから得られる第三級アルコールのEは，2－メチル－2－プロパノールである。Gは問2より2－ブタノールなので，Dから得られるもう一方のアルコールHは，1－ブタノールである。Iはエタノールの分子間脱水で得られるので，ジエチルエーテルである。　問5　アルケン以外には，環式炭化水素が存在する。　問6　エタノールの分子内脱水が生じ，エ

チレンが生成する。

【7】問1　①　ヘキサメチレンジアミン　　②　アジピン酸　　③　縮合　　④　(ε⁻)カプロラクタム　　⑤　開環　　⑥　水素

問2

$$-\overset{|}{\underset{H}{N}}-\overset{\parallel}{\underset{O}{C}}-$$

問3　エ　　問4　$2.0 \times 10^2$〔個〕

〈解説〉問1　解答参照。　問2　アミド結合は，アミノ基とカルボキシ基の間で脱水縮合が生じることで形成される。　問3　アラミド繊維は，芳香族化合物がアミド結合でつながったものである。　問4　ナイロン66は重合度を$n$とすると，$[-CO-(CH_2)_4-CO-NH-(CH_2)_6-NH-]_n$と表せ，繰り返し構造の式量は226なので，113gのとき物質量は$\dfrac{113}{226n}$〔mol〕となる。これに含まれるアミノ基が$5.0 \times 10^{-3}$〔mol〕であり，1分子のナイロン66にはアミノ基が1個あるのでナイロン66とアミノ基の物質量は等しく，$\dfrac{113}{226n} = 5.0 \times 10^{-3}$より，$n = 100$となる。つまり，1分子のナイロン66には100個の繰り返し構造があり，繰り返し構造1つ当たりにアミド結合は2個あるので，1分子のナイロン66に含まれるアミド結合の数は$100 \times 2 = 2.0 \times 10^2$〔個〕となる。

## 【生物】

【1】問1　カドヘリン

問2　(1)

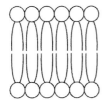

(2)　(a)　アクアポリン　　(b)　トル様受容体(TLR，Toll様受容体)
問3　(c)　ナトリウムポンプ　　(d)　能動輸送　　(e)　低く
(f)　受動輸送　　問4　(1)　B　　(2)　このタンパク質は，様々な種類があり，同じ種類同士で結合する。表皮と神経では異なる種類が発現しているため，同じ種類の細胞が集まり，細胞集塊を作ったから。
〈解説〉問1　解答参照。　問2　(1)　疎水性の部分が内側に入った構造をとる。　(2)　解答参照。　問3　小腸ではたらくグルコース輸送体は，$Na^+$の濃度勾配を利用することでグルコースを細胞内に取り込んでいる。　問4　(1)　図1のAは密着結合，Bは接着結合，Cはデスモソーム，Dはギャップ結合，Eはヘミデスモソームである。　(2)　カドヘリンなどの細胞接着分子は，同じ種類の細胞接着分子をもつ細胞同士がつながることで，発生の過程でそれぞれの組織や器官の形成に深く関わっている。

【2】問1　ア　　問2　ウ　　問3　抗原抗体反応　　問4　エ　B
オ　RNA，mRNA
〈解説〉問1　検体中に抗原がなくても，キット中には標識物質が存在するので，標識物質と結合する抗体Cの付近では呈色するはずである。しかし，検査がきちんと行えなかった場合，Cの付近では呈色しないと考えられるので，アが該当する。　問2　インフルエンザウイルスのみに感染していた場合，その抗原と結合する抗体はキット中にはないので，Cの付近のみが呈色すると考えられ，ウが該当する。
問3　抗原と抗体の特異的結合によって起こる抗原抗体反応を応用している。　問4　ウイルスなどの病原体を弱毒化させたものを生ワクチン，病原体を不活化したり病原体の成分からつくったりするものを不活化ワクチンという。一方，新型コロナウイルスのスパイクタンパク質のmRNAを用いるものは，mRNAワクチンと呼ばれる。

【3】問1　ア　6　イ　5　ウ　12　エ　CAM　　オ　$C_4$

問2　油性マジックの線は展開液により展開され，原点の位置が正確にわからなくなるため。　　問3　Ⅲ　　問4　0.50　　問5　カロテン

〈解説〉問1　解答参照。　　問2　薄層クロマトグラフィーの抽出液には有機溶媒が含まれているため，油性マジックを溶かす。　　問3　シロツメクサは種子植物，アオサは緑藻類，ワカメは褐藻類，テングサは紅藻類である。したがって，Ⅰのシロツメクサと同じ光合成色素をもつ，Ⅲがアオサである。　　問4　クロロフィルaは，4種類の試料すべてがもっている青緑色の光合成色素なので，図4のBである。よって，そのRf値は，$\dfrac{4.0}{8.0} = 0.50$となる。　　問5　Aは最もRf値が大きな橙色の光合成色素なので，カロテンである。

【4】問1　ア　肝臓　　イ　酢酸　　ウ　SNP(一塩基多型，スニップ)

問2　12〔以上〕　　問3　リシン　　問4　被験者1…GG　　被験者2…AA　　被験者3…GA　　問5　9600〔人〕

〈解説〉問1　解答参照。　　問2　*ALDH2*には13個のエキソンが存在し，それぞれのエキソンの間には少なくとも1つのイントロンが存在するので，12個以上のイントロンが存在する。　　問3　表2より，グルタミン酸をコードするコドンはGAAまたはGAGであるが，図5より，114番目の塩基Gを含むのでGAAのコドンに注目する。このコドンのGがAに置き換わるとAAAとなるので，表2よりリシンをコードすることがわかる。　　問4　被験者1からは試料1のバンドのみが得られたので活性型のGG型，被験者2からは試料2のバンドのみが得られたので不活性型のAA型，被験者3からは両方のバンドが得られたのでヘテロ接合のGA型である。　　問5　活性型の遺伝子Gの頻度を$p$，不活性型の遺伝子Aの頻度を$q$とすると，$q^2 = \dfrac{1}{25}$より，$q = \dfrac{1}{5} = 0.2$であり，$p + q = 1$より，$p = 0.8$となる。ハーディ・ワインベルグの法則が成り立つとき，遺伝子頻度は次世代でも変わらないので，新生児のうち*ALDH2*の活性が中間になる遺伝子型GAの人数は，$2 \times 0.8 \times 0.2 \times 30000 = 9600$〔人〕となる。

【5】問1　ア　ナノス　　イ　母性　　ウ　ホメオティック

問2　ショウジョウバエ…c　　ウニ…a, d　　カエル…a, d

問3　c　C　　d　E　　問4　(a)　動物半球　　(b)　侵入点と反対側

(c)　背側

〈解説〉問1　ショウジョウバエの発生において，ビコイド遺伝子とナノ
ス遺伝子は前後軸の決定に関わる母性効果遺伝子である。また，ホメ
オティック遺伝子は，器官形成時にはたらく調節遺伝子である。

問2　ショウジョウバエは昆虫なので心黄卵であり，表割が起こる。
ウニは等黄卵，カエルは両生類なので端黄卵であるが，最初の卵割は
同じであり，3回目の卵割までで生じる割球の数は同じであるが，割
球の大きさに違いが見られる。　問3　【実験A】の胚aより，ビコイド
タンパク質の濃度が大きいと前端の構造ができ，濃度が小さいと後端
の構造ができる。【実験B】の胚bより，ビコイド遺伝子が欠損すると
前端の構造が形成されず，前端にも尾部が形成される。したがって，
【実験C】では前端と後端の両方でビコイドタンパク質の濃度が大きく
なるので，どちらにも先端や頭部ができるcの胚となる。また，【実験
D】ではビコイド遺伝子が欠損したものの前端部にビコイドタンパク
質がつくられ，胚aのようになると考えられるので，cやdは該当しない。
さらに，【実験E】では胚の中央でビコイドタンパク質の濃度が大きく
なり頭部ができると考えられるので，dの胚となる。　問4　解答参照。

【6】問1　ア　感覚　　イ　介在　　ウ　運動　　エ　静止電位

オ　$Na^+$(ナトリウム(イオン))　　カ　$K^+$(カリウム(イオン))

キ　活動電位　　問2　b

〈解説〉試験の補足説明として，問題文中の「右目」，「左目」の「目」は
「眼」と同一であるという説明があった。　問1　解答参照。

問2　両眼の視神経の内側半分は途中で交叉する(外側半分は交叉しな
い)。また，左側から入った光は右側の網膜に，右側から入った光は左
側の網膜に映るため，反対側の視覚野に刺激が伝えられる。これらを
踏まえると，この患者は交叉で視神経が切断されているので，右眼の

視野の右半分と，左眼の視野の左半分の情報が伝わらないので，bのように見えると考えられる。

【7】問1　a　ジャスモン酸　　b　ジベレリン　　問2　フォトトロピン
問3　アブシシン酸　　問4　④

〈解説〉問1　a　葉が食害を受けると，ジャスモン酸という植物ホルモンが合成される。　b　ジベレリンは，果実の成熟を促進するようにはたらく植物ホルモンである。　問2　フォトトロピンは，気孔の開口以外にも，光屈性などに関わっている。　問3　乾燥しているときには，アブシシン酸が合成されて孔辺細胞に作用し，気孔を閉じることで蒸散が抑えられる。　問4　解答参照。

【8】問1　35(34.96)　　問2　対数目盛…死亡率，生存率　　算術目盛…死亡(個体)数，生存(個体)数　　問3　(1)　バイオームの名称…夏緑樹林　　気候帯…冷温帯　　(2)　相互作用…競争(種間競争)　　関係…c
(3)　伐採後に生える草本や樹木の芽などが，ニホンカモシカの豊富な餌となるから。

〈解説〉問1　年齢8の生存数は333個体，年齢9の生存数は298個体より，年齢8の死亡数は，333－298＝35〔個体〕となる。なお，公開解答の別解34.96については，求める死亡数を$x$〔個体〕とすると，$\frac{x}{333} \times$ 100＝10.5より，$x$＝34.965〔個体〕と求めると考えられる。　問2　対数目盛りで生存数が直線となるのは，単位期間内に同じ割合で生物が死亡した，または生き残ったからである。一方，算術目盛りで生存数が直線となるのは，単位期間内に同じ数の生物が死亡した，または生き残ったからである。　問3　(1)　日本列島では，気候帯とこれに対応する森林のバイオームは，亜熱帯が亜熱帯多雨林，暖温帯が照葉樹林，冷温帯が夏緑樹林，亜寒帯が針葉樹林である。　(2)　種間競争は，生活場所や餌をめぐる競争なので，互いに不利益を与える関係である。
(3)　解答参照。

【9】問1　ア　ラマルク　　イ　ダーウィン　　問2　用不用説
　問3　集団において，突然変異等でさまざまな形質を持った個体が誕
　生する中で，環境に適応した有利な個体が生き残っていくこと。
〈解説〉問1～3　進化説には，ラマルクの用不用説，ダーウィンの自然選
　択説，ド・フリースの突然変異説などがある。

## 2023年度　実施問題

# 中 学 理 科

【1】家庭用の屋内配線が並列回路になっていることに興味を持った花子さんは，回路に流れる電流の大きさについて調べることにした。次の問いに答えなさい。

(1) 並列回路の各点を流れる電流の大きさを調べるために，次のような実験を行い，【結果】を表にまとめた。

【方法】

i　回路をつくる。

図1

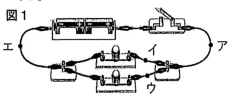

ii　各点ア～エの電流の大きさをはかる。

図2

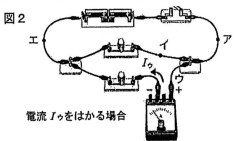

電流 $I_ウ$ をはかる場合

出典：「理科の世界2」大日本図書

【結果】　並列回路の各点を流れる電流の大きさ

なお，$I_ア$～$I_エ$は，各点ア～エを流れる電流を示す。

| 測定したところ | $I_ア$ | $I_イ$ | $I_ウ$ | $I_エ$ |
|---|---|---|---|---|
| 電流の大きさ〔A〕 | 0.60 | 0.34 | 0.26 | 0.60 |

①　次の回路図オ〜ケのうち，図1の回路を表すものをすべて選び，記号で書きなさい。

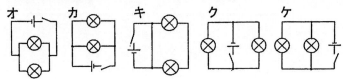

②　①の回路図の中には，安全上，問題のある回路が含まれている。それはどれか，全て記号で書きなさい。また，安全上の問題を簡単に説明しなさい。

③　【結果】から，並列回路の各点を流れる電流について関係を見いだした。並列回路を流れる電流の大きさの関係を，$I_ア$〜$I_エ$を使い，式で表しなさい。

(2)　花子さんは，電圧と電流の関係を調べるため，2種類の電熱線a，bにそれぞれ電圧を加え，流れる電流の大きさを測定した。図3のグラフはその結果である。

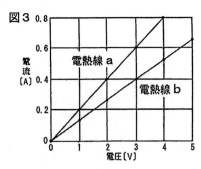

①　同じ電圧を加えたとき，流れる電流が大きいのは電熱線a，bのどちらか，記号で書きなさい。

②　電流と電圧との間には，どのような関係があるといえるか。

③　電熱線a，bの抵抗の大きさは，それぞれ何Ωか書きなさい。

④　電熱線aに8Vの電圧を加えると，電熱線aに流れる電流は何Aか書きなさい。

⑤　電熱線a，bが，同じ長さのニクロム線であるとき，電熱線a，bの断面積を整数比で書きなさい。

(3)　図4は，直列回路と並列回路を組み合わせた回路である。電流$I_1$，$I_2$，$I_3$は，それぞれ何Aか書きなさい。

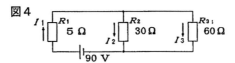

(4)　家庭用の屋内配線は並列回路になっている。直列回路を使わずに並列回路を使う理由を簡単に説明しなさい。

(5)　花子さんは，(4)のことに関連付けて，図5のようにテーブルタップを利用した電気器具の使い方の危険性を考えた。なぜ危険なのか，「電流の大きさ」という言葉を使って，簡単に説明しなさい。

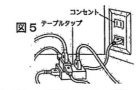

出典：「未来へひろがるサイエンス2」啓林館

（☆◯◯◯）

【2】太郎さんは，小さな力でものを動かす工夫について興味を持ち，道具や機械を使うときの力や仕事の大きさを調べることにした。次の問いに答えなさい。

(1)　直接引き上げたときと動滑車を使って引き上げたときで，仕事の大きさに違いはあるか調べるために，次のような実験を行い，【結果】を表にまとめた。

【方法】

i　直接引き上げたとき

　　おもりを0.10m引き上げるときに，手が加える力の大きさと手がひもを引く距離を調べる。

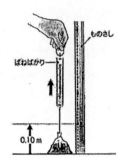

ii　動滑車を使って引き上げたとき

　　動滑車を使って，おもりを0.10m引き上げるときに，手が加える力の大きさと手がひもを引く距離を調べる。

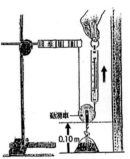

出典：「探究する新しい科学3」東京書籍

【留意点】

・引き上げる際は，ゆっくりと引き上げる。

・条件をそろえるため，iのおもりには，（　　　）の分だけ質量を加える。

【結果】

| | i | ii |
|---|---|---|
| 手が加える力〔N〕 | 0.34 | 0.17 |
| 手を動かす距離〔m〕 | ア | イ |
| 仕事〔J〕 | ウ | エ |

① 【留意点】の下線部について，iの場合，ひもがおもりを引く力の大きさAとおもりにはたらく重力の大きさBの関係で正しいも

のを，[　　]から選び，答えなさい。[A＞B，A＜B，A＝B]

② 【留意点】の(　　)に当てはまる言葉を書きなさい。

③ 【結果】について，ア，イに当てはまる数値を書きなさい。

④ 手が物体にした仕事〔J〕を計算によって求め，ウ，エに当てはまる数値を書きなさい。

⑤ 【結果】をもとに考察をした。適切な考察となるように，(　a　)～(　c　)に言葉を書きなさい。

> 　動滑車を使った場合，力の大きさは(　a　)になったが，ひもを引く距離は(　b　)になった。このように，動滑車を使っても仕事の大きさは(　c　)ことが分かる。

(2) (1)の考察を生かして，斜面や道具を使ったときの仕事について考えた。ただし，100gの物体にはたらく重力の大きさを1Nとし，滑車やひもの摩擦や質量は考えないものとする。

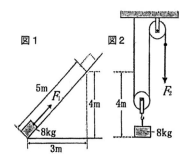

① 図1で，質量8kgの物体を斜面に沿って5m引き上げたときの仕事は何Jか，書きなさい。ただし，物体と斜面との摩擦は考えないものとする。

② 図1で，物体を引く力は何Nか，書きなさい。

③ 図1で，この仕事を20秒間で行った。この時の仕事率は何Wか書きなさい。

④ 図1の力の大きさ$F_1$と図2の力の大きさ$F_2$の整数比を書きなさい。

⑤ 図1と図2で，ひもを引く速さを同じにした場合，仕事率の整数

比を書きなさい。

(☆○○○)

【３】ビーフシチューの材料に赤ワインを使っても，食べるときにはアル
　コールが入っていないことを太郎さんは不思議に思った。そこで物質
　による沸点の違いを利用して赤ワインからエタノールを取り出せるの
　ではないかと考え，次のような実験を行い，結果を【グラフ】と【表】
　にまとめた。以下の問いに答えなさい。なお，赤ワインの主な成分は
　エタノールと水と考えてよい。

---

【方法】

i　赤ワイン25cm³を100cm³の枝つきフラスコに入れ，図のよう
　な装置を組み，ガスバーナーで加熱した。出てきた液体を約
　2cm³ずつ，3本の試験管A～Cに順に集めた。

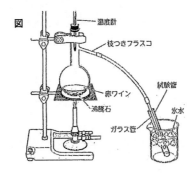

ii　試験管A～Cにたまった液体をそれぞれ蒸発皿に移し，マッ
　チの火を近づけた。

---

【グラフ】加熱時間と温度の関係

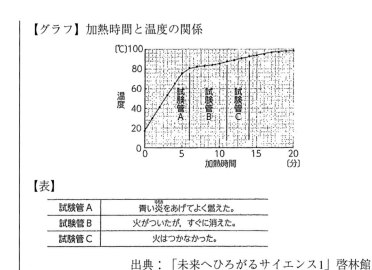

【表】

| 試験管A | 青い炎をあげてよく燃えた。 |
|---|---|
| 試験管B | 火がついたが，すぐに消えた。 |
| 試験管C | 火はつかなかった。 |

出典：「未来へひろがるサイエンス1」啓林館

(1) 試験管を氷水の入ったビーカーにつけておくのはなぜか書きなさい。

(2) 赤ワインは濃い赤色であるのに，試験管A〜Cに集まった液体はすべて無色透明であった。それはなぜか，集まった物質の物質名に触れて説明しなさい。

(3) 条件を変えずに一定の火力で加熱を続けているにもかかわらず，5分過ぎからグラフの傾きが小さくなっている。その理由を「エネルギー」という言葉を用い，書きなさい。

(4) 3本の試験管に液体を集め終わったところでガスバーナーの火を消すが，火を消す前に危険防止のため行うべき操作を簡単に書きなさい。

(5) エタノールの濃度が最も高いのは試験管A〜Cのうちどれか書きなさい。

(6) ビーフシチューの材料に赤ワインを使っていても，それを食べる時には水分(水)は残っているのに，エタノールが(ほとんど)残っていないのはなぜか。エタノールと水の性質の違いに触れて書きなさい。

(7)　この実験のように，液体を沸騰させて気体にした物質を，再び液体として集める方法を何というか。

(8)　「中学校学習指導要領解説　理科編(平成29年7月)第2章　第2節　1分野　2　(2)身の回りの物質」には，次のような文がある。(　　)に当てはまる言葉を書きなさい。

> 　ここで扱う物質としては，(　　)なものをできるだけ取り上げ，物質に対する興味・関心を高めるようにする。

(☆☆☆◎◎◎)

【4】水溶液の中和に興味を持った太郎さんは，酸とアルカリを混ぜたときに起こる現象を調べるために実験を行った。以下の問いに答えなさい。

【方法】

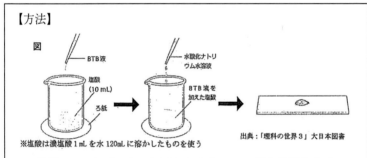

図

出典：「理科の世界3」大日本図書

※塩酸は濃塩酸1mLを水120mLに溶かしたものを使う

i　塩酸10mLをビーカーにはかりとり，BTB液を数滴加えた。

ii　iの水溶液に，水酸化ナトリウム水溶液を少しずつ加えて，ガラス棒でよくかき混ぜていった。$X$mL加えたところで，水溶液が緑色に変化したため，加えるのをやめた。

iii　iiの水溶液の一部をスライドガラスにとり，水を蒸発させ，顕微鏡で観察した。

(1)　事故を防ぐため，この実験を行う際に生徒に着用させるものは何か，書きなさい。

(2)　iiiで顕微鏡で見えたものはア，イのどちらか選び，記号で書きなさい。

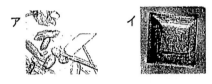

(3) iiiより，塩酸に水酸化ナトリウム水溶液を加えたときに起こる変化を化学反応式で書きなさい。

(4) iiで水溶液が緑色になった時の水溶液中のイオンの様子をモデル図で書きなさい。ただし，次のiの時のモデル図を参考にして，イオンのみ書くこと。

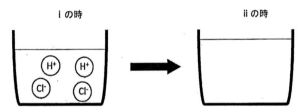

(5) iiで水溶液が緑色になった後も，引き続き水酸化ナトリウム水溶液を加え続けた。次のウ〜カは，実験開始からの，加えた水酸化ナトリウム水溶液の量〔mL〕(横軸)とビーカー内のイオンの数〔個〕(縦軸)の関係を表している。それぞれのグラフの縦軸は何イオンの数を表しているか，イオンの化学式で書きなさい。

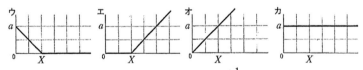

(6) 加える水酸化ナトリウム水溶液の濃度を $\frac{1}{2}$ にして同じ実験を行ったときの水素イオンの数のグラフを，(5)を参考にして図示しなさい。

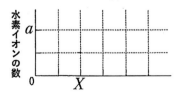

(7)　「中学校学習指導要領解説　理科編(平成29年7月)第2章　第2節　1 分野　2　(6)化学変化とイオン」には，硫酸バリウムのような水に溶けない塩が生じることにも触れて指導することが記載されている。硫酸バリウムを生成する酸とアルカリの組み合わせを書きなさい。

(8)　(7)の酸とアルカリを混ぜて中性になった水溶液に電流は流れるか，書きなさい。

(9)　火山や温泉が近くにある群馬県草津町の湯川では河川の中和事業として，石灰岩を粉砕して川に投入し中和している。石灰岩を粉砕して投入している場所より上流の河川の水をビーカーに取り，BTB液を加えると何色になるか書きなさい。

(10)　(9)以外にも人は生活の中で中和反応を利用している。具体例を1つ書きなさい。

(☆☆☆◎◎◎)

【5】動物の体のつくりとはたらきの学習について，次の問いに答えなさい。

(1)　A メダカ，ペンギン，ヤモリ，イモリ，カメ，ラッコ，コウモリについて，体のつくりや生活の仕方にどのような共通点や相違点があるのかを調べ，どのような特徴をもとに分類できるのかという課題をクラスで追究した。

①　一生を水中で生活する動物の多くは，えらで呼吸し，主に陸上で生活する動物の多くは，肺で呼吸をする。イモリの呼吸について，子のときと親のときの呼吸の仕方を書きなさい。

②　動物によっては，うろこや皮膚，羽毛や毛など，体の表面の様子が違う。下線部Aの動物の中から，体の表面が羽毛または毛で覆われているものを全て選び，動物名を書きなさい。

③　太郎さんは，体の表面が羽毛や毛で覆われている動物の体温は，環境の温度変化に対してどのように変化するのか調べ，次の文のようにまとめた。適切なまとめとなるように( a )，( b )にあてはまる言葉を書きなさい。

> 生物が生息している環境の温度は，昼と夜，季節などによって，大きく変化する。環境の温度が変化しても，体の表面が羽毛や毛で覆われていて，体温がほとんど変化しない動物がいる。このように，体温をほぼ一定に保つしくみをもつ動物を(　a　)という。一方，環境の温度の変化にともなって体温も変化する動物もいる。これらの動物は(　b　)とよばれる。

④　太郎さんは，「コウモリは，鳥類か哺乳類のいずれかに分類できる」という見通しをもち，どちらに分類できるのかについて，花子さんと次のように話し合っている。2人の会話に基づいて調べたときに，コウモリを正しく分類できるように，[　X　]，[　Y　]に当てはまる言葉や文を，書きなさい。

> 太郎さん：コウモリは飛べるから鳥類だと思うんだけど，どう思う？
>
> 花子さん：確かに飛べるね。でも鳥類とはちょっと違うと思うんだ。
>
> 太郎さん：え？どんなところが？
>
> 花子さん：見た目が鳥類っぽくないと思うんだ。例えば，羽毛がついてないから。
>
> 太郎さん：なるほど，羽毛がついていないから鳥類ではなさそうだ。じゃあ，コウモリは何類なんだろう？そういえば，テレビで哺乳類って言っていた気がする。体の表面や口のつくり以外で，何か理由があるって言っていたな。何を調べればいいんだろう。
>
> 花子さん：[　X　]について調べれば分かるんじゃないかな。もし，コウモリが[　Y　]だったら哺乳類だよね。

> 太郎さん：じゃあ[　X　]について調べてみよう。

⑤　下線部Aの動物から，魚類，両生類，は虫類それぞれに該当する動物名を全て書きなさい。

(2)　太郎さんは，さらに無脊椎動物について学習を進めた。

①　次の文は，昆虫の呼吸の仕方や体のつくりについて記述したものである。（　ア　）～（　エ　）に当てはまる語句や文を書きなさい。

> 　昆虫には，（　ア　）があり，ここから取り入れた空気で呼吸をする。昆虫類のような節足動物は，体の外側に外骨格というかたい殻がある。その役割は主に2つあり，（　イ　）こと，（　ウ　）ことである。節足動物の外骨格は大きくならないので，（　エ　）して古い外骨格を捨てて成長する。

②　次のa～hの無脊椎動物から，軟体動物を全て選び，記号で書きなさい。

a　バッタ　　　b　アサリ　　　c　ミミズ　　　　　　d　マイマイ
e　イカ　　　　f　クモ　　　g　アメリカザリガニ　　h　クラゲ

(3)　次の図1と図2の動物は，最も原始的な鳥類としてシソチョウ(始祖鳥)と名付けられた。シソチョウは，は虫類と鳥類の中間の生物であると考えられている。その理由を具体的な体の特徴を示して書きなさい。

図1　　　　図2　

出典：「理科の世界３」大日本図書

(☆☆◎◎◎)

【6】花子さんは，メンデルが行ったエンドウを使った交配実験について学習し，親の形質が，子から孫に伝わるときの規則性を見いだすために，次のような実習を行った。ただし，エンドウの種子の形を伝える遺伝子のうち，丸い形質のものをA，しわの形質のものをaとし，親の代の丸い種子をつくる純系のエンドウはAA，親の代のしわのある種子をつくる純系のエンドウはaaと表すものとする。以下の問いに答えなさい。

実習

【課題】 遺伝子の組み合わせがAaの子どうしを掛け合わせてできる孫の代の形質を考えよう。

【予想】 AaとAaの組み合わせなので，Aaの孫ができる。

【方法】 i ┃遺伝子モデルをつくる。┃

次図のように，青と赤に色分けした割りばしを同じ数ずつ用意する。精細胞の遺伝子を表す方は青ペンでAa，卵細胞の遺伝子を表す方は赤ペンでAaと書く。

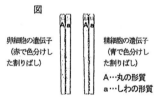

図

卵細胞の遺伝子
（赤で色分けした割りばし）

精細胞の遺伝子
（青で色分けした割りばし）

A…丸の形質
a…しわの形質

出典：「理科の世界3」大日本図書

ii ┃対になっている遺伝子モデルを分割する。┃

手で割りばしを割ってAとaに分け，色別に袋に入れる。

iii ┃遺伝子の組み合わせをつくる。┃

青，赤の2つの袋から同時に1本ずつ割りばしをとり出し，AA，Aa，aaのどの組み合わせであったか，記録用紙に記入する。記録したら，とり出した割りばしはもとの袋に戻す。これを50回繰り返す。

【結果】

| | ＡＡ | Ａa | a a |
|---|---|---|---|
| 1班 | 13 | 24 | 13 |
| 2班 | 13 | 26 | 11 |
| 3班 | | | |
| 合計 | 122 | 252 | 126 |

【考察】

| X |
|---|

(1) 【方法】のⅱにあるように，対になっている親の遺伝子は，減数分裂によって染色体とともに移動し，それぞれ別の生殖細胞に入る。これを何の法則というか，書きなさい。

(2) メンデルの実験では，子に両親の一方の形質だけが現れるという結果になった。Aaという組み合わせの遺伝子をもつ子は，遺伝子Aが伝える形質(丸)しか現れず，遺伝子aが伝える形質(しわ)は隠れたままである。このように，子で現れる形質と子で現れない形質をそれぞれ何というか，書きなさい。

(3) 適切な【考察】となるように，　X　に文章を書きなさい。

(4) 花子さんのクラスでは，なぜ，1つの班の結果だけではなく，各班の結果を集計して考察したのか，その理由を書きなさい。

(5) 孫の代の種子が800個できたとき，しわのある種子はおよそ何個できると考えられるか，書きなさい。

(6) 花子さんは，形質を表すもととなる遺伝子とはどのようなものなのか，さらに追究し，ノートにまとめた。適切なまとめとなるように，( ア )，( イ )にあてはまる言葉を書きなさい。

> 遺伝子は( ア )にあり，その本体は( ア )に含まれる
> ( イ )という物質であることが分かった。

(7) 遺伝子に関連する技術は，食料，環境，医療など，あらゆる分野で幅広く応用されている。医療の分野における応用について，ES細胞とiPS細胞の違いが分かるように，それぞれの作り出し方を簡単に書きなさい。

(☆○○○○○)

【7】太郎さんは,「雲のでき方」について学習した。資料は,太郎さんが授業で作成したレポートの一部である。以下の問いに答えなさい。

資料

---

【課題】 容器の中の気圧を小さくしたとき,どのような変化が起こるかを確かめる。

【予想】 温度が下がり,フラスコの中がくもって見える。

【方法】 i フラスコ内をぬるま湯でぬらす。

　　　　ii 線香に火をつけ,煙をフラスコの中に少量入れる。

　　　　iii 注射筒につないだガラス管とデジタル温度計のついたゴム栓をする。

　　　　iv 図のように,注射筒のピストンをすばやく引いたり,戻したりして,これを繰り返す。

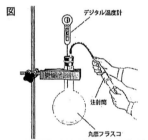

図

デジタル温度計

注射筒

丸底フラスコ

出典:「自然の探究中学理科2」教育出版

　　　　v ピストンを引いたり戻したりしたときの温度の変化と内部の様子を観察する。

【結果】

|  | 引いたとき | 戻したとき |
|---|---|---|
| 温度 | 下がった | 上がった |
| 内部の様子 | くもった | 消えた |

【考察】 a

---

(1) 【方法】のiについて,フラスコ内をぬるま湯でぬらす理由を書きなさい。

(2) 【方法】のiiについて,線香に火をつけ,煙をフラスコの中に少量

入れる理由を書きなさい。

(3) 適切な【考察】となるよう，　a　に文を書きなさい。

(4) 太郎さんは，この実験で分かったことと既習の知識とを関連付け，菓子袋が山頂で膨らむ理由を考えた。適切な考えになるように( b )，( c )に言葉を書きなさい。

> 高いところへ行けば行くほど，まわりの気圧が( b )なり，菓子の袋は中の気体が( c )するから。

(5) いろいろな上昇気流による雲のでき方について，　d　に適切な文を書きなさい。

地表の一部が強く熱せられる。　空気が山腹に沿って上昇する。　　d

(6) 太郎さんは，「雲のでき方」と日常生活を関連付け，冬の寒い日に息をはくと，白くなる理由をノートにまとめた。適切な【理由】になるように，「水蒸気」という言葉を用いて，　e　に文を書きなさい。

> 【理由】　e

(7) 太郎さんはある日，空に綿のような白い雲を見つけて観察し，新たに次のような【疑問】をもった。

> 【疑問】　この雲からは雨がふっていないが，発達するとはげしい雨をもたらす雲に成長することもあるようだ。どうして，はげしい雨の雨粒は大きいのだろう。

① 太郎さんが観察した下線部の雲の種類を，次のア～ウから選び，記号で書きなさい。

　ア　乱層雲　　イ　積雲　　ウ　積乱雲

② はげしい雨の雨粒が大きい理由を「上昇気流」という言葉を用

いて, 書きなさい。

(☆☆☆○○○)

【8】「火山」の学習について, あとの問いに答えなさい。

(1) 太郎さんは, マグマのねばりけのちがいと火山の形との関係を調べるため, 次のような実験を行い, 結果を得た。

---

【方法】

i　ホットケーキミックス50gに, 水を20mL加えたもの(ア)と30mL加えたもの(イ)の, 2種類のねばりけのものを用意する。

ii　生クリーム用のしぼり口をつけたポリエチレンの袋にホットケーキミックスを入れ, 工作用紙の中心に空けた穴に下から差しこむ。

iii　工作用紙の下から(ア), (イ)のホットケーキミックス(溶岩)をそれぞれ押し出す。

iv　ねばりけとできた形の関係を実際の火山と比べて考察する。

図

出典:「理科の世界1」大日本図書

---

① 適切な結果となるように, 実験後の(ア)と(イ)の形を図で示しなさい。

115

(ア)　　　　　　　　　　　(イ)

② ①の結果より，マグマのねばりけのちがいと火山の形との関係についてどんなことがいえるか，それぞれに触れながら書きなさい。

③ マグマのねばりけが強い火山ほど噴火のようすはどうなるか，書きなさい。

④ マグマのねばりけが強い火山ほど火山灰や岩石はどのような色になることが多いか，書きなさい。

⑤ ④に含まれる主な造岩鉱物を，2つ書きなさい。

⑥ 火山噴火のイメージ(物体内部の圧力が高まって，破裂する現象)を生徒がつかめるようにするため，あなたが授業者なら，身の回りのものを使って，どのような演示実験を行うか，書きなさい。

(2) 太郎さんは，単元の学習後，「噴火の起こるしくみ」について追究し，【まとめ】を書いた。適切な【まとめ】となるように，( ａ )，( ｂ )に言葉を書きなさい。

---

【まとめ】

Ⅰ ( ａ )や( ｂ )がとけこんでいる地下のマグマが上昇してくる。

Ⅱ マグマにとけこんでいた( ａ )や( ｂ )が気泡になって出てくる。

Ⅲ さらに一つ一つの気泡が大きくなって，爆発的に膨張した結果，噴火が起こる。

---

(3) 太郎さんは，令和3年に，小笠原諸島の海底火山の噴火で噴出された軽石が，沖縄県や鹿児島県の奄美地方などに大量に漂着していることを新聞で知り，軽石について調べた。

① 太郎さんが軽石の表面のようすを調べると，たくさんの穴が開いていることに気付いた。軽石の表面にある穴は，どのようにできた穴か，書きなさい。

② 軽石が海に沈まずに浮く理由を書きなさい。

③ 大量に漂流している軽石が自然環境に与える影響として，どのようなものが考えられるか，1つ書きなさい。

④ 軽石は，身近な生活の中でどのような用途で利用されているか，1つ書きなさい。

(☆☆☆◎◎◎)

# 高 校 理 科

## 【物理】

【1】力学に関するⅠ，Ⅱの問いに答えなさい。

Ⅰ 駿河湾は，最深部が水深2500mに達する深い湾である。次の問いに答えなさい。

問1 物体が完全に海水中に入っているときの浮力の大きさについて，次のア～ウから適切なものを一つ選び，記号で答えなさい。ただし，物体は水圧によって変形することなく，海水の濃度は水深に関係なくほぼ一定であるとする。

ア 水深が浅いほど浮力が大きい。

イ 水深が深いほど浮力が大きい。

ウ 浮力の大きさは水深に関係しない。

問2 海上の船は重力と浮力がつり合うことによって海面に浮かんでいる。船は，波などによって多少斜めになっても簡単に転覆しない。図1は，船が斜めになったときの様子を模式的に表したものである。船が図1の状態のときに転覆しない理由を，次の図に重力と浮力の矢印を記入し，簡単に説明しなさい。ただし，船の重心は図の位置とする。

117

船

海面

重心 ●

図1

Ⅱ　図2のように，質量$m$のおもりAに，質量が無視できる糸をつけ，その糸を長さ$\frac{L}{2}$のガラス管に通し，糸の他端に質量$M$ $(M>m)$のおもりBを取り付けた装置をつくる。このときのAB間の糸の長さは$2L$である。おもりA及びおもりBの大きさは無視でき，ガラス管は十分細いものとする。

　初めに，図3のように，おもりAとガラス管の間の糸の長さが$L$になるように，糸をガラス管の位置Oで固定する。ガラス管が鉛直になるように持ち，おもりAを静止した状態から回転させ，角速度を徐々に大きくしていった。おもりAが回転しているとき，位置Oは動かないものとして，以下の問いに答えなさい。

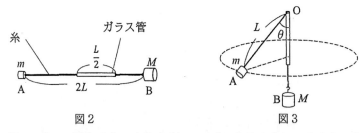

図2

図3

問3　ガラス管と糸とのなす角が$\theta = 30°$になるように，おもりAを等速円運動させたときの糸の張力の大きさを$S_1$とする。次に，$\theta = 60°$になるように，おもりAを等速円運動させた。このときの糸の張力の大きさ$S_2$は，$S_1$の何倍になるか，答えなさい。

　次に，糸の固定を外し，糸の長さが自由に変わるようにする。図4のように，この装置のガラス管が垂直になるように持ち，OA間の糸が水平になるように，おもりAを回転させようとした。しかし，

実際には糸が水平にならず，図5のように，糸が斜めの状態でおもりAは等速円運動をした。おもりAが等速円運動しているとき，おもりAとおもりBはガラス管にぶつかることはなかった。重力加速度の大きさを$g$とし，空気抵抗や糸とガラス管との間の摩擦は無視できるものとして，以下の問いに答えなさい。ただし，円周率を$\pi$とする。

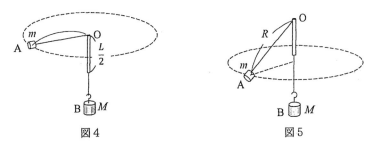

図4　　　　　　　　　　　　図5

問4　おもりAを実際に回転させたとき，OA間の糸が水平にはならない理由を，簡単に説明しなさい。

問5　図5のように，おもりAが等速円運動をしているときのOA間の糸の長さを$R$とする。このとき，おもりAの向心力と角速度を，$m$，$M$，$g$，$R$の中から必要なものを用いてそれぞれ表しなさい。

問6　おもりAとおもりBがガラス管にぶつかることなく，おもりAが等速円運動をすることができるための周期$T$の条件を，$\pi$，$m$，$M$，$g$，$L$を用いて表しなさい。

(☆☆◎◎◎)

【2】物体の運動に関する次の問いに答えなさい。

図6のように，質量$m$の物体Aと質量$2m$の物体Bを自然長$L$，ばね定数$k$の軽いばねの両端にそれぞれつなぎ，物体Aが壁と接するようになめらかで水平な床の上に，自然長になるように置く。物体A，物体Bは一直線上を運動し，それぞれの大きさは無視できるものとして，以下の問いに答えなさい。ただし円周率を$\pi$とする。

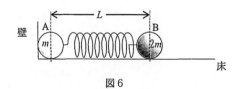

図6

問1　ばねにつながれた物体Aと物体Bの重心をGとする。重心Gの，物体Aからの距離$x_G$を求めなさい。

物体Aが壁に接している状態で物体Bを壁側に押し，ばねを$x$縮めて，静かに手をはなした。

問2　手をはなしてからばねが初めて自然長に戻ったときの物体Bの速さ$v_0$を求めなさい。

問3　手をはなしてからばねが初めて自然長に戻るまでの時間を求めなさい。

ばねが初めて自然長に戻ったときの時刻を$t=0$とする。時刻$t=0$のとき，物体Aは壁から離れ，時刻$t=t_1$のとき，ばねの長さが初めて最大になり，物体Aと物体Bの速度は等しくなった。その後，ばねが縮んで，時刻$t=t_2$のとき，ばねの長さが再び自然長に戻り，物体Aの速さは最大になった。物体Aが壁から離れた後の物体Aと物体Bを重心Gから見ると単振動をしている。

問4　物体Aが壁から離れた後，重心Gはどのような運動をするか。次のア～エから適切なものを1つ選び，記号で答えなさい。

　　ア　等速直線運動をする。　　　イ　等加速度直線運動をする。

　　ウ　単振動をする。　　　エ　速さが周期的に変化する運動をする。

問5　時刻$t=t_1$のときの物体Aと物体Bの速さを$v_1$とし，$v_1$を，$v_0$を用いて表しなさい。

問6　時刻$t=t_1$のときのばねの伸びを$x_1$とし，$x_1$を，$k$，$m$，$v_0$を用いて表しなさい。

問7　時刻$t=t_2$のときの物体Aと物体Bの速さをそれぞれ$v_A$，$v_B$とし，$v_A$，$v_B$を，$v_0$を用いて表しなさい。

問8　物体Aと物体Bの速度$v$と時間$t$の関係を表すグラフとして最も適

切なものを，次のア〜カから1つ選び，記号で答えなさい。ただし，物体Aのグラフは実線(———)で，物体Bのグラフは破線(-----)で示している。

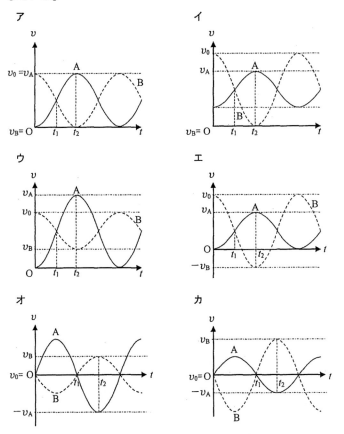

問9　この単振動の周期$T$を，$\pi$，$m$，$k$を用いて表しなさい。

(☆☆☆◎◎◎)

【3】熱力学に関する次の問いに答えなさい。

図7のように，底面積が$S$，質量が$M$の一端を閉じた円筒が開口部を下にして水中に静止している。円筒の中には物質量$n$の単原子分子の

理想気体が入っており，円筒の外側の水面から円筒の上端までの高さは$h_1$，円筒の内側と外側の水面の高さの差は$x$，円筒内の気体の温度は$T_1$であった。大気圧を$p_0$，重力加速度の大きさを$g$，気体定数を$R$，水の密度を$\rho$とする。円筒の厚さは無視でき，水の密度及び円筒の底面積は温度によって変化しないものとする。また，円筒内の気体の質量は円筒の質量に比べて十分に小さく，気体は水に溶けないものとする。水の蒸発は無視できるものとして，以下の問いに答えなさい。

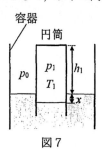

図7

問1　図7の状態における，円筒内の気体の圧力$p_1$を，$\rho$，$x$，$g$，$p_0$，$S$の中から必要なものを用いて表しなさい。

　次に，円筒内の気体に熱を加えて，気体の温度を$T_1$から$T_2$にゆっくり上昇させたところ，図8のように，円筒内の気体は膨張し，円筒はまっすぐ上に押し上げられて静止した。その間，円筒の内側と外側の水面の高さの差$x$は変化しなかった。このときの，円筒の外側の水面から円筒の上端までの高さは$h_2$であった。

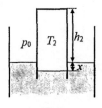

図8

問2　図7の状態から図8の状態に気体が変化した過程において，円筒の内側と外側の水面の高さの差$x$が変化しなかったのはなぜか。円

筒にはたらく力に着目して，簡単に説明しなさい。

問3　図7の状態から図8の状態に気体が変化した過程は，どのような変化であると考えられるか。次のア～エから1つ選び，記号で答えなさい。

　　ア　定積変化　　イ　定圧変化　　ウ　等温変化　　エ　断熱変化

問4　図7の状態から図8の状態に気体が変化した過程において，気体がした仕事$W$を，$h_1$，$h_2$，$p_0$，$p_1$，$S$の中から必要なものを用いで表しなさい。

問5　気体の定圧モル比熱を$C_p$，定積モル比熱を$C_v$とする。図7の状態から図8の状態に気体が変化した過程において，気体に与えられた熱量$Q$を，$n$，$C_p$，$C_v$，$T_1$，$T_2$の中から必要なものを用いて表しなさい。

問6　円筒に入れた単原子分子の理想気体が，原子量4のヘリウムの場合と原子量20のネオンの場合について，次の問いに答えなさい。

(1)　温度が$T_1$のとき，ヘリウム1分子あたりの平均の運動エネルギーは，ネオン1分子あたりの平均の運動エネルギーの何倍になるか，答えなさい。

(2)　温度が$T_1$のとき，ヘリウム分子の二乗平均速度は，ネオン分子の二乗平均速度の何倍になるか，答えなさい。

(☆☆◎◎◎)

【4】波動に関するⅠ，Ⅱ，Ⅲの問いに答えなさい。

Ⅰ　次の会話文は静岡県西部に住む生徒と先生とのやり取りである。会話文を読み，以下の問いに答えなさい。

　　生徒：先日テレビで西部地域にある楽器メーカーの工場が特集されていました。楽器には，たくさんの種類があることを知りました。

　　先生：静岡県西部は世界的に有名な楽器メーカーがある地域だからね。目を閉じてピアノとギターで同じ高さの音を聞き比べたときに，どちらの楽器から出た音かわかりますか？

生徒：楽器の音色が明らかに違うのでわかります。音色の違いとは，音を波で表したときの（　ア　）の違いですよね。

先生：その通りです。基本的に楽器の音は，基本となる「基本音」とその「（　イ　）」とが合わさることによって独特な音色になるんでしたね。

生徒：弦楽器の話で出てきた話題ですよね。ほとんどのギターには弦が6本しかないのにいろいろな高さの音が出せるのは，指で押さえて「基本音」になるときの弦の長さを変えているからですよね。

先生：そうだね。でも，他にもあるよ。ちなみに，音は疎密波だから圧力変化があるよね。圧力の変化量から音の強さを求めることができ，それを音の強さの基準と比較したものが（　ウ　）という単位で表される値なんだよ。騒音の測定などで出てくる単位だね。

生徒：なるほど。音についてもう少し調べてみます。ありがとうございました。

問1　文中の空欄（　ア　）〜（　ウ　）に入る語句の組合せとして最も適切なものを，次の①〜⑧から1つ選び，記号で答えなさい。

| | ア | イ | ウ |
|---|---|---|---|
| ① | 振幅 | 組成音 | dB（デシベル） |
| ② | 振幅 | 組成音 | cd（カンデラ） |
| ③ | 振幅 | 倍音 | dB（デシベル） |
| ④ | 振幅 | 倍音 | cd（カンデラ） |
| ⑤ | 波形 | 組成音 | dB（デシベル） |
| ⑥ | 波形 | 組成音 | cd（カンデラ） |
| ⑦ | 波形 | 倍音 | dB（デシベル） |
| ⑧ | 波形 | 倍音 | cd（カンデラ） |

問2　生徒は，ギターで高い音を出すとき，弦の長さを短くする以外にどうすればよいかを考え，いくつかの伸び縮みしない糸を用意し，糸の両端をギターの弦のように張って実験することにした。

124

糸の長さを短くすること以外に，高い音を出す方法を1つ，簡単に説明しなさい。

Ⅱ　図9のように，観測者O，音源S，反射板Rがこの順に同一直線上に並んでいる。観測者Oと反射板Rは静止しており，音源Sは，振動数$f_0$の音を出しながら速さ$v_0$で観測者Oに近づいている。以下の問いに答えなさい。ただし，音速を$V$とし，$v_0$は$V$と比べて十分に小さく，風は吹いていないものとする。また，音の減衰は考えないものとして，以下の問いに答えなさい。

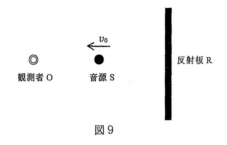

図9

問3　観測者Oが音源Sから直接観測する音の波長を，$v_0$，$V$，$f_0$の中から必要なものを用いて表しなさい。

問4　反射板Rで反射して観測者Oに向かう音の波長を，$v_0$，$V$，$f_0$の中から必要なものを用いて表しなさい。

問5　観測者Oは，音源Sからの直接音と反射板Rからの反射音を同時に観測した。このとき，観測者Oが観測する1秒間のうなりの回数を，$v_0$，$V$，$f_0$の中から必要なものを用いて表しなさい。

Ⅲ　屈折率の異なる2種類の透明な媒質1(屈折率$n_1$)，媒質2(屈折$n_2$)からなる円柱状の二重構造をした長さ$L$の光ファイバーがある。図10は，この光ファイバーの中心軸を含む断面を，光線が進む様子を表している。媒質1の部分をコアといい，光線は，このコア内で全反射を繰り返しながら進んでいく。光ファイバーはまっすぐに置かれており，その端面は中心軸に対して垂直である。コア内の光線の損失はないものとして，以下の問いに答えなさい。ただし，空気の屈折率を1，真空中での光の速さ$c$とする。

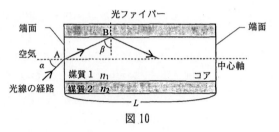

図10

問6　コア内で全反射が起こるための，$n_1$，$n_2$との間に成り立つ条件を，次のア～ウから1つ選び，記号で答えなさい。

　　ア　$n_1 > n_2$　　イ　$n_1 = n_2$　　ウ　$n_1 < n_2$

問7　図10のように，空気中を進んできた光線が端面の中心部A点に入射角 $\alpha$ $\left(0 \leqq \alpha < \dfrac{\pi}{2}\right)$ でコアに入射した。その後，媒質1と媒質2との境界のB点に入射角 $\beta$ で入射した。$\alpha$ と $\beta$ の間に成り立つ式を，$\alpha$，$\beta$，$n_1$，$n_2$ の中から必要なものを用いて表しなさい。

問8　光線がB点で全反射するためには，$\sin \alpha$ がある値 $\sin \alpha_0$ より小さくなる必要がある。$\sin \alpha$ の上限の値 $\sin \alpha_0$ を，$n_1$，$n_2$ を用いて表しなさい。

問9　A点に入射した光のうち，$\alpha_0$ 以下の入射角で入射した光が，反射を繰り返しながらコアの中を進み，A点と反対側の端面まで到達した。このとき，A点で入射してからA点と反対側の端面に到達するまでにかかる時間 $t$ の範囲を，$n_1$，$n_2$，$c$，$L$ の中から必要なものを用いて表しなさい。

(☆☆☆◎◎◎)

【5】電磁気に関するⅠ，Ⅱの問いに答えなさい。

Ⅰ　図11のように，面積が十分に広い2枚の金属板を極板とする平行板コンデンサー，起電力 $V(V>0)$ の電池，抵抗値 $R$ の抵抗，スイッチSが接続されている。極板Aはばね定数 $k$ のばねによって壁1とつながれており，極板Bは絶縁体でできた固定具によって壁2に固定されている。$x$軸は右向きを正とし，ばねが自然長のときの極板Aの位置を $x=0$ とする。このときのコンデンサーの電気容量は $C$，極板間の距

126

離は$L$であった。ばねは極板Aと絶縁されておりコンデンサーの電気容量に影響を与えず、電場は極板間にのみ一様に生じているものとする。導線は極板Aの動きに影響を与えないものとして、以下の問いに答えなさい。

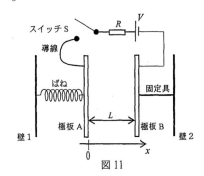

図11

最初、極板Aは$x=0$で固定されていて、スイッチSは開いており、コンデンサーには電荷が蓄えられていない。

問1　スイッチSを閉じ、十分に時間が経過した後、スイッチSを開いた。スイッチSを開いた直後に、極板Aが極板Bから受ける力の大きさ$F$を、$k, C, L, V$の中から必要なものを用いて表しなさい。

次に、極板Aを自由に動けるようにしたところ、極板Aは右に動き始めた後、左右に振動し始めた。ただし、ばねは$x$軸に沿った方向にのみ伸縮し、極板Aは極板Bと平行を保ちながら、なめらかに$x$軸方向に動くことができるものとする。

問2　極板Aの位置が$x=x_1$ $(0<x_1<L)$のときのコンデンサーの電気容量$C_1$を、$C, L, V, x_1$の中から必要なものを用いて表しなさい。

問3　極板Aの位置が$x=x_1$ $(0<x_1<L)$のときのコンデンサーに蓄えられた静電エネルギー$U_1$を$k, C, L, V, x_1$の中から必要なものを用いて表しなさい。

問4　問3で求めた静電エネルギー$U_1$は、極板Aが動き始める前(問1の状態)にコンデンサーに蓄えられていた静電エネルギーと比べて減少した。静電エネルギーの減少量$\Delta U$を、$k, C, L, V, x_1$の中から必要なものを用いて表しなさい。

127

問5　極板Aが極板Bに最も近づくときの極板Aの位置$x=x_2$を，$k$，$C$，$L$，$V$の中から必要なものを用いて表しなさい。

問6　極板Aが極板Bに衝突しないための$L$の条件を，$k$，$C$，$L$，$V$，$x_2$の中から必要なものを用いて表しなさい。

II　図12のように，右向きが正になるように$x$軸を，上向きが正になるように$y$軸をとり，加速用電極の右側極板の穴の中心，平行板電極間の中央の点Oと点A，スクリーン上中央の点Sが$x$軸上になるように真空中に置く。加速用電極，平行板電極にはそれぞれ$V_0$，$V$の電圧が加えられており，質量$m$，電気量$q$ $(q>0)$の荷電粒子を加速用電極の左側極板に置いたところ，静止していた荷電粒子が動き始め，加速用電極の右側極板の穴を速さ$v_0$で通過した。その後，荷電粒子は$x$軸に沿って速さ$v_0$で平行板電極間の点Oに入射し，平行板電極間に生じた電場により$y$軸の正の方向に加速しながら平行板電極間の右端の点A′を通過し，スクリーン上の点S′に衝突した。平行板電極の間隔を$d$，OA間の距離を$l$，AS間の距離を$L$として，以下の問いに答えなさい。ただし，電場は電極間にのみ一様に生じているものとし，荷電粒子の運動は$x-y$平面内のみで起こり，重力の影響を受けないものとする。

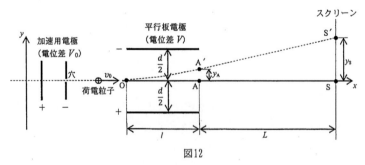

図12

問7　荷電粒子が点Oを通過するときの速さ$v_0$を，$m$，$q$，$V_0$を用いて表しなさい。

問8　荷電粒子が平行板電極間の右端の点A′と点Aとの距離$y_A$を，$m$，$q$，$v_0$，$l$，$d$，$V$，$L$の中から必要なものを用いて表しなさい。

問9　荷電粒子がスクリーン上に衝突したときの点S′と点Sとの距離 $y_S$ を, $m$, $q$, $v_0$, $l$, $d$, $V$, $L$ の中から必要なものを用いて表しなさい。

　ここで, 図13のように, 平行板電極間に電場とともに, 紙面の裏から表方向に磁束密度の大きさが $B$ の一様な磁場を加えたところ, 速さ $v_0$ で点Oに入射した荷電粒子は, 極板と平行に直進してスクリーン上の点Sに衝突した。

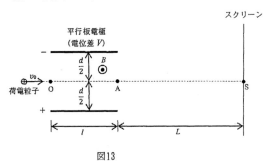

図13

問10　この実験における荷電粒子の電荷 $q$ と質量 $m$ の比である比電荷 $\dfrac{q}{m}$ を, $V_0$, $d$, $V$, $B$ を用いて表しなさい。

(☆☆◎◎◎)

【6】原子核と放射線に関する次の問いに答えなさい。

問1　主な放射線として, $\alpha$ 線, $\beta$ 線, $\gamma$ 線がある。この3つの放射線を,「電離作用」と「透過力」の2点について, それぞれ大きい順に並べなさい。

問2　$^{238}_{92}\mathrm{U}$ は, 放射性崩壊を繰り返しながら $^{206}_{82}\mathrm{Pb}$ に変わる。このときの $\alpha$ 崩壊と $\beta$ 崩壊の回数を, それぞれ答えなさい。

問3　原子力発電所等の原子力施設がある自治体には安定ヨウ素剤が配備されている。安定ヨウ素剤は, 事故等により原子力施設から放射性物質が放出されたときに, 核分裂生成物である放射性ヨウ素 $^{131}_{53}\mathrm{I}$ による体内被曝を低減するために, 事前に服用するものである。$^{131}_{53}\mathrm{I}$ は半減期8日で $\beta$ 崩壊する。32日間で $^{131}_{53}\mathrm{I}$ の原子核は最初の何分の1に

なるか，答えなさい。

問4　太陽などの恒星が放出する莫大なエネルギーの源は，核融合により生成されている。日本でも未来のエネルギー源として，核融合反応を利用した核融合炉の研究が進められている。核融合反応の例として，

$$^2_1\text{H} + ^2_1\text{H} \rightarrow ^3_2\text{He} + ^1_0\text{n}$$

と表せる反応がある。この反応で解放される核エネルギーは何MeVか。有効数字2桁で答えなさい。ただし，$^2_1$H，$^3_2$He，$^1_0$nの原子核または核子の質量は，それぞれ2.0136u，3.0149u，1.0087uであり，1u＝$1.66 \times 10^{-27}$kg，光速$c = 3.0 \times 10^8$m/s，1MeV＝$1.6 \times 10^{-13}$Jとする。

(☆☆◎◎◎)

【7】学習指導要領に関する次の問いに答えなさい。

　高等学校学習指導要領(平成30年告示)解説　理科編　理数編(以下，解説という)では，「理科においては，課題の把握(発見)，課題の探究(追究)，課題の解決という探究の過程を通じた学習活動を行い，それぞれの過程において，資質・能力が育成されるよう指導の改善を図ることが必要である。」と示されている。図14は，解説で示された，資質・能力を育むために重視する探究の過程を示したものである。

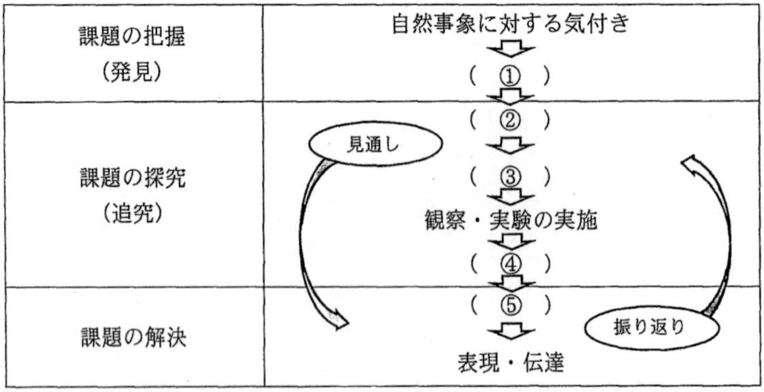

| 課題の把握<br>（発見） | 自然事象に対する気付き |
| --- | --- |
| | （　①　） |
| 課題の探究<br>（追究） | （　②　）<br>見通し　　（　③　）<br>観察・実験の実施<br>（　④　） |
| 課題の解決 | （　⑤　）　振り返り<br>表現・伝達 |

図14

(出展：文部科学省　高等学校学習指導要領（平成30年告示）解説　理科編　理数編 p10から抜粋)

問1　図14が，解説で示された，資質・能力を育むために重視する探究の過程となるように，空欄( ① )～( ⑤ )に入る最も適切な語句を，次のア～オから1つずつ選び，それぞれ記号で答えなさい。
　ア　考察・推論　　　　イ　課題の設定　　　ウ　仮説の設定
　エ　検証計画の立案　　　オ　結果の処理
問2　高等学校学習指導要領(平成30年告示)解説　理数編では，研究倫理について記載されている。生徒が探究を行う際に，改ざんを行う恐れのある場面及び，それを防ぐための指導方法について，それぞれ具体的に述べなさい。

(☆☆☆◎◎◎)

# 【化学】

【1】学習指導要領に関する以下の問いに答えなさい。

　高等学校学習指導要領(平成30年告示)解説　理科編　理数編(以下，解説という)では，「理科においては，課題の把握(発見)，課題の探究(追究)，課題の解決という探究の過程を通じた学習活動を行い，それぞれの過程において，資質・能力が育成されるよう指導の改善を図ることが必要である。」と示されている。図1は，解説で示された，資質・能力を育むために重視する探究の過程を示したものである。

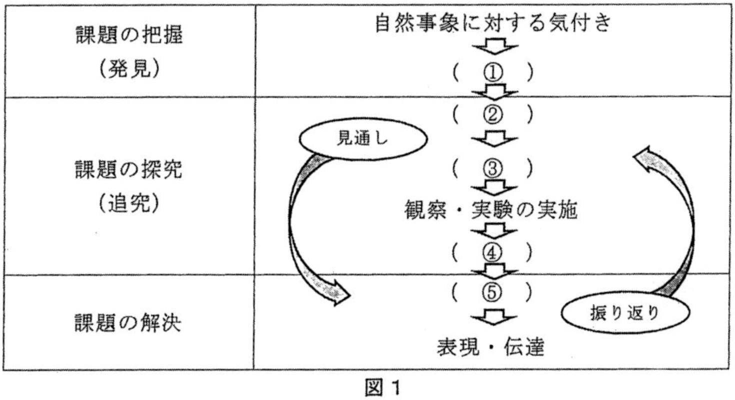

図1

(出展：文部科学省　高等学校学習指導要領(平成30年告示)解説　理科

131

編　理数編　p10から抜粋)

問1　図1が，解説で示された，資質・能力を育むために重視する探究の過程となるように，空欄( ① )～( ⑤ )に入る最も適切な語句を，次のア～オから1つずつ選び，それぞれ記号で答えなさい。

ア　考察・推論　　　イ　課題の設定　　ウ　仮説の設定

エ　検証計画の立案　　オ　結果の処理

問2　高等学校学習指導要領(平成30年告示)解説　理数編では，研究倫理について記載されている。生徒が探究を行う際に，改ざんを行う恐れのある場面及び，それを防ぐための指導方法について，それぞれ具体的に述べなさい。

(☆☆☆◎◎◎)

【2】化学的な事物・現象を科学的に探究するためには，それらを正しく理解する必要がある。次のⅠ～Ⅲの問いに答えなさい。ただし，原子量はH＝1.0，O＝16，S＝32とする。

Ⅰ　実験によっては濃硫酸のように危険な薬品を扱うことがあり，正しい取扱いが最優先される。

問1　密度が1.84g/cm³，質量パーセント濃度が98.0％の濃硫酸のモル濃度を，有効数字3桁で答えなさい。

問2　濃硫酸を希釈して希硫酸とする方法を，25字以内で答えなさい。

問3　問1の濃硫酸を用いて，質量パーセント濃度が9.80％の希硫酸を1000gつくりたい。このとき必要な蒸留水の体積〔mL〕と濃硫酸の体積〔mL〕を，それぞれ有効数字3桁で求めなさい。ただし，蒸留水の密度は1.00g/cm³とする。

問4　塩化ナトリウムに濃硫酸を加えて加熱すると，塩化水素が発生する。この反応は濃硫酸のどのような性質によるものか。次のア～エから1つ選び，記号で答えなさい。

ア　強酸性　　イ　脱水作用　　ウ　酸化作用　　エ　不揮発性

Ⅱ　二酸化炭素と水素の混合物を，適切な触媒を用いてある一定の温

度で反応させると，次式で示される反応が起こる。

$$CO_2 + H_2 \quad \rightleftarrows \quad CO + H_2O$$

10Lの容器に二酸化炭素と水素を9.0molずつ入れ，ある温度で反応させたところ平衡状態になり，一酸化炭素と水蒸気が6.0molずつ生じていた。次の問いに答えなさい。

問1　この反応の濃度平衡定数$K_C$を表す式を答えなさい。ただし，例えばCOのモル濃度であれば[CO]と表すこと。

問2　この温度における濃度平衡定数$K_C$を，有効数字2桁で求めなさい。なお，必要であれば単位を記すこと。

問3　別の10Lの容器に$CO_2$と$H_2$を1.5molずつ入れ，同じ温度に保つと，平衡状態に達した。このとき，生じるCOの物質量〔mol〕を，有効数字2桁で求めなさい。

Ⅲ　安息香酸，アニリン，ニトロベンゼン，フェノールを溶かしたエーテル溶液がある。この溶液に図2のような操作を行ったところ，エーテル層Ⅱ〜Ⅴにそれぞれ1種類ずつ芳香族化合物を分離できた。以下の問いに答えなさい。

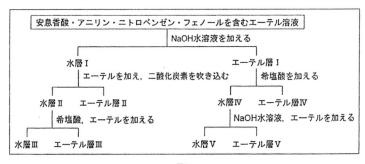

図2

問1　エーテル層Ⅱ〜Ⅴに含まれる芳香族化合物の名称をそれぞれ答えなさい。

問2　水層Ⅱおよび水層Ⅳに含まれる芳香族化合物の塩の名称と構造式をそれぞれ答えなさい。なお，構造式は次の例にならって記すこと。

例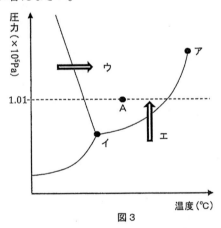

問3　ナフタレンに図2と同様の操作を行うと，エーテル層Ⅱ～Ⅴの
どこに分離されるか，Ⅱ～Ⅴの記号で答えなさい。

(☆☆☆○○○)

【3】純物質は，温度や圧力によってその状態が決まっている。ある温
度・圧力でその物質がどのような状態であるかを示した図を状態図と
いう。図3は水の状態図を表したものである。
　　以下の問いに答えなさい。

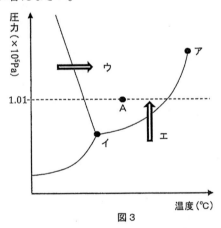

図3

問1　図3の点ア，イの名称をそれぞれ答えなさい。
問2　図3の矢印ウ，エの状態変化をそれぞれ答えなさい。
問3　フリーズドライ食品とは，食品を凍らせ，真空凍結乾燥機と呼
ばれる機械で，真空に近い状態にして乾燥させたものである。図3
のAの水分を含む食品をフリーズドライ食品にする際の水の状態変
化の経路を，矢印を用いて図中に示しなさい。

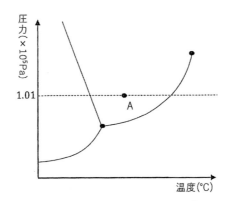

問4 「沸騰」について説明している次の文中の( ① )，( ② )に入る適当な語句をそれぞれ答えなさい。

沸騰とは，液体の( ① )が水面を押している( ② )に等しくなったときに，液体内部から水蒸気が発生する現象である。

(☆☆☆◎◎◎)

【4】硫酸ナトリウムは，その水和物を「芒硝(ぼうしょう)」と呼ばれ，温泉の一種である硫酸塩泉(芒硝泉)の主成分である。静岡県内にも伊豆半島を中心に硫酸塩泉が湧き出ており，保温効果をもつ温泉として広く知られている。

以下の問いに答えなさい。

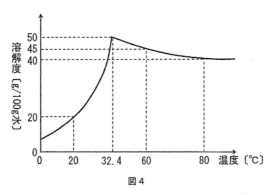

図4

　溶解度は水100gに溶ける無水物の質量で表される。硫酸ナトリウムの溶解度曲線は，図4のように特異な温度変化を示す。硫酸ナトリウムの再結晶については，32.4℃未満では硫酸ナトリウム十水和物 $Na_2SO_4 \cdot 10H_2O$ (式量322)が析出し，それ以上では無水硫酸ナトリウム $Na_2SO_4$ (式量142)が析出する。

問1　60℃の硫酸ナトリウム飽和水溶液180gを80℃に加熱してその温度で静置したところ，結晶が析出した。この結晶の質量〔g〕を有効数字2桁で求めなさい。ただし，加熱したときに溶媒の蒸発はないものとする。

問2　80℃の硫酸ナトリウム飽和水溶液210gを20℃に冷却して静置したところ，結晶が析出した。この結晶の質量〔g〕を有効数字2桁で求めなさい。

(☆☆☆◎◎◎)

【5】化学反応に伴って放出または吸収される熱量を反応熱といい，熱を放出する反応を発熱反応，熱を吸収する反応を吸熱反応という。化学反応が起こり，反応物が生成物に変化すると，そのエネルギー差が反応熱として現れることになる。

　次の実験1～3について，文中の( ア )～( ク )に入る最も適する語句や数値をそれぞれ答えなさい。( イ )に入る数値は有効数字3桁で，それ以外の数値は四捨五入し整数で求めなさい。ただし，水溶液の比熱はすべて4.2J/(g・K)，水および塩酸の密度は1.0g/cm³とする。また，溶解や混合によって水溶液の体積は変化しないものとする。なお，同じ記号には同じ語句が入るものとする。

(実験1)　ふた付きの発泡ポリスチレン製容器に水100mLを取り，水酸化ナトリウム(式量40)4.0gを入れ，よくかき混ぜながら温度を測定した。図5はそのときの温度変化を表すグラフである。このときの発熱は( ア )熱によるもので，その温度上昇度は図5から( イ )Kであった。したがって，水酸化ナトリウムの( ア )熱は( ウ )kJ/molと算出される。

136

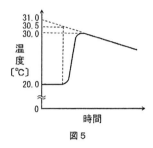

図5

(実験2) (実験1)でつくった水酸化ナトリウム水溶液50mLを同じ容器
にとり，温度が一定になったのち，同じ温度の1.0mol/Lの塩酸
50mLを加えると，温度が6.5K上昇した。この反応の発熱は
( エ )熱によるもので，その値は( オ )kJ/molと算出される。

(実験3) 同じ容器で1.0mol/Lの塩酸100mLに水酸化ナトリウムの固体
2.0gを加え，よくかき混ぜるとき，その反応熱は( カ )の法
則により，水酸化ナトリウム1molあたり( キ )kJ/mol，溶液
の温度上昇度は( ク )Kと算出される。

(☆☆☆◎◎◎)

【6】アルミニウムは銀白色の軽くて柔らかい金属である。アルミニウム
の単体は，①鉱石Aを精製して純粋なアルミナをつくり，②鉱石Bを約
1000℃に加熱して融解したものにアルミナを溶かした後，③炭素電極
を用いて電気分解することによって得る。この生産には多量の電力を
必要とし，国内では1975年前後のオイルショックによる電力コストの
高騰により衰退していった。静岡県内には，富士川の水力発電所から
調達した電力を使う最後のアルミニウム製錬工場があったが，2014年
に施設の老朽化のために閉鎖された。
　アルミニウムは空気中で④表面に緻密な酸化被膜を生じて内部が保
護されるため，錆びることはない。また，アルミニウムは亜鉛同様に
⑤両性元素であり，単体は酸とも塩基とも反応する。
　次の問いに答えなさい。
問1　下線部①について，鉱石Aの名称を答えなさい。

137

問2　下線部②について，鉱石Bの名称を答えなさい。

問3　下線部③について，陽極で起こりうる複数の反応のうち1つを電子e⁻を用いたイオン反応式で表しなさい。

問4　下線部④について，この酸化被膜が生じて反応が進まなくなった状態を何と呼ぶか，答えなさい。

問5　下線部⑤について，アルミニウムと塩酸との化学反応式を表しなさい。

問6　下線部⑤について，アルミニウムと水酸化ナトリウム水溶液との反応後に生じる錯イオンの化学式と名称をそれぞれ答えなさい。

(☆☆☆◎◎◎)

【7】ベンゼンは，分子式$C_6H_6$で表される芳香族炭化水素であり，化学工業製品(合成ゴム，合成洗剤，合成繊維，染料など)，農薬，医薬品など，各種の有機化合物の合成原料や抽出剤として広く利用されている。

　　図6は，ベンゼンを出発物質として，染料Fを合成する反応経路を示したものである。次の(1)～(3)の文中の( ア )～( キ )に入る最も適する語句をそれぞれ答えなさい。また，化合物A～Fの構造式をそれぞれ答えなさい。なお，構造式は以下に記載してある例にならって記すこと。また，同じ記号には同じ語句が入るものとする。

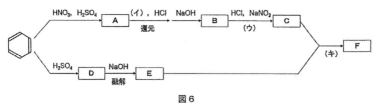

図6

例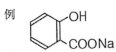

(1)　ベンゼンを濃硝酸と濃硫酸の混合物と反応させると，ベンゼンの1つの水素原子が( ア )基で置換され，化合物Aが生じる。化合物Aに金属の( イ )または鉄を塩酸中で作用させると，( ア )基が

還元され，引き続き水酸化ナトリウム水溶液を加えると，化合物B
が得られる。これを氷冷しながら，塩酸と亜硝酸ナトリウム水溶液
を加えると，化合物Cが得られる。この反応を( ウ )という。化
合物Cは不安定で，その水溶液を酸性にして50〜60℃に加熱すると
( エ )が起こって( オ )が生じ，このとき窒素が発生する。

(2) ベンゼンに濃硫酸を反応させると，ベンゼンの1つの水素原子が
( カ )基で置換され，化合物Dが生じる。化合物Dを水酸化ナト
リウムで中和したあと，固体の水酸化ナトリウムで加熱融解すると，
化合物Eが得られる。

(3) 氷冷した化合物Cの水溶液に，化合物Eの水溶液を加えると染料F
が得られる。この反応を( キ )という。

(☆☆☆◎◎◎)

【8】日本人の主食である米の主成分はデンプンであり，日本人好みにな
るように品種改良が重ねられてきた。近年は生産地の名前のついたブ
ランド米があり，静岡県内でも「ごてんばこしひかり」はブランド米
として有名であり，地元民に愛されている。

デンプンは，①植物の光合成によってつくられるブドウ糖が多数結
合した物質であり，②アミロースとアミロペクチンによって構成され
ている。③デンプンはブドウ糖まで分解されて体内に吸収後，体内を
循環し直接エネルギー源となっている。

次の問いに答えなさい。

問1 下線部①について，光合成によってブドウ糖が生成する化学反
応式を表しなさい。

問2 下線部②について，次のア〜オのうちアミロース，アミロペク
チンの両方に適するものをすべて選び，記号で答えなさい。

ア アミラーゼによって加水分解される。

イ 冷水に可溶である。

ウ もち米中には，ほとんど含まれない。

エ α1,6−結合(α−ブドウ糖のC1に結合した−OHとC6に結合し

　　　　た−OHとの間で脱水縮合)が多数存在する。

　　オ　ヨウ素デンプン反応を示す。

問3　下線部③について，体内に吸収された過剰のブドウ糖は肝臓や
　　筋肉中にどのような物質として貯蔵されるか。貯蔵される物質名を
　　答えなさい。

問4　デンプンに希酸を加え加熱したことによって加水分解されたこ
　　とを確認するのに最も適当な方法を次のア〜エから1つ選び，記号
　　で答えなさい。

　　ア　ニンヒドリン反応　　　イ　ビウレット反応

　　ウ　パーキン反応　　　　　エ　フェーリング反応

問5　デンプン486gを加水分解した後，アルコール発酵をした結果，
　　エタノールを生成した。このときに生成したエタノールは何〔g〕
　　か。有効数字3桁で求めなさい。ただし，すべての反応は100％完全
　　に反応したものとし，原子量はH＝1.0，C＝12，O＝16とする。

　　　　　　　　　　　　　　　　　　　　　　　　　（☆☆☆◎◎◎）


# 【生物】

【1】次の文章を読み，あとの問いに答えなさい。

　　アミノ酸は炭素原子に（　ア　），（　イ　），（　ウ　）が結合し，残り
　の1か所には側鎖とよばれる原子団が結合している。タンパク質の基
　本単位となるアミノ酸には，側鎖が異なる（　エ　）種類のものがある。
　①側鎖の違いによってアミノ酸の性質は決まる。アミノ酸が2個以上結
　合したものをペプチドといい，アミノ酸同士は一方のアミノ酸の（　ア　）
　ともう一方のアミノ酸の（　イ　）から水1分子が取れて結合する。この
　結合を②ペプチド結合という。タンパク質はこの結合で多数のアミノ
　酸が連なったポリペプチドが二次，三次，四次といった複雑な（　オ　）
　をもつことで多くの種類を生みだし，様々な生命活動に関わっている。

　　その一つに，生体内で行われる化学反応を促進する酵素がある。酵
　素は作用する物質が決まっている，（　カ　）という性質をもつ。酵素
　の一種であるトレハラーゼは，トレハロースを2分子のグルコースに

分解する酵素である。トレハラーゼを用いて，③次のような実験を行った。

　トレハラーゼを入れた試験管に，トレハロースを濃度2%になるように入れ，試験管内の液量を5mLにしてトレハロースの分解反応を行った。反応開始後，一定時間ごとの試験管内のグルコース量を測定すると，反応時間とグルコース量の関係は図1のようになった。

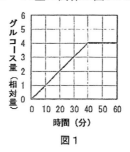

図1

問1　文章中の空欄(　ア　)～(　カ　)に適する語句または数字をそれぞれ答えなさい。

問2　下線部①～②について，次の問いに答えなさい。

　(1)　下線部①について，側鎖が水素(H)のアミノ酸の名称を答えなさい。

　(2)　下線部②について，(1)のアミノ酸が2つ結合する場合の構造式を，図2を参考にし，原子間の結合を示す価標を略すことなく答えなさい。

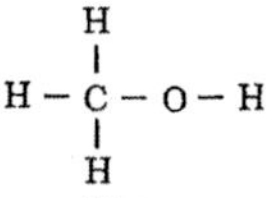

$$H-\overset{\overset{\displaystyle H}{|}}{\underset{\underset{\displaystyle H}{|}}{C}}-O-H$$

図2

問3　下線部③の実験で，反応時間50分におけるトレハロースとグルコースの量的な関係はどのようになっているか説明しなさい。

問4　下線部③の実験で，試験管にトレハロースを濃度4%になるように入れ，他の条件は変えずに反応させると，グルコースの生成量は時間とともにどのように変化するか。次のグラフに示しなさい。

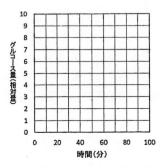

問5　下線部③の実験で，トレハラーゼの濃度を半分にし，他の条件
　　は変えずに反応させると，グルコースの生成量は時間とともにどの
　　ように変化するか。次のグラフに示しなさい。

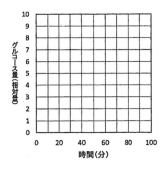

（☆☆◎◎◎◎）

【２】駿河先生は，ピーナッツ1粒には多量のエネルギーが含まれている
　こと及び燃焼と呼吸の違いに気付かせるために次のような演示実験を
　取り入れた授業を行った。

　　試験管に15mLの水を加えてスタンドに固定し，その下で柄付
　き針にさしたピーナッツ1粒をバーナーで加熱し，燃え終わるま
　で静置した。試験管にはデジタル温度計を入れておき温度変化
　が分かるようにした。図3はそのときの様子を示したものである。

図3

　次は，その授業での先生と生徒(太郎，花子，次郎)のやりとりである。

先生「燃焼と呼吸はどちらも酸素を使って有機物を分解する過程です。今日はその違いに気付く演示実験を見てもらいます。試験管には20℃，15mLの水が入っています。このピーナッツ1粒には，この15mLの水を何℃まで上げるエネルギーが含まれていると思いますか。」

(生徒がそれぞれの予想を立てた後，演示実験を開始した。)

先生「では始めます。温度変化だけでなく，燃焼と呼吸の違いに気づくかな。」

太郎「2分たったら50℃を超えたぞ。しかもまだ燃え続けている。予想が外れてしまった。」

花子「3分たっても燃えているね。80℃を超えたよ。私も予想が外れてしまった。」

次郎「3分30秒たったら，100℃を超えて沸騰しはじめたぞ。」

太郎「…と思ったら，ピーナッツが燃え尽きたね。燃え尽きるまで3分40秒。つまり，ピーナッツ1粒で15mLの水を沸騰させるくらいのエネルギーが含まれているってことだね。」

先生「燃焼と呼吸の違いには気付きましたか。」

花子「燃焼では( A )エネルギーや( B )エネルギーが放出されるけど，呼吸では( B )エネルギーは放出されません。」

先生「反応の進行の仕方についてはどうでしょうか。」

太郎「燃焼と呼吸を比較すると，( C )の方が急激に反応が進んでいると思います。」

先生「呼吸と燃焼の違いが理解できましたね。また，呼吸には酸素を

使う呼吸と酸素を使わない①発酵という反応があります。次はその違いについて考えてみましょう。」

問1　会話文中の空欄( Ａ )～( Ｃ )に入る適切な語句をそれぞれ答えなさい。

問2　下線部①について，次の用語をすべて用いて説明しなさい。

【用語】　有機物　　酸素　　ATP

問3　1molのグルコースが完全に燃焼すると，2870kJの熱エネルギーが生じる。呼吸において1molのグルコースから38ATPが合成されると仮定すると，グルコースの分解で生じたエネルギーの約何％が熱エネルギーになるか。次の選択肢の中から1つ選びなさい。ただし，ADPとリン酸から1molのATPを合成するのに30.5kJのエネルギーを必要とする。

【選択肢】　0%　　10%　　20%　　30%　　40%　　50%
　　　　　　60%　　70%　　80%　　90%　　100%

(☆◎◎◎)

【3】次の文章を読み，あとの問いに答えなさい。

植物は，根から吸収した( ア )イオンや( イ )イオンなどの無機窒素化合物を用いて，タンパク質や核酸などの有機窒素化合物を合成する。生物の遺体や排出物などに含まれる有機窒素化合物の分解により生じた( ア )イオンの多くは土壌中の( ウ )，次に( エ )といった硝化菌の作用を受け( イ )イオンに変えられる。①( イ )イオンは植物体内に吸収されたのち酵素の働きで( ア )イオンまで( オ )され，各種有機酸に転移されアミノ酸が合成される。また，空気中に存在する窒素は，②窒素固定細菌が( ア )イオンに( オ )して，最終的に植物体内に吸収され利用される。

144

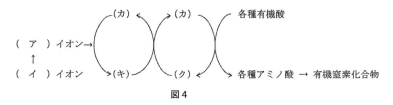

図4

問1　文章中の空欄( ア )～( オ )に適する語句をそれぞれ答えなさい。

問2　図4は，下線部①の反応を模式的に示したものである。また，図中の( ア )イオン，( イ )イオンは問1で答えたものと同じ物質である。(カ)～(ク)に適する物質名をそれぞれ答えなさい。

問3　下線部②について根粒菌以外に2つ答えなさい。

問4　吸収された窒素の80％がタンパク質に取り込まれ，30gのタンパク質が合成された。タンパク質に含まれる窒素量を16％とし，根から吸収された窒素はすべて( イ )イオンだとすると，吸収された( イ )イオンは何gか。原子量をN＝14，O＝16とし，小数点以下を四捨五入して答えなさい。

(☆☆◎◎◎◎)

【4】先生と生徒(太郎，花子)の会話文を読み，あとの問いに答えなさい。

太郎「先生，トランスジェニック生物とキメラは，どのように違うのですか。」

先生「次回までに，太郎君はトランスジェニック生物について，花子さんはキメラについて調べ，お互いに説明することにしましょう。」

…(次回)…

先生「では，今日はトランスジェニック生物とキメラについて説明してください。」

太郎「①遺伝子組換え技術により外来遺伝子を組み込んだ生物をトランスジェニック生物といいます。作成の手順としては，PCRで増

幅した目的遺伝子を制限酵素で切断しプラスミドに組込みます。例えば植物では，（　ア　）と呼ばれる細菌を用いることが多いようです。（　ア　）は植物に感染し，プラスミド中のT−DNAという領域が植物の染色体DNAに組込まれ，トランスジェニック植物ができます。青いバラはこのようにして作られたそうです。」

先生「キメラについてはどうでしょう。」

花子「2つ以上の異なる遺伝子型の細胞，あるいは異なる種の細胞から作られた生物をキメラといいます。」

先生「ノックアウトマウスはキメラマウスを利用して作成されますよね。手順は分かりますか。」

花子「はい。図を書きながら紹介します(図5)。

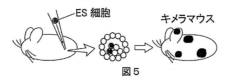

図5

例えば黒マウス由来のES細胞で特定の遺伝子A【注1】の機能を完全に欠失するような変異を導入すると，二つの遺伝子Aのうち片方に変異が導入され，変異した遺伝子Aについてヘテロ接合体のES細胞が得られます。これを白マウス由来の胚盤胞内に注入するとキメラマウスが誕生します。この②キメラマウスと野生型マウス【注2】を交配させ，子マウスを得ます。この子マウスにおいて遺伝子Aに変異が導入されている雄と雌を交配させると，変異した遺伝子Aをホモにもつノックアウトマウスを得ることができます。」

先生「キメラマウスができた場合，③このキメラマウスが作る配偶子の種類はES細胞を注入しなかった白マウスとは異なりますね。」

太郎「1匹の雄のキメラマウスの精原細胞の20％がES細胞由来の場合，この雄が野生型の雌と交配して100匹の子が生まれると，そのうち遺伝子Aに変異が導入されている個体は（　a　）個体だね。」

花子「遺伝子Aに変異が導入されている個体の雄と雌を交配させ100匹

の子が生まれたとすると，そのうちノックアウトマウスは( b )
個体になるね。」

【注1】遺伝子Aは常染色体上にあり，生殖細胞の形成や生存，マウス
個体の形成や生存には無関係な遺伝子である。

【注2】野生型マウスとは遺伝子Aをホモにもつマウスのことを示す。

問1　文章中の空欄( ア )に適する語句を答えなさい。

問2　下線部①について，トランスジェニック植物を作成するために，
PCRで増幅した目的遺伝子を制限酵素*Bam* HⅠで切断し，その遺伝
子を制限酵素*Bgl*Ⅱで切断したプラスミドに組み込んだ(図6)。なお，
制限酵素*Bam* HⅠと*Bgl*Ⅱは右の図7に示したそれぞれ特定の6塩基
対の配列を認識してDNAを切断する。以下の問いに答えなさい。

|  |  |
|---|---|
| *Bam* HI | *Bgl* Ⅱ |
| 5′-G\|GATCC-3′ | 5′-A\|GATCT-3′ |
| 3′-CCTAG\|G-5′ | 3′-TCTAG\|A-5′ |

図6　　　　　　　　　　　　　　　図7

(1)　シロイヌナズナのゲノムサイズはおよそ1億3000万塩基対で
ある。このゲノムに*Bgl*Ⅱを作用させた場合，およそいくつの
断片に切断されると考えられるか。最も適当なものを次のア～
クのうちから1つ選び記号で答えなさい。

ア　$1.6 \times 10^4$　　イ　$3.2 \times 10^4$　　ウ　$6.4 \times 10^4$　　エ　$9.4 \times 10^4$

オ　$1.6 \times 10^5$　　カ　$3.2 \times 10^5$　　キ　$6.4 \times 10^5$　　ク　$9.4 \times 10^5$

(2)　プラスミドに連結した目的遺伝子を再び*Bam* HⅠや*Bgl*Ⅱで切
り出すことができるか。最も適当なものを次のア～エのうちから
1つ選び記号で答えなさい。

ア　*Bam* HⅠでも*Bgl*Ⅱでも切り出せる。

イ　*Bam* HⅠでは切り出せるが，*Bgl*Ⅱでは切り出せない。

ウ　*Bam* HⅠでは切り出せないが，*Bgl*Ⅱでは切り出せる。

エ　*Bam* HⅠでも*Bgl*Ⅱでも切り出せない。

問3　下線部②について，キメラマウスと野生型マウスを交配させて

得られる可能性のある子マウスの種類を次のア～ウから全て選び記
号で答えなさい。
　ア　キメラマウス　　イ　野生型マウス
　ウ　変異した遺伝子Aについてヘテロ接合体のマウス
問4　下線部③について，キメラマウスから作られる可能性のある配
　偶子を次のア～エから全て選び記号で答えなさい。
　ア　黒マウス由来で正常な遺伝子Aをもつ配偶子
　イ　黒マウス由来で変異した遺伝子Aをもつ配偶子
　ウ　白マウス由来で正常な遺伝子Aをもつ配偶子
　エ　白マウス由来で変異した遺伝子Aをもつ配偶子
問5　文章中の空欄( a )( b )に適する数値をそれぞれ答えなさい。
（☆☆☆◎◎◎）

【5】次の文章を読み，以下の問いに答えなさい。
　腎臓は体内で作られた老廃物を排出するために尿を常に生成してい
る。まず，腎小体において血しょう成分がろ過され，続いて原尿が細
尿管を通過する間に様々な物質が再吸収され，老廃物が濃縮されて排
出される。尿を作るこの基本的な仕組みは脊椎動物で共通しているが，
ネフロン(腎単位)の構造と機能は生息する環境に応じて変化しており，
例えば①海水魚と淡水魚における尿の組成に影響を及ぼす。
問1　下線部①について，表1にある種の淡水魚と海水魚，ヒトにおけ
　る1日あたりの尿量と糸球体ろ過量の比，1日あたりのナトリウムイ
　オン($Na^+$)の尿としての排出量と糸球体でのろ過量の比を示した。
　　水の細尿管における再吸収についてヒトと淡水魚の違いを表1か
　ら読み取り具体的な数値をあげながら答えなさい。
表1　淡水魚、海水魚、ヒトの尿に関するデータ

| | 淡水魚 | 海水魚 | ヒト |
|---|---|---|---|
| 尿量/糸球体ろ過量 | 0.70 | 0.65 | 0.01 |
| $Na^+$排出量/$Na^+$ろ過量 | 0.01 | 0.23 | 0.01 |

問2　健康なヒトの血しょう，原尿および尿中の尿素およびイヌリン

の含有量を調べると表2のようであった。なお、尿は1分間に1.0mL生成されるものとし、血しょう、原尿および尿の密度は1.0g/mLとする。

1分間に腎小体でろ過される尿素の総量は何mgか答えなさい。また、細尿管で再吸収される尿素は何mgか答えなさい。

表2　血しょう、原尿、尿に含まれる尿素とイヌリンの割合

|  | 血しょう(%) | 原尿（%） | 尿（%） |
|---|---|---|---|
| 尿素 | 0.030 | 0.030 | 2.0 |
| イヌリン | 0.010 | 0.010 | 1.2 |

問3　イヌリンは腎小体でろ過されるが、細尿管では再吸収されないため、原尿生成量を求める際に用いられる。原尿生成量を正確に求めるためには、イヌリンはそれ以外にどのような条件を満たす必要があるか2つ答えなさい。

(☆☆○○○○)

【6】次の文章を読み、あとの問いに答えなさい。

図8のように、カエルのふくらはぎの筋肉を、複数の神経繊維で構成される座骨神経をつけたまま取り出し、2つの実験を行った。

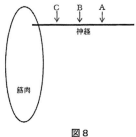

図8

【実験1】　神経のある部位に電気刺激を加えた。電気刺激が小さいと筋肉に収縮は見られなかったが、少しずつ刺激を大きくしていくと電圧が0.4Vのときにはじめて収縮が生じた。さらに電圧を大きくし

ていくと，それに伴って収縮の大きさも増加し，1.2Vのときに最大に達した。

【実験2】　筋肉と神経の接続部から7cm離れたA点に0.4Vの電気刺激を加えたところ，8.5ミリ秒後に筋肉に収縮が生じた。また，接続部から3cm離れたC点に0.4Vの電気刺激を加えたところ，6.9ミリ秒後に筋肉に収縮が生じた。さらに，筋肉を直接刺激したところ，3.1ミリ秒後に収縮した。

問1　実験1において，刺激の大きさが大きくなるにつれ，筋肉の収縮の大きさが増加する理由を，神経の興奮に注目して75字以内で説明しなさい。

問2　実験に用いた座骨神経の伝導速度〔m/秒〕を求めなさい。

問3　興奮が軸索末端から筋繊維へ伝達される時間〔ミリ秒〕を求めなさい。

問4　筋肉と神経の接続部から5cm離れたB点を刺激するとき，筋肉が収縮を開始するまでの時間〔ミリ秒〕を求めなさい。

問5　筋肉では収縮のために必要なATPを得るため，呼吸，解糖のほかに反応a，反応bといった反応も行っている。得られたATPは，反応cにより分解され，筋肉にエネルギーを供給する。

　　　（　ア　）＋ ADP → クレアチン ＋ ATP　　　　　…反応a

　　　2ADP → ATP ＋ AMP(アデノシン一リン酸)　　　…反応b

　　　ATP ＋ $H_2O$ → ADP ＋（　イ　）　　　　　…反応c

　　無酸素条件下でモノヨード酢酸とジニトロフルオロベンゼンで処理した筋肉を収縮させると表3のような結果になった。値は1回の筋収縮にともなう各物質の含有量の収縮前と収縮後の値で，単位は$\mu$molである。モノヨード酢酸は解糖系の阻害剤，ジニトロフルオロベンゼンは反応aの阻害剤である。

表3

|  | ATP | ADP | AMP |
|---|---|---|---|
| 収縮前 | 1.35 | 0.64 | 0.11 |
| 収縮後 | 0.91 | （ウ） | 0.25 |

(1) 反応式の空欄( ア ), ( イ )について, ( ア )は最も適する語句を, ( イ )は最も適する化学式をそれぞれ答えなさい。

(2) 1回の筋収縮で使われたATPは何 $\mu$ molか求めなさい。

(3) 表3の(ウ)の値を求めなさい。

(☆☆☆☆◎◎◎◎)

【7】次の文章を読み, 以下の問いに答えなさい。

　生産者によってつくられた有機物は, 生産者の生活に利用されるとともに, 各栄養段階の動物などの消費者に移動し, その生活にも利用される。生産者, および消費者の物質収支を表す用語として, 次のようなものがある。今, それぞれの用語を,

　　　現存量(A), 総生産量(B), 呼吸量(C), 純生産量(D),

　　　被食量(E), 枯死量(F), 成長量(G), 摂食量(H),

　　　不消化排出量(I), 同化量(J), 死滅量(K)

として, アルファベットで示す。これを踏まえて, 次の問いに答えなさい。

問1　生産者の純生産量(D)を, (例)を参考にアルファベットを用いて表しなさい。

(例)　A＝B＋C

問2　生産者の成長量(G)を, 問1の(例)を参考にアルファベットを用いて表しなさい。ただし, 純生産量(D)を必ず用いること。

問3　消費者の成長量(G)を, 問1の(例)を参考にアルファベットを用いて表しなさい。ただし, 不消化排出量(I)を必ず用いること。

問4　生態系の物質収支について, 各栄養段階(生産者(X), 一次消費者($Y_1$), 二次消費者($Y_2$))の間にはどのような関係がみられるか。次の(1)(2)について, 以下のア～クからそれぞれ1つずつ選びなさい。ただし, 同じものを繰り返し選んでもよい。

(1) 生産者の総生産量および消費者の同化量

(2) エネルギー効率

　　ア　$X>Y_1>Y_2$　　イ　$X>Y_1=Y_2$　　ウ　$X=Y_1=Y_2$

151

エ　X＞Y₁＜Y₂　　　オ　X＜Y₁＜Y₂　　　カ　X＝Y₁＜Y₂

キ　X＜Y₁＝Y₂　　　ク　X＝Y₁＞Y₂

問5　地球上の海域でも，物質生産が行われている。駿河湾の浅海において，植物現存量と，純生産量を調べたところ，現存量は$92g/m^2$であり，純生産量は$460g/(m^2・年)$であった。

(1)　この浅海の生態系において，現存量1kg当たりの年間純生産量〔g〕を求めなさい。

(2)　単位面積当たりの現存量を純生産量で割った値は，その生態系において現存量がどのくらいの時間〔年〕で入れかわるかを示す値(ターンオーバータイム)を表すといわれている。この浅海の生態系のターンオーバータイム〔年〕を求めなさい。

(3)　地球上の森林の現存量は約$16,000g/m^2$，純生産量は約$1,250g/(m^2・年)$である。浅海のターンオーバータイムが森林に比べ短くなる理由について，60字以内で説明しなさい。

(☆☆◎◎◎)

【8】次の文章を読み，以下の問いに答えなさい。

地球の誕生は今から約46億年前といわれている。当時の地球は高温のマグマによって覆われており，生命は存在していなかったと考えられている。生命の誕生に関しては多くの議論がなされてきたが，古代から17世紀中ごろまでは，生物は無生物から生じるとする( A )説が信じられていた。しかし，19世紀後半に( B )による白鳥の首型フラスコを使った実験により( A )説は否定された。その後，1953年に( C )による原始大気を再現した実験により無機物からアミノ酸が生成されることが示された。生命が誕生する以前の有機物生成過程は，( D )とよばれている。

①最初の生命の痕跡は今から約38億年前の地層から発見されている。②約27億年前にはシアノバクテリアが繁栄し多量の酸素が放出された。シアノバクテリアの痕跡は( E )という岩石から発見された。多細胞生物が誕生したのは約10億年前であり，③約4億年前に植物の陸上進出

が始まり，続いて動物が陸上進出を果たした。その後，作用及び環境形成作用により様々な環境が形成され，④多様な環境に適応した多様な生物群が進化を遂げてきた。

問1　文章中の空欄( A )～( E )に適する語句をそれぞれ答えなさい。

問2　下線部①について，現在のような生物の基本的な活動がDNAを中心に行われる以前は，RNAを中心としたRNAワールドが存在していたと考えられている。これをRNAワールド説という。この説の根拠となった1980年代のトーマス・チェックとシドニー・アルトマンの発見は何か答えなさい。

問3　下線部③の要因について，下線部②と関連付けて説明しなさい。

問4　下線部④について，次の問いに答えなさい。

(1)　生物が共通の祖先から異なる環境へ適応して多様化することを何というか。

(2)　哺乳類には真獣類，有袋類，単孔類が含まれる。次のア～オから真獣類，単孔類をそれぞれ1つずつ選び，記号で答えなさい。

ア　ウミウシ　　イ　カモノハシ　　ウ　イルカ

エ　フィンチ　　オ　カンガルー

(☆☆☆◎◎◎)

## 【地学】

【1】地球の概観と構造に関するⅠ，Ⅱの問いに答えなさい。

Ⅰ　地球の概観や岩石の密度について授業で取り扱った。地球に関する基礎知識や実習手順について，次の問いに答えなさい。

問1　地球の形や構造について述べた①～③の文章がある。以下のア～クから，①～③の正誤の組合せとして最も適当なものを1つ選び，記号で答えなさい。

①　マントルの体積は外核と内核の体積の和より大きい。

②　地球の緯度差1°に対する子午線の弧の長さは，低緯度ほど短い。

③　マントルと外核の境界の深さは，約1200kmである。

|  | ① | ② | ③ |  | ① | ② | ③ |  | ① | ② | ③ |  | ① | ② | ③ |
|---|---|---|---|---|---|---|---|---|---|---|---|---|---|---|---|
| ア | 正 | 正 | 正 | イ | 正 | 正 | 誤 | ウ | 正 | 誤 | 正 | エ | 誤 | 正 | 正 |
| オ | 正 | 誤 | 誤 | カ | 誤 | 正 | 誤 | キ | 誤 | 誤 | 正 | ク | 誤 | 誤 | 誤 |

問2　地学基礎の授業で地球の構造を考えるために，岩石の密度を求めることになり，グラウンドから5cm程度の岩石を拾ってきた。グラウンドから拾ってきた岩石の密度を求めるために必要なものをすべて答えなさい。

Ⅱ　地球の地磁気に関する次の文章を読み，以下の問いに答えなさい。

地球上には地磁気と呼ばれる固有の磁場が存在し，ある地点での地磁気の強さを全磁力といい，全磁力の，水平方向の強さを水平分力，鉛直方向の強さを鉛直分力という。また，水平分力が真北からずれている角度を（　①　），地磁気の向きと水平面のなす角度を（　②　）という。これら全磁力，水平分力，鉛直分力，（　①　）および（　②　）の5つの値のうちの3つの値によってその地点の地磁気が定まるとき，この3つの値の組み合わせを（　③　）という。

この地磁気は，地球の中心に置いた仮想的な棒磁石を，自転軸から約10°傾けたときにできる磁場で，近似的に表現することができる。このように，<u>棒磁石で形成される磁場を双極子磁場という。</u>

なぜ地球に強い磁場が存在するのかは，長い間よくわかっていなかった。地球の中心は5000℃を超える超高温であることを考えると地球内部の鉱物が強く磁化しているとは考えにくい。そこで，現在では地磁気の成因を，地球内部で絶えず発電され，流される電流のまわりにつくられた磁場であると考えられている。この考え方を（　④　）理論という。

問3　文中の空欄（　①　）～（　④　）に当てはまる最も適切な語句を，それぞれ答えなさい。

問4　下線部について，緯度 $\theta$（北緯が正，南緯が負）の位置における，微小な棒磁石がつくる磁場の理論式は，$k$ を比例定数とすると次

のように表すことができる。ただし，$B_水$は水平分力，$B_鉛$は鉛直分力の値を示している。

$B_水 = k \times \cos\theta$ …(ア)

$B_鉛 = 2k \times \sin\theta$ …(イ)

北緯30°の位置における水平分力$B_水$の値は何nTか。有効数字2桁で答えなさい。ただし，$k = 3.0 \times 10^4$とし，必要であれば$\sqrt{2} = 1.4$，$\sqrt{3} = 1.7$を用いなさい。

(☆☆☆◎◎◎◎)

【2】地球の活動に関するI，IIの問いに答えなさい。

I　地質学の歴史に関する次の文章を読み，以下の問いに答えなさい。

ウェゲナーは，いろいろな地質学・古生物学的証拠を挙げて，現在離れている大陸がもとは一つに結合して，古生代末期には<sub>a</sub>巨大な超大陸を形成していたと考え，1912年に大陸移動説を提唱した。その後，大陸移動説は大陸の分裂・移動の原動力が説明できないこともあり，支持を失ったが，1950年代になって古地磁気学的手法を用いることで陸上の岩石に大陸が移動した証拠が得られ，再び注目されるようになった。また，海底の調査が進み，1960年代初期には海底の地磁気異常からヘスやディーツにより（　①　）説が提案された。それは海嶺で新しい海底がつくられ，海嶺の両側に移動するという考え方である。さらに，海底や大陸は何枚かの固い岩盤(プレート)で構成されており，このプレートが互いに動くことで，プレート境界で地殻変動が起こっていることが明らかになった。日本列島では海洋プレートである太平洋プレートやフィリピン海プレートが，大陸プレートである（　②　）やユーラシアプレート等の下に沈み込み，地震や火山等の地殻変動が起こっている。このように現在では，<sub>b</sub>プレートテクトニクスによって地球上の多くの地学現象を統一的に説明することができるとされている。

海溝に沿って起きる地震は，プレートテクトニクスによって発生メカニズムが解明された。地球の表面は（　③　）と呼ばれる冷たく

155

て硬い層で覆われており，これが分割されたものがプレートである。この層の下には，軟らかく流れやすい性質をもつ(　④　)がある。海溝はプレートの収束境界である。

　日本列島において，東海から四国の太平洋岸では，南海トラフからフィリピン海プレートがユーラシアプレートの下に北西方向に沈み込んでおり，この沈み込みによって東海から四国の太平洋岸地域では，地震が約80kmの深さまで起きている。このタイプの地震では海底にずれが生じるため，海岸付近や内湾では(　⑤　)による被害が発生することがある。

問1　文中の空欄(　①　)～(　⑤　)に当てはまる最も適切な語句を，それぞれ答えなさい。

問2　文中の下線部aについて，この超大陸の名称を答えなさい。

問3　文中の下線部bについて，ヒマラヤ山脈やチベット高原が形成された原因を，簡潔に説明しなさい。

Ⅱ　地震に関する次の文章を読み，以下の問いに答えよ。

　ある地方の観測点Aで，地震を記録した。この地震の震央は観測点Aの南東5.0kmの地表で，震源の深さは5.0kmであった。また，観測点Aにおけるこの地震のS波の到着時刻は，P波の到着時刻の0.90秒後であった。必要であれば$\sqrt{2}=1.4$を用いて，次の問いに答えなさい。

問4　P波とS波の到着時刻の時間差は何とよばれるか。その名称を答えなさい。

問5　観測点Aにおける上下，東西，南北の3成分記録のうち，上下成分におけるP波の最初の振動方向が「上」であった。東西成分と南北成分におけるP波の最初の振動方向は，それぞれどのようになるか。東西成分と南北成分の最初の振動方向を，それぞれ答えなさい。

　P波とS波の速さをそれぞれ$V_p$，$V_s$とし，問4の時間差を$T$とする。$V_p$，$V_s$が一定であるとすると，震源から観測点までの震源距離$D$は，比例定数$k$を用いて$D=kT$と表される。

問6　$D=kT$の式の比例定数$k$を，$V_p$，$V_s$を用いて表しなさい。

問7　$V_p=1.70×V_s$とする。この地震が発生した時刻は，観測点AにおけるP波の到着時刻の何秒前か。有効数字2桁で答えなさい。

問8　この地震の，観測点Aにおける$D=kT$の式の比例定数$k$の値を，有効数字2桁で答えなさい。

(☆☆◎◎◎◎)

【3】大気や海洋に関するⅠ，Ⅱの問いに答えなさい。

Ⅰ　地球の熱収支に関する次の文章を読み，以下の問いに答えなさい。

太陽から放射される電磁波のエネルギーは，（　①　）の波長領域で最も強い。しかし，地球の表面や大気が放射する電磁波は，主に（　②　）である。この相違は，太陽と地球の（　③　）が違うために起こる。大気中の二酸化炭素や水蒸気には，（　①　）を通過させ，（　②　）を吸収する性質があるため，大気や地表が暖められる。この現象を（　④　）という。また，地表が放出する熱が，日射などにより吸収する熱を上回ると，地表の温度は下がる。この現象を（　⑤　）という。

問1　文中の空欄（　①　）～（　⑤　）に当てはまる最も適切な語句を，それぞれ答えなさい。

問2　図1は，地球の熱収支を表したものである。図1中の数字は，太陽からの放射を100としたときの割合で示されている。図1中の(A)，(B)に当てはまる数値を，それぞれ答えなさい。ただし，図1において，どの場所も平均的にエネルギー収支がつりあっているものとする。

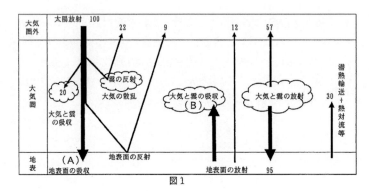

図1

問3　現実の地球の熱収支は，低緯度では太陽放射が過剰で，高緯度では地球放射が過剰である。しかし，低緯度地域で気温が上昇し続けたり，高緯度地域で気温が低下し続けたりすることはない。その理由を，簡潔に説明しなさい。

Ⅱ　海水面の変動に関する次の文章を読み，以下の問いに答えなさい。

　　海面は約半日あるいは1日の周期で規則的な昇降を繰り返している。この現象を(　①　)という。地球上に(　①　)を引き起こす力である(　②　)を及ぼすのは月と太陽である。月と太陽による(　②　)が互いに強めあうと，干満の差の大きい(　③　)となり，(　②　)が交互に打ち消しあう時には，干満の差が小さい(　④　)となる。

問4　文中の空欄(　①　)～(　④　)に当てはまる最も適切な語句を，それぞれ答えなさい。

問5　図2は，地球と太陽の位置関係及び月の公転軌道(破線)を表している。(　③　)になるのは，地球から見て，月と太陽がどのような位置関係になったときか。(　③　)になるときの月の位置を，次の図に，黒丸(●)ですべて示しなさい。ただし，それぞれの天体等の大きさ，距離は考慮しなくてよいものとする。

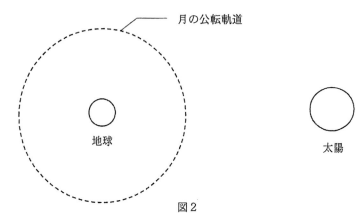

図2

問6 ( ② )は，天体の質量に比例し，地球から天体までの距離の3乗に反比例する。地球から月までの距離を$3.8×10^5$km，太陽までの距離を$1.5×10^8$km，月の質量を地球の質量の$\frac{1}{82}$，太陽の質量を地球の質量の$3.3×10^5$倍としたとき，月の( ② )は太陽の( ② )の何倍になるか。有効数字2桁で答えなさい。ただし，必要であれば$3.8^3＝54.9$，$1.5^3＝3.38$，$3.3^3＝35.9$を用いなさい。(計算過程も示すこと)

(☆☆☆◎◎◎)

【4】地表の変化に関する次の文章を読み，以下の問いに答えなさい。

図3は，ある地域における地層の分布の様子を立体的に表した模式図で，A層，B層群，C層群が分布する。また，X面は東西方向，Y面は南北方向に沿い，ともに鉛直な面である。X面，Y面の露頭での観察記録は，以下のとおりである。

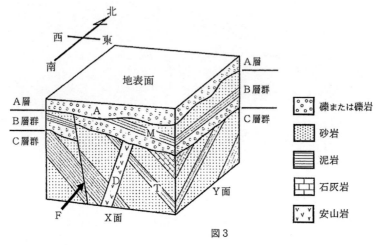

図3

・A層は礫層で，ナウマンゾウの歯の化石を産出する。B層群との境界面は，X面，Y面ともにほぼ水平である。

・B層群のMは泥岩層で，X面では東に20°で傾斜しているが，Y面では水平に表れている。

・C層群のTは泥岩層で，X面では東に45°で傾斜し，Y面では南に45°で傾斜している。

・Dは安山岩の岩脈で，放射年代は500万年前である。

・Fは断層で，断層面の走向はN－Sである。また，水平方向のずれはないものとする。

・この地域にはF以外の断層は見られない。

問1　地層の走向・傾斜について，「水平」を地質図ではどのように記号で表すか，答えなさい。

問2　Dの岩脈を構成する主な造岩鉱物として適切なものを，次のア～オから2つ選び，記号で答えなさい。

　　ア　かんらん石　　イ　斜長石　　ウ　石英　　エ　黒雲母

　　オ　角閃石

問3　C層群が堆積した直後からB層群が堆積するまでの間にどのようなことが起こったか。簡潔に説明しなさい。

問4　Fの断層の種類として最も適切なものを，次のア～オから1つ選び，記号で答えなさい。

ア　垂直断層　　イ　横ずれ断層　　　ウ　トランスフォーム断層

エ　正断層　　　オ　逆断層

問5　C層群中のTの走向・傾斜を答えなさい。ただし，$\sqrt{2}=1.4$，$\sqrt{3}=1.7$とし，角度の値は整数で表し，必要ならば，次の三角関数の値を用いなさい。

| $\theta$ | 45° | 46° | 47° | 48° | 49° | 50° | 51° | 52° | 53° | 54° | 55° |
|---|---|---|---|---|---|---|---|---|---|---|---|
| $\sin\theta$ | 0.707 | 0.719 | 0.731 | 0.743 | 0.755 | 0.766 | 0.777 | 0.788 | 0.799 | 0.809 | 0.819 |
| $\cos\theta$ | 0.707 | 0.695 | 0.682 | 0.669 | 0.656 | 0.643 | 0.629 | 0.616 | 0.602 | 0.588 | 0.574 |
| $\tan\theta$ | 1.000 | 1.036 | 1.072 | 1.111 | 1.150 | 1.192 | 1.235 | 1.280 | 1.327 | 1.376 | 1.428 |

問6　Fの断層活動があったと考えられるのはいつか。次のア～オから可能性のある時代をすべて選び，記号で答えなさい。

ア　ジュラ紀　　イ　白亜紀　　ウ　古第三紀　　エ　新第三紀

オ　第四紀

(☆☆☆◎◎◎)

【5】天文現象に関するⅠ，Ⅱの問いに答えなさい。

Ⅰ　惑星の見え方に関する以下の問いに答えなさい。

図4は，黄道面を北から見たときの，太陽，地球，惑星の位置関係を模式的に表したものである。中心の白丸は太陽で，外側の白丸は地球である。また，惑星は黒丸で表している。

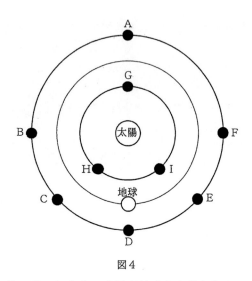

図4

問1　次の①，②に相当する惑星が地球から見られるのは，惑星が図4のA～Iのどの位置にあるときか。惑星の位置として適切なものを，すべて選びなさい。

①　明け方，東の空に見える惑星

②　日の入りと同時に東の空に昇り，日の出とともに西に没する惑星

問2　惑星が図4のDの位置にあるとき，地球と惑星との位置関係を何というか，答えなさい。

問3　太陽の日周運動の周期は24時間だが，恒星の日周運動はそれよりも約4分短い。この4分の差が生じる理由を，地球の自転及び公転という語を用いて，簡潔に説明しなさい。

Ⅱ　膨張する宇宙に関する次の文章を読み，以下の問いに答えなさい。

　　銀河のスペクトル線を観察すると，一般に波長が（　①　）い方にずれている。この現象を（　②　）という。このずれは，銀河が遠ざかることによって生じる（　③　）効果であるとして，波長のずれから銀河後退速度$v$を求めることができる。すなわち，波長λのスペ

クトル線が$\Delta\lambda$だけずれ，$\frac{\Delta\lambda}{\lambda}$が1より十分に小さいとき，$v$は，光速$c$を用いて$v=$( ④ )で表すことができる。

　銀河系から遠い銀河ほど( ② )が大きいので，速い速度で遠ざかっていることがわかっている。そして，その速度は銀河までの距離に比例する。これを( ⑤ )の法則といい，宇宙の膨張率を表す比例定数$H$を( ⑤ )定数という。

問4　文中の空欄( ① )〜( ⑤ )に当てはまる最も適切な語句を，それぞれ答えなさい。

問5　( ⑤ )定数を利用して宇宙の年齢の目安が算出できる。比例定数$H$を70km/s/Mpcとすると，宇宙年齢は何年か。有効数字2桁で答えなさい。ただし，1Mpc$=3.1\times10^{19}$kmとする。(計算過程を示すこと)

問6　銀河Aは500km/s，銀河Bは1000km/sの速度で銀河系から遠ざかっている。銀河Aと銀河Bは，銀河系から見て同じ方向にある。銀河Bから銀河Aを見たときの銀河Aの相対速度は何km/sか。ただし，銀河Aが銀河Bに近づく方向を正とする。

(☆☆☆◎◎◎)

## 解答・解説

## 中 学 理 科

【1】(1)　①　オ，ク，ケ　　②　記号…キ　　説明…ショート回路になっている。　　③　$I_7=I_4+I_9=I_x$　　(2)　①　a　　②　比例関係　③　電熱線a…5〔Ω〕　　電熱線b…7.5〔Ω〕　　④　1.6〔A〕　⑤　3：2　　(3)　$I_1$…3.6〔A〕　　$I_2$…2.4〔A〕　　$I_3$…1.2〔A〕

(4)　電気器具をいくつか同時にコンセントにつなぐとき，1つの器具

のスイッチを切っても，ほかの器具は使えるから。　　(5)　テーブルタップにつないだ電気器具にそれぞれ流れる電流が，1か所に集まり，電流の大きさが大きくなることで発熱することがあるから。

〈解説〉(1)　①　図1より，電源の＋極は右側，－極は左側である。カは，電源の極の向きが図1と逆なので不適切。キは，豆電球が直列につながれているので不適切。　②　キは，2つの豆電球と導線が電源に対して並列に接続されている。この場合，導線側の抵抗の大きさが電球側に比べて非常に小さいため，実質的に電源を導線でつないだ回路に等価となる。このような回路をショート回路(短絡回路)といい，大きな電流が流れる可能性がある危険な回路である。　③　【結果】の表を参照。　(2)　①　図3から，同じ電圧における電流の大きさは，電熱線aの方が電熱線bより大きいとわかる。　②　原点を通る直線を描くので比例関係である。　③　電熱線a，bの抵抗値をそれぞれ $R_a$〔Ω〕，$R_b$〔Ω〕とすると，オームの法則より，$R_a=\dfrac{1}{0.2}=5$〔Ω〕，$R_b=\dfrac{3}{0.4}=7.5$〔Ω〕となる。　④　電熱線aの抵抗値は $R_a=5$〔Ω〕より，8Vの電圧を加えたときに流れる電流の大きさは，$\dfrac{8}{5.0}=1.6$〔A〕となる。　⑤　同じ材質の抵抗器であれば，抵抗値はその長さに比例し，断面積に反比例する。電熱線a，bの断面積をそれぞれ $S_a$，$S_b$，長さを $l$ とすると，$R_a=\dfrac{l}{S_a}$，$R_b=\dfrac{l}{S_b}$ と表せるので，$R_a:R_b=5:7.5=2:3=\dfrac{1}{S_a}:\dfrac{1}{S_b}$ より，$S_a:S_b=3:2$ となる。　(3)　$R_2$ と $R_3$ の合成抵抗 $R_4$ を求めると，$\dfrac{1}{R_4}=\dfrac{1}{R_2}+\dfrac{1}{R_3}=\dfrac{1}{30}+\dfrac{1}{60}=\dfrac{1}{20}$ より，$R_4=20$〔Ω〕となる。また，図4は $R_1$ と $R_4$ が直列接続された回路とみなすことができるので，回路全体の抵抗 $R$ は，$R=R_1+R_4=25$〔Ω〕であり，流れる電流は，$I=\dfrac{90}{25}=3.6$〔A〕となる。これは $R_1$ に流れる電流に等しいので，$I_1=3.6$〔A〕である。合成抵抗 $R_4$ に加わる電圧 $V_4$ は，$V_4=20\times3.6=72$〔V〕なので，抵抗 $R_2$，$R_3$ に流れる電流はそれぞれ，$I_2=\dfrac{72}{30}=2.4$〔A〕，

$I_3 = \dfrac{72}{60} = 1.2$ 〔A〕と求められる。　(4)　並列箇所の一部が切られても，回路全体としては電流が途切れないことが，並列回路の特徴である。(5)　大きすぎる電流が一度に流れるとテーブルタップが発熱し，最悪の場合火事につながる恐れがある。テーブルタップに記載されている最大ワット数を越えないように注意する。

【2】(1)　①　A＝B　　②　動滑車　　③　ア　0.10　　イ　0.20
　　④　ウ　0.034　　エ　0.034　　⑤　a　2分の1　　b　2倍
　　c　変わらない　　(2)　①　320〔J〕　　②　64〔N〕　　③　16〔W〕
　　④　8：5　　⑤　8：5

〈解説〉(1)　①　力のつり合いを保ちながらおもりを動かしているため，ひもがおもりを引く力Aとおもりにはたらく重力Bの大きさは等しい。②　【方法】の図より，iではおもりのみを引き上げているが，iiではおもりと同時に動滑車も引き上げている。　③　動滑車を用いる場合，用いない場合に比べて2倍の距離だけひもを引き上げる必要がある。【方法】より，iではおもりを0.10m引き上げているので，iiでは0.20mひもを引き上げていることがわかる。　④　手が物体にした仕事は，手が加えた力の大きさと手がひもを引く距離の積で求められる。したがって，ウは，0.34×0.10＝0.034〔J〕，エは，0.17×0.20＝0.034〔J〕となる。　⑤　結果的に，動滑車を用いても仕事の量は変化しないが，これを仕事の原理という。　(2)　①　8kgの物体にはたらく重力の大きさは80Nであり，求める仕事はこれと同じ大きさの力で鉛直方向に4mだけ物体を持ち上げたことに等しいので，80×4＝320〔J〕となる。② 物体を引く際には斜面に沿って移動させており，このとき物体を引く力は物体にはたらく重力の斜面方向への分力である。斜面が水平方向となす角度を $\theta$ とすると，図1より $80 \times \sin\theta = 80 \times \dfrac{4}{5} = 64$ 〔N〕となる。　③　20秒間に320Jの仕事をしたので，求める仕事率は $\dfrac{320}{20} = 16$ 〔W〕である。　④　②より，$F_1 = 64$ 〔N〕である。$F_2$ は，動滑車を用いているので物体にはたらく重力の大きさ80〔N〕の半分な

ので，$F_2=40$〔N〕である。したがって，これらの整数比は，$F_1:F_2=$
$64:40=8:5$となる。　⑤　仕事率は力の大きさと物体を引く速さの
積で表せるので，ひもを引く速さが等しい場合，仕事率の比は力の大
きさの比に等しくなる。したがって，仕事率の整数比は$8:5$となる。

【3】(1)　発生した気体を冷却して液体にするため。　(2)　試験管に集
まった物質は，赤ワインから蒸気となって出た無色透明なエタノール
と水のみであるため。　(3)　加えた熱エネルギーの一部が，液体か
ら気体へ状態変化するエネルギーに使われたため，温度上昇がゆるや
かになった。　(4)　ガラス管の先を，試験管(の水)から抜いておく。
(5)　試験管…A　(6)　エタノールの方が水より沸点が低いため。
(7)　蒸留　(8)　身近

〈解説〉(1)　この実験は蒸留なので，出てきた気体を液体として取り出
すため冷やす必要がある。　(2)　赤ワインの色素はエタノールや水で
はなく別の物質である。　(3)　純物質であれば，状態変化が起きる間
は温度が一定となるが，混合物では温度は一定にならない。　(4)　バ
ーナーの炎を消したときにフラスコ内の圧力が下がるので，ガラス管
の先端を水中につけたままにしておくと試験管内の水が逆流する恐れ
がある。　(5)(6)　水が沸騰する温度では，エタノールはほとんど残っ
ていないと考えられる。　(7)　蒸留は，沸点の異なる液体成分を分離
する操作である。　(8)　第1分野の学習に当たっては，規則性や原理
などが日常生活や社会で活用されていることにも触れ，私たちの生活
において極めて重要な役割を果たしていることに気付かせるようにす
ることが大切なので，できるだけ身近な物質を取り扱うようにしたい。

【4】(1) 保護眼鏡　(2) 記号…イ　(3) HCl＋NaOH→H₂O＋NaCl

(4) 　　　　　ⅰの時　　　　　　　　　　　　　ⅱの時

(5)　ウ　H⁺　　エ　OH⁻　　オ　Na⁺　　カ　Cl⁻

(6)

(7)　酸…硫酸　　アルカリ…水酸化バリウム　　(8)　電流は流れない。　(9)　黄色　　(10)　酸性の畑に石灰をまいて中和する。

〈解説〉(1)　酸やアルカリが眼や肌に付着すると危険なので，実験の際には保護眼鏡や保護手袋を着用する必要がある。　(2)(3)　塩酸に水酸化ナトリウム水溶液を加えると塩化ナトリウムが生成する。この水溶液を蒸発させると，六面体の塩化ナトリウム結晶が析出する。

(4)　ⅱでは塩酸と水酸化ナトリウム水溶液が中和しているので，NaClはすべてNa⁺とCl⁻に電離しており，H⁺とOH⁻はH₂Oとなっている。

(5)　水酸化ナトリウムの増加に伴い，H⁺の数はH₂Oを形成するために中和点までは減少し，中和点以降は0である。OH⁻の数は，H₂Oを形成するために中和点までは0であり，(H⁺が0であるため)中和点以降は増加する。Na⁺の数は，水酸化ナトリウムの増加に伴い増加し続ける。Cl⁻の数は，NaOHを加えても変化しない。　(6)　水酸化ナトリウム水溶液の濃度が$\frac{1}{2}$になると，中和に必要な水酸化ナトリウム水溶液の量は2倍となる。　(7)　H₂SO₄＋Ba(OH)₂→BaSO₄＋2H₂O　(8)　中性になると水中にイオンが存在しないため電流は流れない。　(9)　アルカリ性の石灰岩で中和させることから，上流の水は酸性であり，BTB溶液

167

を加えると黄色を呈する。　(10)　解答参照。

【5】(1)　①　子…えらと皮膚で呼吸する　　親…肺と皮膚で呼吸する
②　ペンギン，ラッコ，コウモリ　　③　a　恒温動物　　b　変温動物
④　X　卵生か胎生か　　Y　胎生　　⑤　魚類…メダカ
両生類…イモリ　　は虫類…ヤモリ，カメ　　(2)　①　ア　気門
イ・ウ　体を支える，内部を保護する　　エ　脱皮　　②　b, d, e
(3)　体全体が羽毛で覆われており，前足が翼になっているが，歯や長
い尾をもち翼の先には爪があるなど，鳥類とは虫類の両方の特徴を合
わせもつから。

〈解説〉(1)　①　イモリは両生類であり，幼生期は主にえらと皮膚で呼
吸し，成体になると肺と皮膚で呼吸する。　②　脊椎動物のうち，鳥
類は体の表面が羽毛，哺乳類は体の表面が毛で覆われている。ペンギ
ンは鳥類，ラッコとコウモリは哺乳類である。　③　脊椎動物のうち，
魚類，両生類，は虫類は変温動物であり，鳥類，哺乳類は恒温動物で
ある。　④　鳥類と哺乳類の違いとしては，体表を覆っているのが羽
毛か毛かの違いの他，子の増やし方が卵生か胎生かの違いがある。
⑤　解答参照。　(2)　①　昆虫は気門で呼吸をしている。また，脊椎
動物のように背骨などの内骨格をもたず，外骨格をもつ。なお，イと
ウは順不同である。　②　軟体動物は外骨格をもたない無脊椎動物で
あるが，ミミズは環形動物である。　(3)　始祖鳥は鳥類とは虫類の両
方の特徴を合わせもつため，鳥類がは虫類から進化した証拠になると
考えられている。

【6】(1)　分離の法則　　(2)　子で現れる形質…顕性の形質　　子で現
れない形質…潜性の形質　　(3)　孫の代の種子では，丸い種子としわ
の種子がほぼ3：1の比で現れる。　　(4)　試行回数が多いほど妥当な
結果が得られるから。　(5)　200〔個〕　　(6)　ア　染色体
イ　DNA　　(7)　ES細胞は，受精卵が発育した胚を用いて作られる
が，iPS細胞は本人の細胞から作り出すことができるため，胚を必要と
しない。

〈解説〉(1)　メンデルの法則には，他にも顕性(優性)の法則と独立の法則がある。　(2)　顕性(優性)の法則の説明である。　(3)　遺伝子型の分離比がAA：Aa：aa＝122：252：126≒1：2：1になったことから，表現型の分離比は，(丸)：(しわ)＝3：1になると考えられる。　(4)　試行回数が少ないと結果のばらつきが大きいが，試行回数が多くなるとそのばらつきは小さくなり，期待値に近づく。　(5)　孫の代の種子では，丸い種子としわのある種子がほぼ3：1の比で現れるため，しわのある種子の数は，$800 \times \frac{1}{4} = 200$〔個〕　(6)　染色体は，核内にあるDNAがタンパク質に巻きついて折りたたまれたものである。DNAの中でタンパク質をつくるための情報をもっている部分を遺伝子という。(7)　iPS細胞は本人の細胞から作ることができるため，ES細胞と比べて，倫理的な問題や拒絶反応が少ないと考えられている。

【7】(1)　フラスコ内の湿度を上げるため。　(2)　煙の粒子に水蒸気が付着することで凝結しやすくするため。　(3)　空気が膨張し温度が下がり，フラスコ内が露点に達し，水蒸気が水滴になって現れる。(4)　b　低く　　c　膨張　(5)　寒気が暖気を押し上げる。(6)　冬の寒い日は気温が低いため，はいた息に含まれる水蒸気が大気中で冷やされて，細かい水滴になり，白くみえるようになる。(7)　①　イ　　②　はげしい雨がふる所では，強い上昇気流が発生しているから。

〈解説〉(1)　ぬるま湯を入れてフラスコ内の湿度を上げると，露点が高くなる。　(2)　固体の微粒子である凝結核がある方が凝結しやすい。(3)　フラスコ内の空気を断熱膨張させることでフラスコ内の温度が低下し，水蒸気が水滴に変わってフラスコ内がくもる。逆に，ピストンを押すと断熱圧縮されるので，フラスコ内の温度が上がり，水滴が水蒸気に変わる。　(4)　b　高いところへ行く程気圧が下がるのは，その地点から上にある空気の量が少なくなるからである。　c　菓子袋の中の空気は，高いところへ行くと周囲の気圧が下がるので膨らむ。(5)　寒気の方が暖気より密度が大きく重いので，暖気を押し上げる。

その結果，暖気は寒気の上を上昇し，雲ができる。　(6)　解答参照。
(7)　①　発達するとはげしい雨をもたらす雲は，垂直に伸びる積乱雲
である。しかし，問題文の雲はまだ雨をもたらしていないので，積雲
である。　②　解答参照。

【8】(1)　①　(ア)　　　　　　　　　　　(イ)

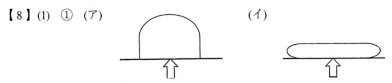

②　マグマのねばりけが強いほどおわんをふせたような形になり，弱
いほど傾斜の緩やかな形となる。　③　マグマのねばりけが強いほ
ど，激しい爆発をともなう噴火になる。　④　白っぽい色
⑤　石英，長石　⑥　よく振った炭酸飲料の入ったペットボトルの
栓を開ける。　(2)　a　水(水蒸気)　b　二酸化炭素
(3)　①　マグマから気体が抜け出してできた。　②　密度が海水よ
りも小さいから。　③　海洋生物の一部が軽石を摂取して死ぬこと。
④　園芸用品
〈解説〉(1)　①②　アの方が水の量が少なくねばりけがあるので，盛り
上がった形になる。つまり，盛り上がった形の火山が形成される。
③　マグマのねばりけが強いほど，揮発性のガスが抜けることができ
ず，マグマ中に大量に溜まり圧力が上がるので，爆発的な噴火が起こ
る。　④　ねばりけが強いマグマは，有色鉱物の割合が少ないので，
白っぽい色になる。　⑤　白っぽい岩石は，流紋岩質の岩石なので，
主に斜長石，カリ長石，石英，黒雲母が含まれる。　⑥　液体から気
体が飛び出すときの勢いの激しさと，水しぶきが飛ぶ勢いの関係を示
すことができる。　(2)　火山ガスに一番多く含まれる成分は水蒸気で
あり，次に多いのが二酸化炭素である。a，bは順不同である。
(3)　①　軽石は火山ガスが岩石中から抜けることで多孔質になる。
②　多孔質になった結果，軽石の密度は海水より小さくなり，浮くこ
とができる。　③　解答参照。　④　水はけがよいので，園芸用品と

して土壌改良等に使用されている。

# 高 校 理 科

## 【物理】

【1】Ⅰ 問1 ウ

問2

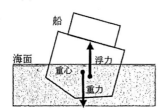

左図のときには，重力と浮力の作用線がずれているため，力のモーメントの和が0にならず，左周りに回転して元に戻る。

Ⅱ 問3 $\sqrt{3}$〔倍〕　問4 おもりAが水平面で等速円運動をするためには，鉛直方向の力がつり合う必要があるが，鉛直方向には，重力しかはたらかないため，つり合わないから。　問5 向心力… $g\sqrt{M^2-m^2}$

角速度… $\sqrt{\dfrac{Mg}{mR}}$　問6 $0<T<2\pi\sqrt{\dfrac{3mL}{2Mg}}$

〈解説〉Ⅰ 問1 浮力は物体が押しのけた海水にはたらく重力の大きさに等しい。したがって，物体が完全に水中に入っている場合，浮力の大きさは水深に関係しない。　問2 浮力の作用点を浮心というが，これは物体が押しのけた海水と同じ形の物体の重心に一致するので，一般に物体の重心とは一致しない。そのため，物体にはたらく重力と浮力の作用線がずれて物体を回転させる力のモーメントが生じる。この力のモーメントは物体の傾きを小さくする方向に作用するため，物体は安定な姿勢に戻ることができる。　Ⅱ 問3 張力が$S_1$, $S_2$の場合について，おもりAに関する鉛直方向の力のつり合いより，$mg=S_1\cos30°$，$mg=S_2\cos60°$が成り立つ。両辺それぞれで割ると$\dfrac{mg}{mg}=\dfrac{S_1\cos30°}{S_2\cos60°}$となるので，張力の比は，$\dfrac{S_2}{S_1}=\dfrac{\cos30°}{\cos60°}=\sqrt{3}$となる。

問4 問3と同様に，おもりAについて鉛直方向の力のつり合いが成り

立つ必要がある。OA間の糸が鉛直方向となす角が90°の場合，$\cos 90° = 0$より，鉛直方向において重力とつり合う力がなくなる。つまり，鉛直方向の力のつり合いを保つためには，なす角は90°になり得ない。よって，OA間の糸は水平にならない。　問5　糸の固定が外されたため，糸の張力$S$はおもりBにはたらく重力とつり合っているので，$S = Mg$　…①となる。また，OA間の糸とOB間の糸がなす角を$\theta$とすると，おもりAに関する鉛直方向の力のつり合いより，$mg = S\cos\theta$　…②が成り立つ。①②より，$\cos\theta = \dfrac{m}{M}$を得る。向心力を$f$とすると，これは張力の水平成分となるので，$f = S\sin\theta = Mg\sin\theta$　…③となる。さらに，$\sin\theta = \sqrt{1 - \cos^2\theta} = \dfrac{\sqrt{M^2 - m^2}}{M}$より，$f = Mg \times \dfrac{\sqrt{M^2 - m^2}}{M} = g\sqrt{M^2 - m^2}$となる。一方，向心力は角速度$\omega$を用いて$f = mR\sin\theta \cdot \omega^2$　…④と表せる。③④より，$\omega = \sqrt{\dfrac{f}{mR\sin\theta}} = \sqrt{\dfrac{mg\sin\theta}{mR\sin\theta}} = \sqrt{\dfrac{Mg}{mR}}$となる。　問6　周期$T$は正の値なので，$0 < T$であり，$R$を含む形で表すと，$T = \dfrac{2\pi}{\omega} = 2\pi\sqrt{\dfrac{mR}{Mg}}$となる。つまり，周期は$R$の平方根に比例する。$R$の最大値は，おもりBがガラス管の下端に触れるときであり，$R = 2L - \dfrac{L}{2} = \dfrac{3L}{2}$より，$T < 2\pi\sqrt{\dfrac{3mL}{2Mg}}$を得る。よって$0 < T < 2\pi\sqrt{\dfrac{3mL}{2Mg}}$となる。

【2】問1　$\dfrac{2}{3}L$　　問2　$x\sqrt{\dfrac{k}{2m}}$　　問3　$\pi\sqrt{\dfrac{m}{2k}}$　　問4　ア

問5　$\dfrac{2}{3}v_0$　　問6　$v_0\sqrt{\dfrac{2m}{3k}}$　　問7　$v_A \cdots \dfrac{4}{3}v_0$　　$v_B \cdots \dfrac{1}{3}v_0$

問8　ウ　　問9　$2\pi\sqrt{\dfrac{2m}{3k}}$

〈解説〉問1　物体Aのはじめの位置を原点，図の右方向を正とする$x$軸を設定する。このとき重心は，$x_G = \dfrac{m \times 0 + 2m \times L}{m + 2m} = \dfrac{2}{3}L$の位置にある。物体Aの位置を原点としているので，これが重心の物体Aからの距離である。　問2　ばねを縮めた状態とばねが初めて自然長に戻った状

態との間で，力学的エネルギー保存の法則を考えると，$\frac{1}{2}kx^2 = \frac{1}{2} \times 2mv_0^2$より，$v_0 = x\sqrt{\frac{k}{2m}}$　問3　求める時間は，物体Bの単振動の周期の$\frac{1}{4}$に等しい。物体Bの運動方程式は，物体Bの加速度を$a_B$，位置を$x_B$とすると，$2ma_B = -k(x_B - L)$である。これより，物体Bの単振動の角速度$\omega_B$は，$\omega_B = \sqrt{\frac{k}{2m}}$であり，単振動の周期$T_B$は，$T_B = \frac{2\pi}{\omega_B} = 2\pi\sqrt{\frac{2m}{k}}$である。よって，求める時間は，$\frac{T_B}{4} = \pi\sqrt{\frac{m}{2k}}$　問4　物体Aが壁から離れた後，重心には$x$軸方向の力がはたらかない。したがって，慣性の法則より，重心は等速直線運動をする。　問5　物体Aが壁から離れた直後の重心の速さ$v_G$は，$v_G = \frac{m \times 0 + 2mv_0}{m + 2m} = \frac{2}{3}v_0$となる。時刻$t = t_1$においても重心の速さは変わらず$v_G$であるが，物体Aと物体Bの速さは変化する。$t = t_1$において，これらが等しく$v_1$なので，$v_G = \frac{2}{3}v_0 = \frac{mv_1 + 2mv_1}{m + 2m} = v_1$が成り立つ。したがって，$v_1 = \frac{2}{3}v_0$と表せる。問6　物体Aが壁から離れた直後と時刻$t = t_1$とで力学的エネルギー保存の法則を考えると，$\frac{1}{2} \times 2mv_0^2 = \frac{1}{2}mv_1^2 + \frac{1}{2} \times 2mv_1^2 + \frac{1}{2}kx_1^2$より，$x_1 = v_0\sqrt{\frac{2m}{3k}}$　問7　重心の速さが変化しないので，時刻$t = t_2$における重心の速さは，$\frac{2}{3}v_0 = \frac{mv_A + 2mv_B}{m + 2m}$　…①と表せる。力学的エネルギー保存の法則を考えると，ばねが自然長に戻っていることから物体A，Bの運動エネルギーのみを考えればよく，$\frac{1}{2} \times 2mv_0^2 = \frac{1}{2}mv_A^2 + \frac{1}{2} \times 2mv_B^2$　…②が成り立つ。①②より，$(v_A, v_B) = (0, v_0), (\frac{4}{3}v_0, \frac{1}{3}v_0)$の2つの解を得る。ここで，$v_A$の速さが最大になったため，$v_A = \frac{4}{3}v_0$，$v_B = \frac{1}{3}v_0$となる。　問8　アは，物体Aのグラフにおいて$v_0 = v_A$なので不適。イ，エは，物体Aのグラフにおいて$v_0 > v_A$なので不適。オ，カは，はじめの時刻において物体Bの速度が0なので不適。　問9　物体Aと物体Bの相対運動を考える。それぞれの座標を$x_A$，$x_B$とし，物体Aからみ

た物体Bの相対座標を，$x_r = x_B - x_A$とする。物体A，Bの運動方程式はそれぞれ，$m\dfrac{d^2x_A}{dt^2} = -k\{L-(x_B-x_A)\} = -kL+kx_r$，$2m\dfrac{d^2x_B}{dt^2} = k\{L-(x_B-x_A)\} = kL+kx_r$となるので，相対座標に関する運動方程式は，$\dfrac{d^2x_r}{dt^2} = \dfrac{d^2x_B}{dt^2} - \dfrac{d^2x_A}{dt^2} = kL\left(\dfrac{1}{2m}+\dfrac{1}{m}\right) - kx_r\left(\dfrac{1}{2m}+\dfrac{1}{m}\right) = -\dfrac{3k}{2m}(x_r-L)$となる。したがって，この相対運動の加速度を$a_r$とすると，$2ma_r = -3k(x_r-L)$となる。よって，この相対運動は単振動であり，その角振動数$\omega_r$は，$\omega_r = \sqrt{\dfrac{3k}{2m}}$となる。物体Aと物体Bはこの角振動数による単振動を行っているので，その周期は，$\dfrac{2\pi}{\omega_r} = 2\pi\sqrt{\dfrac{2m}{3k}}$となる。

【3】問1　$p_0 + \rho xg$　　問2　$x$は温度の変化に依存せず，円筒にはたらく重力と浮力のつり合いによって決まる値だから。　　問3　イ
問4　$p_1 S(h_2-h_1)$　　問5　$nC_p(T_2-T_1)$　　問6　(1)　1〔倍〕
(2)　$\sqrt{5}$〔倍〕

〈解説〉問1　円筒内の気体の圧力，円筒にはたらく浮力，大気圧の3つがつり合うことで円筒は静止しているので，力のつり合いは，$p_1 S = p_0 S + \rho xgS$で表せる。よって，$p_1 = p_0 + \rho xg$となる。　　問2　$x$は円筒にはたらく重力と浮力のつり合い$Mg = \rho xgS$から決まるので，$x = \dfrac{M}{S\rho}$と表せる。これは気体の温度に依存しない量なので，気体の状態変化の前後で変化しない。　　問3　円筒の位置が固定されず自由に動けるため，圧力のつり合いが保たれるように円筒が移動することになる。このとき，気体の圧力は一定のままなので定圧変化となる。他の選択肢については次の通り。アは，体積が変化しているので定積変化ではない。ウは，温度が$T_1$から$T_2$へ変化しているので等温変化ではない。エは，円筒が断熱素材でつくられているという記述がないので断熱変化とは断定できない。　　問4　定圧変化では，圧力と体積の変化量の積が気体のした仕事に等しいので，$W = p_1 \times S(h_2-h_1) = p_1 S(h_2-h_1)$
問5　気体に与えられた熱量は，定圧変化の場合，定圧モル比熱と気体の物質量，温度変化の積により求められるので，$Q = nC_p \times (T_2-T_1)$

$=nC_p(T_2-T_1)$　問6　(1)　単原子分子の理想気体においては，平均運動エネルギー$K$は，気体の種類によらず気体の温度$T$のみに依存し，$K=\dfrac{3}{2}kT$と表せる。ここで$k$はボルツマン定数である。よって，ヘリウムとネオンの温度がともに$T_1$のとき，平均運動エネルギーは等しい。

(2)　平均運動エネルギーと二乗平均速度$\sqrt{\overline{v^2}}$は，気体分子の質量$m$を用いて，$\dfrac{1}{2}m\overline{v^2}=K=\dfrac{3}{2}kT$の関係にあるので，$\sqrt{\overline{v^2}}=\sqrt{\dfrac{3kT}{m}}$と表せる。ヘリウムとネオンはどちらも単原子分子であり，質量の比$\dfrac{m_{\text{He}}}{m_{\text{Ne}}}$は原子量の比に等しく，$\dfrac{m_{\text{He}}}{m_{\text{Ne}}}=\dfrac{4}{20}=\dfrac{1}{5}$である。よって，温度が同じ$T_1$の場合，これらの気体の二乗平均速度の比は，$\dfrac{\sqrt{\overline{v^2}_{\text{He}}}}{\sqrt{\overline{v^2}_{\text{Ne}}}}=\sqrt{\dfrac{3kT_1}{m_{\text{He}}}\times\dfrac{m_{\text{Ne}}}{3kT_1}}=\sqrt{\dfrac{m_{\text{Ne}}}{m_{\text{He}}}}=\sqrt{5}$となる。

【4】Ⅰ　問1　⑦　　問2　・細い弦をはじく。　・弦の張りを強くする。　から1つ　　Ⅱ　問3　$\dfrac{V-v_0}{f_0}$　　問4　$\dfrac{V+v_0}{f_0}$　　問5　$\dfrac{2f_0Vv_0}{V^2-v_0^2}$　　Ⅲ　問6　ア　　問7　$\cos\beta=\dfrac{\sin\alpha}{n_1}$　　問8　$\sqrt{n_1^2-n_2^2}$　　問9　$\dfrac{n_1L}{c}\leq t\leq\dfrac{n_1^2L}{n_2c}$

〈解説〉Ⅰ　問1　振幅は音の大きさを決める要素である。　問2　高い音とは振動数の大きい音のことである。弦の振動数は，弦の長さに反比例し，弦の張力の平方根に比例し，弦の線密度(長さあたりの弦の質量)の平方根に反比例する。したがって，短い弦を用いる，弦を強く張る，細い(または軽い)弦を用いることで音を高くすることができる。

Ⅱ　問3　音源Sは1秒間に$f_0$〔個〕の音波を発生させる。音源Sが観測者Oへ向かっているため，観測者Oは1秒間に$V-v_0$〔m〕の間に含まれる$f_0$〔個〕の音波を観測する。したがって，観測者Oが直接聞く音の波長$\lambda$は，$\lambda=\dfrac{V-v_0}{f_0}$となる。　問4　反射板Rで反射した後，観測者Oが聞く音の波長は，反射板Rが受け取る音の波長と等しい。反射板Rが受け取るのは1秒間に$V+v_0$〔m〕に含まれる$f_0$〔個〕の音波な

ので，$\lambda' = \dfrac{V+v_0}{f_0}$〔m〕となる。　問5　観測者Oが1秒間に聞くうなりの回数は，観測者Oの聞くうなりの振動数$f''$に等しい。$f''$は，観測者Oが音源から直接聞いた音の振動数$f$と反射板から聞いた音の振動数$f'$を用いて，$f'' = |f - f'|$と表せる。音速が$V\,(>v_0)$なので，$f'' = \left| \dfrac{V}{\lambda} - \dfrac{V}{\lambda'} \right| = \left| \dfrac{f_0 V}{V-v_0} - \dfrac{f_0 V}{V+v_0} \right| = \dfrac{2f_0 V v_0}{V^2 - v_0^2}$となる。　Ⅲ　問6　媒質1から媒質2へ入射する光の屈折を考えると，入射角$i$と屈折角$r$の間に屈折の法則$n_1 \sin i = n_2 \sin r$が成り立つ。$r = 90°$で全反射が起こり，このときの入射角よりも大きい入射角では，屈折光が無くなり全反射が起こる。図10より入射角$i$は90°よりも小さいので，全反射が起こる場合は，$\dfrac{n_2}{n_1} = \sin i < 1$が成り立つので，$n_1 > n_2$となる。　問7　屈折率1の空気と屈折率$n_1$の媒質1の間では，屈折の法則より$1 \times \sin\alpha = n_1 \sin\left(\dfrac{\pi}{2} - \beta\right)$が成り立つので，$\sin\left(\dfrac{\pi}{2} - \beta\right) = \cos\beta = \dfrac{\sin\alpha}{n_1}$となる。問8　光線がB点で全反射するようになる媒質1から媒質2への最小の入射角を臨界角$\beta_0$という。臨界角においては，$\sin\beta_0 = \dfrac{n_2}{n_1}$が成り立ち，また，問7と同様に空気と媒質1の間で屈折の法則を考えると，$\cos\beta_0 = \dfrac{\sin\alpha_0}{n_1}$となる。さらに，$\cos\beta_0 = \sqrt{1 - \sin^2\beta_0} = \sqrt{1 - \dfrac{n_2^2}{n_1^2}}$より，$\sin\alpha_0 = n_1 \cos\beta_0 = \sqrt{n_1^2 - n_2^2}$となる。　問9　かかる時間が最短になるのは，$\alpha = 0°$のときである。このとき光は媒質1を通過するので，光路長は$n_1 L$であり，かかる時間は$\dfrac{n_1 L}{c}$となる。一方，かかる時間が最長になるのは，$\alpha = \alpha_0$で入射したときである。このとき，臨界角$\beta_0$での全反射を連続して行いながらA点の反対側の端面に達する。光路長は底辺を$n_1 L$とする直角三角形の斜辺に相当し，$\dfrac{n_1 L}{\sin\beta_0} = \dfrac{n_1^2 L}{n_2}$と表せる。したがって，かかる時間は$\dfrac{n_1^2 L}{n_2 c}$となる。よって，光がA点と反対側の端面に到達するまでにかかる時間$t$の範囲は，$\dfrac{n_1 L}{c} \leqq t \leqq \dfrac{n_1^2 L}{n_2 c}$となる。

【5】　Ⅰ　問1　$\dfrac{CV^2}{2L}$　　問2　$\dfrac{L}{L-x_1}C$　　問3　$\dfrac{L-x_1}{2L}CV^2$

問4 $\dfrac{x_1}{2L}CV^2$　　問5 $\dfrac{CV^2}{kL}$　　問6 $L>V\sqrt{\dfrac{C}{k}}$

II　問7 $\sqrt{\dfrac{2qV_0}{m}}$　　問8 $\dfrac{qVl^2}{2mdv_0{}^2}$　　問9 $\dfrac{qVl(l+2L)}{2mdv_0{}^2}$

問10 $\dfrac{V^2}{2B^2V_0d^2}$

〈解説〉I　問1　スイッチを閉じて十分に時間が経過した後，コンデンサーに蓄えられている電荷$Q$は$Q=CV$である。このときコンデンサーのもつ静電エネルギー$U$は，$U=\dfrac{Q^2}{2C}$である。極板Aが受ける力は，作用・反作用の関係から極板Bの受ける力と同じ大きさなので，極板Bに加わる力を考える。極板面積を$S$，真空中の誘電率を$\varepsilon_0$，極板Bの$x$座標を$x$とすると，コンデンサーの電気容量$C$は，$C=\varepsilon_0\dfrac{S}{x}$で与えられる。極板Bの受ける力は，静電エネルギー$U$の勾配として求められ，$F=-\dfrac{dU}{dx}=-\dfrac{Q^2}{2}\cdot\dfrac{d}{dx}\cdot\dfrac{x}{\varepsilon_0S}=-\dfrac{Q^2}{2\varepsilon_0S}=-\dfrac{Q^2}{2\varepsilon_0S}\cdot\dfrac{L}{L}=-\dfrac{Q^2}{2C}\cdot\dfrac{1}{L}=-\dfrac{CV^2}{2L}$と表せる。これは極板Bが$x$軸の負方向に力を受けることを表し，極板Aは$x$軸正方向に同じ大きさの力を受ける。よって，求める力の大きさは，$F=\dfrac{CV^2}{2L}$となる。　問2　極板面積を$S$とすると，$C=\varepsilon_0\dfrac{S}{L}$より，$S=\dfrac{CL}{\varepsilon_0}$と表せる。$x=x_1$のときのコンデンサーの電気容量$C_1$は，$C_1=\varepsilon_0\dfrac{S}{L-x_1}=\varepsilon_0\dfrac{1}{L-x_1}\times\dfrac{CL}{\varepsilon_0}=\dfrac{L}{L-x_1}C$となる。　問3　スイッチが開かれたままなので，はじめに蓄えた電荷$Q=CV$が残ったままである。このとき，コンデンサーに蓄えられた静電エネルギーは，$U_1=\dfrac{Q^2}{2C_1}=\dfrac{(CV)^2}{2}\times\dfrac{L-x_1}{LC}=\dfrac{L-x_1}{2L}CV^2$と表せる。　問4　静電エネルギー$U$，$U_1$の差は，$U_1-U=\dfrac{L-x_1}{2L}CV^2-\dfrac{CV^2}{2}=-\dfrac{x_1}{2L}CV^2$となる。したがって，静電エネルギーの減少量は，$\Delta U=\dfrac{x_1}{2L}CV^2$となる。　問5　極板Aは自由に動けるようになった後，ばねの弾性力と極板Bからの引力がつり合う点を中心とした単振動を行う。このつり合いの位置$x_0$は，

177

$kx_0 = \dfrac{CV^2}{2L}$ より，$x_0 = \dfrac{CV^2}{2kL}$ である。$x=0$ の点が単振動の左端となり，$x=x_0$ が振動中心，$x=2x_0$ の点が振動の右端となる。よって，極板Aが極板Bに最も近づくときの位置 $x_2$ は，$x_2 = 2x_0 = \dfrac{CV^2}{kL}$ と表せる。

問6　極板Aが極板Bに衝突しないためには，$2x_0 < L$ であればよいので，$\dfrac{CV^2}{kL} < L$ が成り立ち，$V\sqrt{\dfrac{C}{k}} < L$ を得る。　Ⅱ　問7　加速用電極から荷電粒子がされた仕事がすべて荷電粒子の運動エネルギーになるので，$qv_0 = \dfrac{1}{2}mv_0{}^2$ が成り立つ。よって，$v_0 = \sqrt{\dfrac{2qV_0}{m}}$ となる。　問8　荷電粒子は平行板電極の間で $y$ 方向に一様な電場からの力を受け，これにより軌道が曲がる。一方，$x$ 方向には力を受けない。まず，平行板電極の間を通過するのにかかる時間 $t_1$ は，$t_1 = \dfrac{l}{v_0}$ である。荷電粒子の $y$ 方向の運動方程式は，$y$ 方向の加速度を $a_y$ として，$ma_y = q\dfrac{V}{d}$ より，$a_y = \dfrac{qV}{md}$ となる。これより，時間 $t$ が経過したときの $y$ 方向の変位は，$y = \dfrac{1}{2} \cdot \dfrac{qV}{md}t^2$ と表せる。$t=t_1$ のとき $y=y_A$ となるので，点A′と点Aとの距離は，$y_A = \dfrac{qV}{2md}\left(\dfrac{l}{v_0}\right)^2 = \dfrac{qVl^2}{2mdv_0{}^2}$ となる。　問9　距離 $L$ の間を荷電粒子が通過するのにかかる時間 $t_L$ は，$t_L = \dfrac{L}{v_0}$ である。また，荷電粒子の $y$ 方向の速さ $v_y$ は，点A′を通過した瞬間の $y$ 方向の速さ $v_y$ であり，問8より，$v_y = a_yt_1 = \dfrac{qVl}{mdv_0}$ である。したがって，点A′から点S′まで荷電粒子が進んだ $y$ 方向の距離は，$\dfrac{qvl}{mdv_0} \times t_L = \dfrac{qVlL}{mdv_0{}^2}$ となる。よって，$y_S = y_A + \dfrac{qVlL}{mdv_0{}^2} = \dfrac{qVl(l+2L)}{2mdv_0{}^2}$ となる。　問10　荷電粒子が極板と平行に直進してスクリーンへ到達していることから，荷電粒子が受ける極板の電場からの力とローレンツ力とがつり合っている。電場からの力の大きさは $\dfrac{qV}{d}$，ローレンツ力の大きさは $qv_0B = qB\sqrt{\dfrac{2qV_0}{m}}$ なので，$\dfrac{qV}{d} = qB\sqrt{\dfrac{2qV_0}{m}}$ が成り立ち，$\dfrac{q}{m} = \dfrac{V^2}{2B^2V_0d^2}$ を得る。

【6】問1　電離作用…α線＞β線＞γ線　　透過力…γ線＞β線＞α線
　　問2　α崩壊…8〔回〕　　β崩壊…6〔回〕　　問3　$\dfrac{1}{16}$　　問4　3.4
　　〔MeV〕

〈解説〉問1　α線はヘリウム原子核の粒子線，β線はエネルギーの大き
　　い電子線，γ線は波長の短い電磁波である。電離作用が強い順にα線，
　　β線，γ線となり，透過力はこの逆である。　問2　1回のα崩壊によ
　　り，原子の質量数は4減少し，原子番号は2減少する。また，1回のβ
　　崩壊では，質量数は変化しないが，原子番号は1増加する。質量数の
　　変化が206−238＝−32なので，α崩壊が32÷4＝8〔回〕起きたことに
　　なる。一方，8回のα崩壊により原子番号は16減少するはずだが，実
　　際には92−82＝10しか減少していない。この差16−10＝6はβ崩壊に
　　よるので，β崩壊は6回起きたことになる。　　問3　8日で最初の半分
　　になるので，16日でその半分の4分の1，24日でさらに半分の8分の1，
　　32日後はさらに半分の16分の1となる。　　問4　解放される核エネルギ
　　ーを$E$とすると，$c^2(2.0136+2.0136)=E+c^2(3.0149+1.0087)$が成り立つ
　　ので，$E=0.0036×c^2=0.0036×(3.0×10^8)^2$となる。ここで，$1u=1.66×$
　　$10^{-27}$〔kg〕より，$E=0.0036×(1.66×10^{-27})×(3.0×10^8)^2=3.6×1.66×$
　　$9.0×10^{-14}$〔J〕となる。さらに単位を〔MeV〕に換算すると，
　　$E=\dfrac{3.6×1.66×9.0×10^{-14}}{1.6×10^{-13}}=3.3615≒3.4$〔MeV〕となる。

【7】問1　①　イ　　②　ウ　　③　エ　　④　オ　　⑤　ア
　　問2　場面…実験などを行って，思った通りの結果が得られなかった
　　とき。　　指導方法…・繰り返し実験を行うよう指導する。　・結果
　　が想定通りにならなかった場合には原因を考えさせるよう指導する。
　　　・過去のデータ改ざんの事例について伝える。　・結果ではなく，実
　　験の過程に着目してまとめるよう指導する。

〈解説〉問1　理科においては，課題の把握(発見)，課題の探究(追究)，課
　　題の解決という探究の過程を通じた学習活動を行っていく過程では，
　　必ずしも一方向の流れではなく，必要に応じて戻ったり，繰り返した

りする場合があること，授業においては全ての学習過程を実施するのではなく，その一部を取り扱う場合があること，意見交換や議論など対話的な学びを適宜取り入れていく際，あらかじめ自己の考えを形成した上で行うようにすることが求められる。なお，問題文の図は，高等学校における資質・能力を育成する学びの過程の例であるが，小学校及び中学校においても，基本的には高等学校の例と同様の流れで学習過程を捉えることが必要とされる。　問2　「高等学校学習指導要領(平成30年告示)解説　理数編」の「第3章　各科目にわたる指導計画の作成と内容の取扱い　2　内容の取扱いに当たっての配慮事項(4)　研究倫理」では，探究の過程における不正な行為などに関して配慮するよう記されている。一般的に，研究活動における不正行為としては，データや研究結果などの「ねつ造」，「改ざん」，「盗用」などがある。これらを防ぐため，探究の過程において適宜研究倫理について意識させる場面を設け，信頼できる探究になっているかどうかを確認させることや，探究の過程においてできる限り記録を取り，再現性や信頼性を確保させることなどが重要である。

## 【化学】

【1】問1　①　イ　　②　ウ　　③　エ　　④　オ　　⑤　ア
　問2　場面…実験をして思った通りの結果が得られなかったとき。
　指導方法…繰り返し実験を行うよう指導する。結果が想定通りにならなかった場合には原因を考えさせるよう指導する。過去のデータ改ざんの事例について伝える。結果ではなく，実験の過程に着目してまとめるよう指導する。
〈解説〉問1　理科においては，課題の把握(発見)，課題の探究(追究)，課題の解決という探究の過程を通じた学習活動を行っていく過程では，必ずしも一方向の流れではなく，必要に応じて戻ったり，繰り返したりする場合があること，授業においては全ての学習過程を実施するのではなく，その一部を取り扱う場合があること，意見交換や議論など対話的な学びを適宜取り入れていく際，あらかじめ自己の考えを形成

した上で行うようにすることが求められる。なお，問題文の図は，高等学校における資質・能力を育成する学びの過程の例であるが，小学校及び中学校においても，基本的には高等学校の例と同様の流れで学習過程を捉えることが必要とされる。　問2　「高等学校学習指導要領(平成30年告示)解説　理数編」の「第3章　各科目にわたる指導計画の作成と内容の取扱い　2　内容の取扱いに当たっての配慮事項　(4)研究倫理」では，探究の過程における不正な行為などに関して配慮するよう記されている。一般的に，研究活動における不正行為としては，データや研究結果などの「ねつ造」，「改ざん」，「盗用」などがある。これらを防ぐため，探究の過程において適宜研究倫理について意識させる場面を設け，信頼できる探究になっているかどうかを確認させることや，探究の過程においてできる限り記録を取り，再現性や信頼性を確保させることなどが重要である。

【2】　Ⅰ　問1　18.4〔mol/L〕　　問2　水をかきまぜながら濃硫酸を少しずつ注ぐ。(20字)　問3　蒸留水…900〔mL〕　濃硫酸…54.3〔mL〕問4　エ　　Ⅱ　問1　$K_C = \dfrac{[\mathrm{CO}][\mathrm{H_2O}]}{[\mathrm{CO_2}][\mathrm{H_2}]}$　　問2　4.0　　問3　1.0〔mol〕Ⅲ　問1　エーテル層Ⅱ…フェノール　　エーテル層Ⅲ…安息香酸エーテル層Ⅳ…ニトロベンゼン　　エーテル層Ⅴ…アニリン問2　水層Ⅱ　名称…安息香酸ナトリウム構造式…　⟨ベンゼン環⟩COONa

水槽Ⅳ　名称…アニリン塩酸塩(塩化アニリン)構造式…　⟨ベンゼン環⟩NH₃Cl

問3　Ⅳ

〈解説〉　Ⅰ　問1　98.0％濃硫酸1Lの質量は，1.84×1000＝1840〔g〕である。したがって，濃硫酸のモル濃度は，$\dfrac{1840 \times 0.980}{98} = 18.4$〔mol/L〕である。　　問2　濃硫酸に水を加えると，発熱が大きいため，突沸し

181

て硫酸の飛沫が散らばって危険である。　問3　9.80％希硫酸1000g中の硫酸の質量は，$\dfrac{9.80}{100}×1000＝98.0$〔g〕なので，必要な98.0％濃硫酸の質量は，$98.0×\dfrac{100}{9.80}＝100$〔g〕である。したがって，98.0％濃硫酸の体積は，$\dfrac{100}{1.84}＝54.34…≒54.3$〔cm³〕＝54.3〔mL〕であり，水の体積は，$\dfrac{1000－100}{1.00}＝900$〔mL〕である。　問4　不揮発性の酸と揮発性の酸の塩を混合すると，揮発性の酸と不揮発性の酸の塩が生成する（$H_2SO_4＋2NaCl → 2HCl＋Na_2SO_4$）。　Ⅱ　問1　正反応(左辺→右辺)の，左辺の項の濃度の積が分母となり，右辺の項の濃度の積が分子となる。問2　平衡時のモル濃度は，$[CO]＝[H_2O]＝0.60$〔mol/L〕，$[CO_2]＝[H_2]$$＝0.90－0.60＝0.30$〔mol/L〕なので，$K_c＝\dfrac{0.60×0.60}{0.30×0.30}＝4.0$である。

問3　平衡時のCOのモル濃度を$x$〔mol/L〕とすると，$[CO_2]＝[H_2]＝$$(0.15－x)$〔mol/L〕，$[CO]＝[H_2O]＝x$〔mol/L〕と表せる。温度が一定であれば平衡定数は一定なので，$\dfrac{x^2}{(0.15－x)^2}＝4.0$より，$x＝0.10$，0.30〔mol/L〕であるが，$[CO_2]＞0$より$x＝0.30$は不適なので，$x＝0.10$〔mol/L〕。したがって，10Lの容器に含まれるCOの物質量は，$0.10×10＝1.0$〔mol〕である。　Ⅲ　問1, 2　フェノールと安息香酸は，NaOHと反応してそれぞれのナトリウムフェノキシドと安息香酸ナトリウムとなり，水層Ⅰに含まれる。また，フェノールは，安息香酸や炭酸よりも弱い酸なので，ナトリウムフェノキシドに$CO_2$を吹き込むとフェノールが遊離し，エーテル層Ⅱに含まれる。安息香酸ナトリウムに希塩酸を加えると，安息香酸が遊離し，エーテル層Ⅲに含まれる。一方，塩基性のアニリンは，希塩酸と反応してアニリン塩酸塩となり，水層Ⅳに含まれる。アニリン塩酸塩にNaOHを加えるとアニリンが遊離し，エーテル層Ⅴに含まれる。残ったニトロベンゼンは中性なので，希塩酸と反応しないのでエーテル層Ⅳに含まれる。　問3　ナフタレンは中性であり，エーテルに溶解し，希塩酸やNaOHと反応して塩を形成しないので，エーテル層Ⅳに存在する。

【3】問1 ア 臨界点 イ 三重点 問2 ウ 融解 エ 凝縮

問3

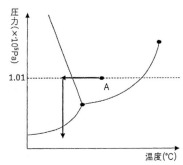

問4 ① (飽和)蒸気圧 ② 大気圧(外圧・圧力・気圧)

〈解説〉問1 臨界点とは，気体と液体の区別がつかない超臨界流体になる温度と圧力である。三重点とは，気体・液体・固体が共存して存在できる温度と圧力である。 問2 固体から液体への状態変化は融解，気体から液体への状態変化は凝縮である。 問3 フリーズドライでは，食品中の水を圧力$1.01×10^5$Paのまま0℃以下に冷却し(液体→固体)，その後圧力を下げて氷を昇華させ(固体→気体)，水分を除去する。問4 蒸発は液体分子が液体表面で気化する現象であるが，沸騰では液体内部からも気化が生じる。

【4】問1 6.2〔g〕 問2 91〔g〕

〈解説〉問1 60℃の飽和水溶液180g中に含まれる硫酸ナトリウムの質量を$x$〔g〕とすると，$x=\dfrac{45}{145}×180=\dfrac{1620}{29}$〔g〕である。また，80℃に加熱したことで無水硫酸ナトリウムの結晶が$y$〔g〕析出したと考えると，80℃の飽和水溶液について，$140:40=(180-y):\left(\dfrac{1620}{29}-y\right)$より，$y≒6.2$〔g〕となる。 問2 80℃の飽和水溶液210g中に含まれる硫酸ナトリウムの質量は，$\dfrac{40}{140}×210=60$〔g〕である。また，20℃に冷却したことで硫酸ナトリウム十水和物の結晶が$z$〔g〕析出したとすると，溶解度は水和物の質量分$\dfrac{180}{322}z$〔g〕を除いて考えるので，$120:20=$

$(210-z):\left(60-\dfrac{142}{322}z\right)$ より，$z\fallingdotseq91$ 〔g〕となる。

【5】ア　溶解　　イ　10.5　　ウ　46　　エ　中和　　オ　56
　　カ　ヘス　キ　102　　ク　12

〈解説〉ア　溶質1molが溶媒に溶けるときに吸収または放出される熱量なので，溶解熱である。　　イ　温度上昇度は，溶かし始めた時間(図5の温度軸に平行な直線)と温度が下がり始めた傾きの延長線(図5の31.0℃を通る直線)との交点の温度(30.5℃)と，溶かし始めた温度(20.0℃)との差(30.5－20＝10.5〔℃〕)を絶対温度Kで示したものである。　　ウ　水酸化ナトリウムの物質量は$\dfrac{4.0}{40}=0.10$〔mol〕，水酸化ナトリウム水溶液の質量は100＋4.0＝104.0〔g〕であり，水溶液の温度が10.5℃上昇しているので，溶解熱は，$4.2\times\dfrac{1}{0.1}\times104.0\times10.5=45864$〔J/mol〕$\fallingdotseq46$〔kJ/mol〕である。　　エ　酸である塩酸と塩基である水酸化ナトリウムを中和させたときに発生する熱量なので，中和熱である。　　オ　水酸化ナトリウムの物質量は，体積が実験1の$\dfrac{1}{2}$倍になったので$\dfrac{4.0}{40}\times\dfrac{1}{2}=0.050$〔mol〕である。塩酸の物質量も$1.0\times\dfrac{50}{1000}=0.050$〔mol〕なので，生成する水の物質量は0.050molである。水溶液の質量は52＋50＝102〔g〕であり，温度が6.5K上昇しているので，中和熱は，$4.2\times\dfrac{1}{0.050}\times102\times6.5=55692$〔J/mol〕$\fallingdotseq56$〔kJ/mol〕である。　　カ，キ　ヘスの法則より，(塩酸に水酸化ナトリウムを加えたとき発生する熱量)＝(水に水酸化ナトリウムを加えたときに発生する熱量)＋(水酸化ナトリウム水溶液に塩酸を加えたときの熱量)が成り立つ。したがって，実験1，2より，求める反応熱は，46＋56＝102〔kJ/mol〕となる。　　ク　水溶液の温度上昇度を$T$〔K〕とすると，$4.2\times\dfrac{1}{0.050}\times102\times T=102000$より，$T\fallingdotseq12$〔K〕となる。

【6】問1　ボーキサイト　　問2　氷晶石　　問3　$C+O^{2-}\rightarrow CO+2e^-$

$(C+2O^{2-}\rightarrow CO_2+4e^-)$　　問4　不動態　　問5　$2Al+6HCl\rightarrow2AlCl_3+$ $3H_2$　　問6　化学式…$[Al(OH)_4]^-$　　名称…テトラヒドロキシドアルミン酸イオン

〈解説〉問1, 2　アルミニウムは，ボーキサイトのアルミナ成分を苛性ソーダに溶解・抽出してアルミナを生成し，これを約1000℃に加熱して融解した氷晶石中に溶かした後，炭素電極を用いて電気分解することで得られる。　問3　炭素電極自体が反応に関与して消費される。問4　解答参照。　問5　アルミニウムは塩酸と反応して塩化アルミニウムと水素を生成する。　問6　$2Al+2NaOH+6H_2O\rightarrow2Na^++$ $2[Al(OH)_4]^-+3H_2$

【7】ア　ニトロ　　イ　スズ　　ウ　ジアゾ化　　エ　加水分解　オ　フェノール　　カ　スルホ　　キ　(ジアゾ)カップリング

A　$NO_2$　　B　$NH_2$　　C　$N_2Cl$

D　$SO_3H$　　E　$ONa$　　F　$-N=N-\!\!-OH$

〈解説〉Aはニトロベンゼン，Bはアニリン，Cは塩化ベンゼンジアゾニウムである。Dはベンゼンスルホン酸，Eはナトリウムフェノキシドである。Fは$p$-ヒドロキシアゾベンゼンである。

【8】問1　$6CO_2+6H_2O\rightarrow C_6H_{12}O_6+6O_2$　　問2　ア，オ　　問3　グリコーゲン　　問4　エ　　問5　276〔g〕

〈解説〉問1　解答参照。　問2　イ　いずれも冷水には不溶である。ウ　アミロペクチンはもち米中に多く含まれる。　エ　$\alpha1, 6$-結合が多数存在するのはアミロペクチンのみである。　問3　解答参照。問4　デンプンは還元性を示さないが，加水分解するとグルコースなどとなり，還元性を示す。これにフェーリング液を加えると赤褐色の沈殿が生じる。　問5　デンプンを完全に加水分解したときの化学反応式は，$(C_6H_{10}O_5)n+nH_2O\rightarrow nC_6H_{12}O_6$である。生成するグルコースの質

量を$x$〔g〕とすると，$C_6H_{10}O_5＝162$，$C_6H_{12}O_6＝180$なので，$(162×n)$：$(180×n)＝486$：$x$より，$x＝540$〔g〕となる。また，グルコースのアルコール発酵の化学反応式は，$C_6H_{12}O_6→2C_2H_5OH＋2CO_2$である。540gのグルコースの物質量は$\frac{540}{180}＝3.0$〔mol〕なので，生成するエタノール(分子量46)の質量は，$3.0×2×46＝276$〔g〕である。

## 【生物】

【1】問1　ア　アミノ基(カルボキシ基，カルボキシル基)　　イ　カルボキシ基(カルボキシル基，アミノ基)　　ウ　水素原子　　エ　20
オ　立体構造　　カ　基質特異性　　問2　(1)　グリシン

(2)

```
        H         H
        |         |
H - N - C - C - N - C - C - O - H
    |   |   ||      |   |   ||
    H   H   O      H   H   O
```

問3　トレハロースはすべて分解されて，グルコースだけが存在している。

問4

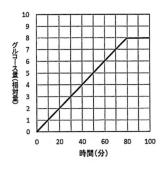

問5

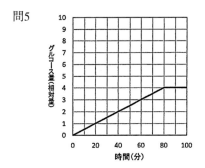

〈解説〉問1　アミノ酸は炭素原子(C)にアミノ基(−NH₂)，カルボキシ基(−COOH)，水素原子(H)，側鎖(−R)が結合した構造をもつ。側鎖の性質によってアミノ酸の性質は変わる。酵素は基質特異性をもち，活性部位と基質が結合することで，酵素−基質複合体が形成される。

問2　(1)　グリシンは側鎖に水素原子をもつため，不斉炭素原子をもたないアミノ酸である。　(2)　ペプチド結合では，あるアミノ酸のアミノ基と別のアミノ酸のカルボキシ基が結合する際に，アミノ基のHとカルボキシ基のOHからなる水(H₂O)が1分子取れ，ペプチド結合−CO−NH−が形成される。　問3　図1より，反応時間40分以降ではグルコース量は一定になっている。よって，基質として入れていたトレハロースはすべて分解されたと考えられる。　問4　酵素量は一定のまま基質量を2倍にすると，基質がすべて分解されるまでにかかる時間は2倍になり，最終的な生産物の量は2倍になる。図1の条件では基質がすべて分解されるまでに40分かかっていたため，基質量を2倍にした場合にかかる時間は80分となる。　問5　基質量は一定のまま酵素量を半分にすると，最終的な生産物の量は変わらないが，基質がすべて分解されるまでにかかる時間は2倍になる。

【2】問1　A　熱　　B　光　　C　燃焼　　問2　酸素を使わずに有機物を分解してATPを合成する。　問3　60%

〈解説〉問1　燃焼ではエネルギーが熱と光になって一気に放出されるが，呼吸では段階的に有機物を分解することでエネルギーを効率的に取り

出し，ATP合成に利用される。　問2　発酵では，解糖系のみでATPが合成されるため，酸素は不要である。発酵の例として，乳酸発酵，アルコール発酵などがある。　　問3　1molのATPを合成するために必要なエネルギーが30.5kJなので，38molでは30.5×38＝1159〔kJ〕である。一方，1molのグルコースが完全に燃焼して生じるエネルギーが2870kJなので，そのうちATP合成に利用されるエネルギーを差し引くと，2870－1159＝1711〔kJ〕となる。これが熱エネルギーになるので，求める割合は，$\frac{1711}{2870} \times 100 ≒ 60$〔％〕となる。

【3】問1　ア　アンモニウム　　イ　硝酸　　ウ　亜硝酸(細)菌　エ　硝酸(細)菌　　オ　還元　　問2　(カ)　グルタミン酸　(キ)　グルタミン　　(ク)　ケトグルタル酸　　問3　・シアノバクテリア　・アゾトバクター　・クロストリジウム　から2つ　　問4　27〔g〕

〈解説〉問1　これは窒素同化の説明である。硝酸イオン$NO_3^-$がアンモニウムイオン$NH_4^+$に変化する過程では，酸素原子が水素原子に置き換わるため，還元されたことになる。　問2　まず，アンモニウムイオンは植物体内のグルタミン酸と反応し，グルタミンになる。次に，これがケトグルタル酸と反応することで，グルタミン酸が合成される。さらに，グルタミン酸がケトグルタル酸に戻る過程でアミノ基が合成され，これがアミノ基転移酵素によって有機酸と結合することで，アミノ酸が生成される。　問3　解答参照。　問4　30gのタンパク質に含まれる窒素量は，30×0.16＝4.8〔g〕である。これが吸収された窒素の80％に相当するので，吸収された窒素量は，$4.8 \times \frac{100}{80} = 6.0$〔g〕である。硝酸イオン$NO_3^-$の式量は14＋16×3＝62なので，吸収された硝酸イオンは，$6.0 \times \frac{62}{14} = 26.5\cdots ≒ 27$〔g〕となる。

【4】問1　アグロバクテリウム　　問2　(1)　イ　　(2)　エ　　問3　イ，ウ　問4　ア，イ，ウ　　問5　a　10　　b　25

〈解説〉問1　アグロバクテリウムがもつプラスミドに，導入したい目的

遺伝子を組み込み植物に感染させると，植物の染色体DNAに目的遺伝子を組み込むことができる。　問2　(1)　図7より，*Bgl*Ⅱは6塩基からなる配列を認識している。塩基にはA，T，G，Cの4種類があるので，この配列が出現する確率は，$\left(\dfrac{1}{4}\right)^6=\dfrac{1}{4096}$である。シロイヌナズナの塩基対が$13000\times10^4$なので，この配列によって切断される断片数は，$13000\times10^4\times\dfrac{1}{4096}\fallingdotseq3.2\times10^4$である。　(2)　PCRで増幅した目的遺伝子を*Bam*HⅠで切断し，*Bgl*Ⅱで切断したプラスミドに組み込んでいるため，配列は5′－AGATCC－3′となり，どちらの制限酵素でも切り出せない。　問3　キメラマウスの配偶子は，変異した遺伝子Aもしくは変異していない野生型の遺伝子Aのどちらかをもっている。一方，野生型は変異していない遺伝子Aのみをもつので，キメラマウスと交配させた場合，全く変異の入っていない野生型の子マウスか，2つの遺伝子Aのうち片方に変異が入っているヘテロ接合体の子マウスが得られる。　問4　問題文より，キメラマウスからつくられる配偶子は，ES細胞由来の場合とそうでない場合があることに注意する。変異を導入した黒マウス由来の細胞から配偶子ができた場合，正常な遺伝子Aをもつものと変異した遺伝子Aをもつものの両方ができる可能性がある。しかし，変異を導入していない白マウス由来の細胞から配偶子ができた場合，正常な遺伝子Aをもつものしかできないことになる。

問5　a　このES細胞は変異した遺伝子Aについてヘテロ接合体であるため，20％のES細胞由来の精原細胞のうち変異した遺伝子Aをもつのは半数の10％である。よって，野生型の雌と交配したときに遺伝子Aに変異が導入されている個体は，$100\times0.10=10$〔個体〕である。

b　正常な遺伝子AをX，変異した遺伝子Aをxと表すと，遺伝子Aについてヘテロ接合で変異が導入されているXxの個体を交配させたとき，子の遺伝子型は，XX：Xx：xx＝1：2：1になる。よって，ノックアウトマウス(xx)は，$100\times\dfrac{1}{4}=25$〔個体〕となる。

【5】問1　ヒトは水を99％再吸収するが，淡水魚は30％しか再吸収しない。　問2　ろ過される尿素の総量…36〔mg〕　細尿管で再吸収さ

れる尿素…16〔mg〕　　問3　・体内で分解されないこと　　・人体に無害であること　　・体内で合成されないこと　　から2つ

〈解説〉問1　表1の尿量／糸球体ろ過量より，淡水魚では糸球体でろ過された量の70％が尿になっているのに対し，ヒトでは糸球体でろ過された量の1％が尿になっている。つまり，それぞれの再吸収率を求めれば，淡水魚が100－70＝30〔％〕，ヒトが100－1＝99〔％〕である。
　　問2　表2より，イヌリンの濃縮率は，1.2÷0.010＝120〔倍〕である。よって，1分間あたりの原尿量は1.0×120＝120〔mL〕である。したがって，単位をmLからgに変換すると血しょう，原尿，尿に含まれる尿素はそれぞれ，$120×0.030×\frac{1}{100}=0.036$〔g〕，$120×0.030×\frac{1}{100}=0.036$〔g〕，$1.0×2.0×\frac{1}{100}=0.020$〔g〕である。よって，腎小体でろ過される尿素は0.036〔g〕＝36〔mg〕，細尿管で再吸収される尿素は0.036－0.020＝0.016〔g〕＝16〔mg〕である。　　問3　イヌリンは植物由来の物質なので，ヒトの体内で合成されず，ヒトが摂取しても体内で代謝・吸収されず，尿として排出される。

【6】問1　座骨神経を構成する複数の神経繊維はそれぞれ閾値が異なるため，電気刺激の強さを大きくすると，閾値を超えて興奮する神経繊維の数が増えるため。(68字)　　問2　25〔m/秒〕　　問3　2.6〔ミリ秒〕　　問4　7.7〔ミリ秒〕　　問5　(1)　ア　クレアチンリン酸　イ　$H_3PO_4$　(2)　0.58〔$\mu$mol〕　(3)　0.94

〈解説〉問1　神経細胞はそれぞれの閾値以上の強さの刺激でなければ興奮せず，閾値以上の刺激であればどれだけ強い刺激であっても興奮の大きさは変わらない。これを全か無かの法則という。　　問2　A点とC点の距離の差は7－3＝4〔cm〕，筋肉が収縮した時間差は8.5－6.9＝1.6〔ミリ秒〕なので，座骨神経の伝導速度は，$\frac{4×10^{-2}}{1.6×10^{-3}}=25$〔m/秒〕となる。　　問3　C点から接続部まで興奮が伝わるのに要する時間は，0.03÷25＝0.0012〔秒〕＝1.2〔ミリ秒〕である。しかし，実際に筋肉が収縮するまでに要した時間は6.9ミリ秒であり，ここから先ほどの

1.2ミリ秒と筋肉を直接刺激したときに要した3.1ミリ秒を引くと，軸索末端から筋繊維へ伝達される時間が求められるので，6.9−1.2−3.1＝2.6〔ミリ秒〕となる。　問4　B点から接続部まで興奮が伝わるのに要する時間は，0.05÷25＝0.002〔秒〕＝2〔ミリ秒〕である。これに軸索末端から筋繊維へ伝達される時間と筋肉を直接刺激したときに要した時間を足すと，2＋2.6＋3.1＝7.7〔ミリ秒〕となる。

問5　(1)　ア　クレアチンリン酸が分解されると，エネルギーを放出してリン酸ができる。これらを利用してADPからATPを合成する。イ　ATPを加水分解すると，ADPとリン酸となる。　(2)　ジニトロフルオロベンゼンで処理しているため，反応aは考えない。表3より，収縮前後のATPの差は1.35−0.91＝0.44〔$\mu$mol〕なので，この分の元から存在したATPが利用される。これに加え，収縮前後のAMPの差は0.25−0.11＝0.14〔$\mu$mol〕より，反応bにより得られたATPは0.14$\mu$molであり，これは反応cに利用される。よって，求めるATP量は0.44＋0.14＝0.58〔$\mu$mol〕となる。　(3)　反応cより，得られたADP量は(2)のATP量と等しく0.58$\mu$molである。一方，反応bにより消費されたADP量は，0.14×2＝0.28〔$\mu$mol〕なので，(ウ)の値は，0.64＋0.58−0.28＝0.94〔$\mu$mol〕となる。

【7】問1　D＝B−C　　問2　G＝D−(E＋F)　　問3　G＝(H−I)−(C＋E＋K)　　問4　(1)　ア　　(2)　オ　　問5　(1)　5000〔g〕(2)　0.2〔年〕　　(3)　浅海の主要な生産者である植物プランクトンは非同化器官をもたず，純生産量に対する現存量の割合が非常に小さくなるため。(57字)

〈解説〉問1　(生産者の純生産量)＝(総生産量)−(呼吸量)である。問2　(生産者の成長量)＝(総生産量)−{(呼吸量)＋(被食量)＋(枯死量)}＝(純生産量)−{(被食量)＋(枯死量)}である。　問3　(消費者の成長量)＝(同化量)−{(呼吸量)＋(被食量)＋(死滅量)}＝{(摂食量)−(不消化排出量)}−{(呼吸量)＋(被食量)＋(死滅量)}である。　問4　(1)　栄養段階が上位の生物ほど利用できるエネルギーは少ないため，(生産者

の総生産量)＞(一次消費者の同化量)＞(二次消費者の同化量)となる。
(2)　一般に，栄養段階が上位になるほど，エネルギー効率は大きくなる。　問5　(1)　現存量1kg当たりの年間純生産量を$x$〔g〕とすると，92：460＝1000：$x$より，$x$＝5000〔g〕となる。　(2)　単位面積当たりの現存量を純生産量で割ると，$\dfrac{92}{460}$＝0.2〔年〕となる。　(3)　森林の樹木は現存量としては多いが，その多くの部分が光合成をしない非同化器官である幹などである。

【8】問1　A　自然発生　　B　パスツール　　C　ミラー　　D　化学進化　　E　ストロマトライト　　問2　酵素活性をもつRNAの発見(触媒作用をもつRNAの発見，リボザイムの発見)　　問3　シアノバクテリアにより酸素が放出され大気中に多量の酸素が存在するようになると，成層圏にはオゾン層が形成された。オゾン層により生物に有害な紫外線が遮断されたことにより生物は陸上進出をすることが可能となった。　　問4　(1)　適応放散　　(2)　真獣類…ウ　　単孔類…イ
〈解説〉問1　ミラーの実験以前は，無機物から有機物をつくることができるのは生物だけだと考えられていた。生物の誕生以前に，単純な無機物から生物に必要な有機物が化学反応により生じたと考えられており，これを化学進化という。　　問2　RNAが自己複製し，酵素のような触媒活性をもつRNAが代謝を担っていたという考えが，RNAワールド説である。　　問3　有害な紫外線はDNAの損傷などを引き起こすが，オゾン層により有害な紫外線が吸収され地表に届かなくなったため，生物は陸上進出することができたと考えられる。　　問4　(1)　解答参照。　　(2)　ウミウシは軟体動物，フィンチは鳥類，カンガルーは有袋類である。

## 【地学】

【1】Ⅰ　問1　イ　　問2　電子天秤，ビーカー，水，糸
　Ⅱ　問3　①　偏角　　②　伏角　　③　地磁気の三要素
　④　ダイナモ　　問4　$2.6 \times 10^4$〔nT〕

〈解説〉I　問1　マントルと外核の境界の深さは約2900kmである。

　　問2　まず，岩石の質量を電子天秤ではかる。同様に，水を入れたビーカーの質量もはかる。次に，岩石を糸で結んでぶら下げた状態で，水を入れたビーカーに沈め，電子天秤で質量をはかる。すると，このときの質量の増加分から岩石の体積がわかるので，岩石の密度が計算できる。　II　問3　解答参照。　問4　(ア)式より，北緯30°の位置における水平分力は，$B_水 = 3.0 \times 10^4 \times \cos30° = 3.0 \times 10^4 \times \dfrac{\sqrt{3}}{2} = 2.55 \times 10^4$

$\doteqdot 2.6 \times 10^4$〔nT〕になる。

【2】I　問1　①　海洋底拡大(海洋更新)　②　北米プレート

③　リソスフェア　④　アセノスフェア　⑤　津波　問2　パンゲア(超大陸パンゲア)　問3　互いに大陸プレートであるインド大陸とユーラシア大陸が衝突して合体し，地殻が厚くなるとともに大陸の間の地層が圧縮され盛り上がった。　II　問4　初期微動継続時間(PS時間)　問5　東西成分…西　南北成分…北

問6　$k = \dfrac{V_p \times V_s}{V_p - V_s}$　問7　1.3〔秒前〕　問8　7.9(7.7，7.8)

〈解説〉I　問1　解答参照。　問2　古生代末期にできた超大陸はパンゲアである。　問3　解答参照。　II　問4　解答参照。　問5　初動の振動方向が「上」の場合，地震計の3成分の方角は震源の方向と逆になる。震央は観測点Aの南東方向なので，東西・南北成分は，両方ともこの方角の逆になる。　問6　ある地点に，P波が到達する時間は，

$T_p = \dfrac{D}{V_p}$，S波が到達する時間は，$T_s = \dfrac{D}{V_s}$と表せる。初期微動継続時

間$T = T_s - T_p = \dfrac{D}{V_s} - \dfrac{D}{V_p}$より，$D = \dfrac{V_p \times V_s}{V_p - V_s} \times T$となる。　問7　問題文

より，観測点Aの震源距離は，$D = 5\sqrt{2} = 7.0$〔km〕である。また，$V_p = 1.70 \times V_s$，$T = 0.90$〔s〕より，問6の式から，$V_s \doteqdot 3.2$〔km/s〕，$V_p \doteqdot 5.4$〔km/s〕となる。よって，地震発生時刻は，観測点AにP波が到達する$\dfrac{7.0}{5.4} = 1.29\cdots \doteqdot 1.3$〔秒前〕となる。　問8　問6，7より，$k =$

$$\frac{V_p \times V_s}{V_p - V_s} = \frac{5.4 \times 3.2}{5.4 - 3.2} = 7.85 \cdots \fallingdotseq 7.9 〔km/s〕 となる。$$

【3】Ⅰ　問1　①　可視光線　　②　赤外線　　③　表面温度(温度)
④　温室効果　　⑤　放射冷却　　問2　(A)　49　　(B)　102
問3　大気や海流の大循環により低緯度から高緯度へ熱輸送されているから。　Ⅱ　問4　①　潮汐　　②　起潮力(潮汐力)　　③　大潮
④　小潮
問5

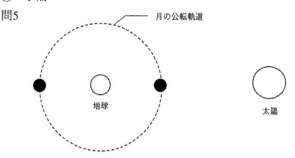

問6　$\dfrac{(月の起潮力)}{(太陽の起潮力)}$ を求める。

$$(月の起潮力) = \frac{1}{82} \times \frac{1}{(3.8 \times 10^5)^3}$$

$$(太陽の起潮力) = 3.3 \times 10^5 \times \frac{1}{(1.5 \times 10^8)^3}$$

$\dfrac{(月の起潮力)}{(太陽の起潮力)} = 2.27 \fallingdotseq 2.3$　　2.3〔倍〕

〈解説〉Ⅰ　問1　太陽の表面温度は約6000℃なので，ウィーンの変位則より，太陽放射エネルギーは可視光線の波長領域で最も強くなる。表面温度が高い恒星は紫外線の領域に最大波長が移っていき，表面温度が低くなると，赤外線の波長へ最大領域が移っていく。
問2　(A)　太陽放射100が入射すると考えると，雲の反射・大気の散乱で－22，大気と雲の吸収で－20，地表面の反射で－9なので，(A)＝100－22－20－9＝49となる。　(B)　大気に吸収されるものは，太陽から20，潜熱輸送＋熱対流等で30，大気と雲の吸収が(B)である。一方，大気から放出されるものは，大気圏外へ57，地表へ95なので，20＋

30＋(B)＝57＋95より，(B)＝102となる。　問3　解答参照。

Ⅱ　問4　解答参照。　問5　大潮となるのは，月と地球と太陽が一直線上に並んだときである。　問6　解答参照。

【4】問1　十

　　問2　イ，オ　　問3　C層群の南東への傾斜とDの貫入があった後で，全体が陸化(隆起，海退)した。その後，侵食を受けた後で水没(沈降，海進)した。　　問4　オ　　問5　走向…N45°E　　傾斜…55°SE

　　問6　エ，オ

〈解説〉問1　水平の記号は十字で表す。　問2　Dの岩脈は安山岩なので，斜長石や角閃石が主要な造岩鉱物である。　問3　解答参照。

　　問4　F断層は東に傾斜しており，東側の上盤が上がっているので，逆断層である。　問5　問題文から，X面では45°東に，Y面では45°南に傾斜しているので，北東から南西方向へ結んだ線分が走向の方向になり，この模式図の立方体の対角線を結ぶラインになるので，走向はN45°Eになる。図から，傾斜の方角は南東方向になる。傾斜の角度は，この立方体の高さを1とすると，水平距離に$\sqrt{2}$，垂直方向に1下がる角度となるので，$\tan\theta = \dfrac{\sqrt{2}}{1} = 1.4$より，表の値から55°となる。よって，傾斜は55°SEとなる。　問6　F断層は，C層群とB層群を切っていて，A層は切っていないので，A層が堆積する前に活動した断層である。また，A層からナウマンゾウの化石が産出しているので，A層は現代に近い年代に堆積した地層であるといえる。さらに，放射年代が500万年前のD層より後に堆積したB層を切っているので，500万年前の新第三紀以降に活動したことになるので，F断層は新第三紀または第四紀に活動したと考えられる。

【5】Ⅰ　問1　①　F，I　　②　D　　問2　衝　　問3　地球は自転とともに1日約1°公転をしているため，1太陽時は自転1周と約1°分かかる。この1°分の差が時間にして4分の差となるから。

　　Ⅱ　問4　①　長(大き)　　②　赤方偏移　　③　ドップラー

④　$c\dfrac{\Delta\lambda}{\lambda}$　　⑤　ハッブル　　問5　宇宙の年齢はハッブル定

数になるので，$\dfrac{3.1\times10^{19}\,\text{〔km〕}}{70\,\text{〔km/s〕}}=\dfrac{3.1\times10^{18}}{7}\,\text{〔s〕}$

1〔年〕$=60\times60\times24\times365$〔s〕

$\dfrac{\dfrac{3.1\times10^{18}}{7}}{60\times60\times24\times365}=1.40\cdots\times10^{10}$〔年〕　　$1.4\times10^{10}$〔年〕

問6　$-500$〔km/s〕

〈解説〉Ⅰ　問1　黄道面を北から見ているので，地球は反時計回りに自転することを踏まえると，解答のようになる。　問2　Dの位置は，地球から見て太陽と反対側にあるので，衝である。　問3　地球は自転と公転を同時にしている。1年間で360°公転するので，1日で約1°公転することになる。1太陽時は南中してから次に南中するまでの間なので，次の日の南中になるためには，自転の360°に公転の1°を加えて361°回転することになる。この1°の差が時間にすると4分となる。

Ⅱ　問4　ハッブルの法則より，後退速度$v$，ハッブル定数$H$，銀河までの距離$r$の間には，$v=Hr$の関係がある。　問5　解答参照。

問6　銀河Aと銀河Bは同じ方向に進んでいるが，銀河Bの方が銀河Aより500km/s速い。そのため，銀河Bから銀河Aを見ると，500km/sの速度で離れていくように見える。

## 2022年度　実施問題

# 中　学　理　科

【1】凸レンズによって，どの位置にどのような大きさや向きの像ができるかを図1の装置を用いて調べた。凸レンズはbの位置に固定し，LED光源の位置をa，スクリーンの位置をcとした。LED光源を置いたのち，スクリーン上にはっきりした像ができる位置にスクリーンを動かして，像ができる位置を調べた。使用した凸レンズの焦点距離は10cmである。以下の問いに答えなさい。

図1　LED光源　凸レンズ　スクリーン

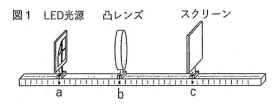

(1)　LED光源をある位置に置き，像がはっきりできる位置にスクリーンを動かすと，スクリーン上にLED光源と同じ大きさの像ができた。この時に見える像を次のア〜エから選びなさい。ただし，スクリーンを凸レンズ側から見ているものとする。

図2　LED光源を凸レンズ側から見た図

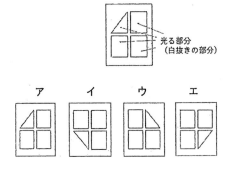

(2) (1)の時，ab間は何cmか，書きなさい。

(3) (1)の状態から，LED光源の位置を凸レンズの方向に7cm動かし，像がはっきりできる位置にスクリーンも動かした。その時，【凸レンズと像の距離】と【できる像の大きさ】は(1)の時と比べどう変わったか。次のア〜クからそれぞれ選び，記号で書きなさい。

【凸レンズと像の距離】

　　ア　大きくなった　　イ　小さくなった　　ウ　同じ
　　エ　像はできない

【できる像の大きさ】

　　オ　大きくなった　　カ　小さくなった　　キ　同じ
　　ク　像はできない

(4) (3)よりLED光源を，凸レンズの方向に，さらに7cm動かしたときに像が見える場所について，次のア〜ウから選び記号で書きなさい。

　　ア　LED光源側から凸レンズを通して見える
　　イ　スクリーン側から凸レンズを通して見える
　　ウ　スクリーン上に見える

(5) 図3のようにLED光源をろうそくに変え，凸レンズから30cmの位置に光源(ろうそく)を置いた。この時にできる光源(ろうそく)の像を，像ができる位置，大きさ，向きに留意し，作図により求め，以下の図中にろうそくの形で図示しなさい。

図3

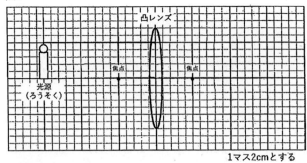

1マス2cmとする

(6) (5)の像は実像，虚像のどちらか書きなさい。

(7)　一般的に，光源と凸レンズを用いて実験を行う際，授業者がけがや事故の防止のために，安全面で生徒に注意させる事項は何か。簡潔に書きなさい。

(8)　雨上がりに虹ができる現象について，図4のように白色光がプリズムなどによっていろいろな色の光に分かれる現象を用いて説明した。プリズムなどを通すと白色光がいろいろな色の光に分かれるのはなぜか，説明しなさい。

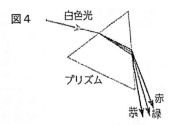

図4　白色光
プリズム
紫　緑　赤

**出典：「未来へひろがるサイエンス1」啓林館**

(☆☆☆○○○)

【2】私たちの生活の様々な場面で使われているモーターと発電機の多くには，どちらにもコイルと磁石が用いられている。図1は磁石の近くでコイルに電流を流した時に起きる現象について調べる装置，図2は図1の磁石付近を拡大した図，図3はコイルと磁石を用いて電流が発生する様子を調べる装置である。コイルと磁石によって起こる現象について，以下の問いに答えなさい。

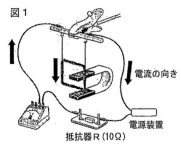

図1
電流の向き
抵抗器R（10Ω）
電源装置

**出典：「未来へひろがるサイエンス2」啓林館**

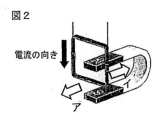

図2
電流の向き
ア

図3

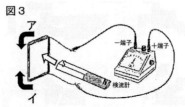

一端子　＋端子

検流計

出典：「未来へひろがるサイエンス２」啓林館

(1) 図1の矢印の向きに電流が流れているとき，コイルにはどちら向きの力が働くか。図2のア，イから選び，記号で書きなさい。

(2) 図1の装置の電源の電圧は変えずに，抵抗器Rを次のように変えて実験を行った。次のア～エを，コイルが磁界から受ける力が大きい順に並びかえ，記号で書きなさい。

ア　図1のまま10Ωの抵抗器1個

イ　10Ωの抵抗器2個を直列につないだものと交換する

ウ　10Ωの抵抗器2個を並列につないだものと交換する

エ　50Ωと25Ωの抵抗器を並列につないだものと交換する

(3) 図3のように磁石のS極を右側からコイルに近づけたときに検流計の針が動いた。このようにコイルに磁石を近づけたときにコイル内に電流が発生する現象を何というか。漢字4文字で書きなさい。

(4) (3)で電流が発生する理由を，「磁界」（または「磁束」）という語句を用いて説明しなさい。

(5) (3)で発生する電流の向きを，図3のア，イから選び，記号で書きなさい。

(6) 図4は自転車の発電機の模式図である。図4のように磁石が回転するときに発生する電流をオシロスコープにつないで調べた。この時の結果に近いものを次のア～エから選び，記号で書きなさい。

図4

回転子(磁石)が
回転する向き

コイル　コイル　➡

磁石

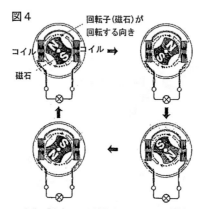

出典：「未来へひろがるサイエンス2」啓林館

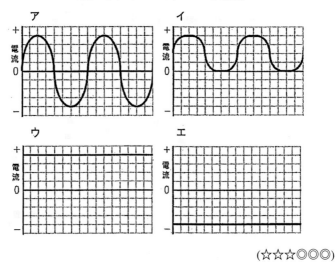

(☆☆☆◎◎◎)

【3】「水溶液」の学習について，次の問いに答えなさい。

 (1)　次の文は水溶液に関する記述である。適切な文となるよう(　a　)
  ～(　c　)に言葉を書きなさい。

　　　砂糖を水に溶かすと砂糖水ができる。この場合，砂糖のように，溶けている物質を（　a　）といい，水のように，（　a　）を溶かす液体を（　b　）という。また，砂糖水のように，（　a　）が（　b　）に溶けた液全体を溶液という。水溶液の特徴の一つとして，色のついたものとついていないものがあるが，どちらの場合も（　c　）である。

(2)　コーヒーシュガーを水に入れ，静かに置いておいた時の水に溶ける様子を観察し，粒子のモデルで表す活動を行った。図1の溶ける前のモデルを参考に，コーヒーシュガーが水に溶けた後の様子を粒子のモデルで表しなさい。なお，水の粒子は表さないこととする。

図1

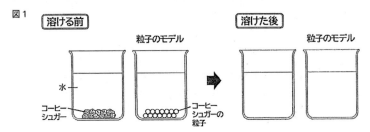

(3)　花子さんが「物質が水に溶ける量と温度」の関係について科学的に探究を進める中で，次のような実験を行い，結果をまとめた。

【実験】
　ⅰ　試験管を2本用意し，硝酸カリウム，食塩をそれぞれ3g試験管に入れ，5gの水を加え溶かす。
　ⅱ　70℃くらいの湯を用意して，ⅰの試験管を湯につけ，硝酸カリウムと食塩を溶かす。
　ⅲ　ⅱの水溶液を別の試験管に2mLとって冷水で冷やす。溶けきらないものは上澄みの部分を2mLとって冷水で冷やす。
　ⅳ　ⅲで溶けている物質が現れたら，A ろ過して固体を分け，得られた結晶の様子を観察する。ⅲで溶けている物質が

> 現れなかったら，試験管の中の水溶液をスライドガラスの上に1滴たらし，水分を蒸発させ，様子を観察する。
>
> 【結果】
>
> 　硝酸カリウム水溶液を冷やすと<sub>B</sub>固体が現れた。食塩水を冷やしても変化がなかったため，水を蒸発させると<sub>C</sub>白い固体が現れた。

① 　下線部Aについて，花子さんは図2のようにろ過を行おうとしていた。このろ過のしかたの間違いは何か，2つ書きなさい。

図2

出典：「未来へひろがる
サイエンス1」啓林館

② 　下線部B，Cについて，現れた結晶として最も適切なのはどれか。次のア～エからそれぞれ選び，記号で書きなさい。

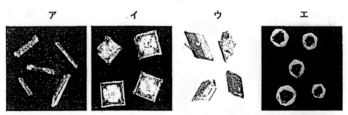

出典：「理科の世界1」大日本図書

(4) 　花子さんは(3)の活動後，水の温度と物質の水に溶ける量の関係についてさらに興味をもち，インターネットや教科書で調べたところ，それぞれの水の温度における100gの水に溶ける質量についてまとめた表と，温度に対する100gの水に溶ける物質の最大の量をグラフに

表した図3を見つけた。

表

**硝酸カリウムと塩化ナトリウムが水100gの水に溶ける質量**

| 水の温度(℃) | 硝酸カリウム(g) | 塩化ナトリウム(g) |
|---|---|---|
| 0 | 13.3 | 35.6 |
| 20 | 31.6 | 35.8 |
| 40 | 63.9 | 36.3 |
| 60 | 109.2 | 37.1 |
| 80 | 168.8 | 38.0 |
| 100 | 244.8 | 39.3 |

参考：理科年表（令和2年）

図3

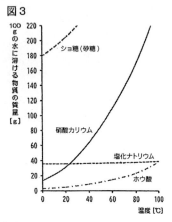

① 図3のグラフを何というか，書きなさい。

② 80℃の水150gに硝酸カリウムを溶けるだけ溶かして，硝酸カリウムの飽和水溶液をつくった。この飽和水溶液を20℃まで冷やすと何gの硝酸カリウムが結晶として現れるか，書きなさい。

③ 塩化ナトリウムの60℃における飽和水溶液の質量パーセント濃度を求め，小数第2位を四捨五入し，小数第1位まで書きなさい。

(5) 花子さんは，調べたことを(3)の結果と関連付け，次のようにまとめた。適切なまとめとなるよう[ d ]，[ e ]に文を書きなさい。

---

《まとめ》

　硝酸カリウム水溶液を冷やすと結晶が現れたのに，食塩水を冷やしても現れなかったのは，硝酸カリウムは一定量の水に溶ける最大の量が[ d ]けど，食塩の主成分である塩化ナトリウムは[ e ]からである。

---

(☆☆◎◎◎)

【4】「化学変化と電池」の単元で，化学電池の基本的な仕組みについて図のような装置を使って科学的に探究している。以下の問いに答えな

さい。

図

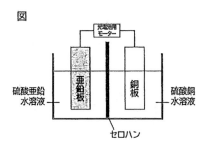

(1)　図のような化学電池の名称を書きなさい。

(2)　この装置は，金属のイオンへのなりやすさの違いを活用したものである。この金属のイオンへのなりやすさのことを何というか，書きなさい。

(3)　この装置における＋極，－極はそれぞれどの金属板か，書きなさい。また，それぞれの極で起こる反応を，電子を含む化学反応式で書きなさい。なお，反応式に表す際，電子は$e^-$と書くこと。

(4)　太郎さんは，この装置の電流をできるだけ長時間流し続けたいと考えた。そのためには硫酸亜鉛水溶液と硫酸銅水溶液のはじめの濃度をそれぞれどのようにしておくとよいか，次のア～エから選び，記号で答えなさい。

　ア　硫酸亜鉛水溶液の濃度を高く，硫酸銅水溶液の濃度を高くする。

　イ　硫酸亜鉛水溶液の濃度を高く，硫酸銅水溶液の濃度を低くする。

　ウ　硫酸亜鉛水溶液の濃度を低く，硫酸銅水溶液の濃度を高くする。

　エ　硫酸亜鉛水溶液の濃度を低く，硫酸銅水溶液の濃度を低くする。

(5)　実験後，授業者として，使用した水溶液はどのように処理するか，書きなさい。

(6)　私たちの身のまわりでは，様々な電池が利用されている。そのうち，燃料電池は自動車への活用，普及が今後期待されている。燃料電池とはどんな化学変化から電気エネルギーをとり出す電池か，書きなさい。

(☆☆◎◎◎)

【5】「消化と吸収」の学習について，次の問いに答えなさい。

(1)　太郎さんが授業で作成したレポートについて，以下の問いに答え
なさい。

レポート

---

【課題】デンプンとブドウ糖では，本当にブドウ糖のほうが小
　さいのか。

【予想】消化によって，食物は小さなものに分解されることを
　学習した。このことから，デンプンよりもブドウ糖のほう
　が小さいと思う。

【方法】

　ⅰ　図のように，下を糸でしばったセロハンチューブに，ブ
　　ドウ糖をとかしたデンプンのりを入れ，上も糸でしばる。

　ⅱ　水を入れた大型試験管にセロハンチューブを入れて15分
　　置いた後，大型試験管の水を別の2本の試験管にとり，
　　それぞれについて，ヨウ素液とベネジクト溶液の反応を
　　調べる。

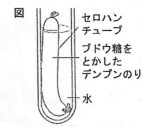

図　　　　セロハン
　　　　　チューブ

　　　　　ブドウ糖を
　　　　　とかした
　　　　　デンプンのり

　　　　　水

**出典：「未来へひろがるサイエンス2」啓林館**

【結果】

|  | ヨウ素液の反応 | ベネジクト溶液の反応 |
|---|---|---|
| 大型試験管の水 | 変化なし | 赤褐色の沈殿ができた |

【考察】[　a　]

---

①　方法にあるセロハンチューブはどのような役割があるか，セロ

　　ハンのつくりに着目して書きなさい。

　② 　方法のⅱで，ベネジクト溶液を入れて加熱する際，加熱中の試験管について授業者が生徒に注意させることは何か，書きなさい。

　③ 　適切な考察となるよう，aに文章を書きなさい。

　④ 　花子さんの班は，結果が太郎さんの班の結果と異なった。あなたが授業者なら，花子さんの班にどのように対応するか，書きなさい。

(2) 　表は，おもな消化液と消化酵素について，太郎さんがノートにまとめたものである。適切な表となるように，b，cに言葉を書きなさい。

表

|  | だ液 | 胃液 | 胆汁 | すい液 |
|---|---|---|---|---|
| 消化系 | だ液せん | 胃 | 肝臓でつくられ、胆のうにたくわえられて十二指腸に出される。 | すい臓でつくられ、十二指腸に出される。 |
| ふくまれる消化酵素 | b | c | 消化酵素はふくまないが、脂肪を分解しやすくする。 | b、トリプシン　リパーゼ　など |

(3) 　太郎さんは，「肉食動物の消化管の長さは体長の5倍程度であるのに対して，草食動物の消化管の長さは体長の10倍から20倍である。」という草食動物と肉食動物の体のつくりの違いを思い出した。なぜ，草食動物と肉食動物でそのような体のつくりの違いがあるか，理由を書きなさい。

(4) 　吸収されずに残った食物はどうなるか，書きなさい。

(☆☆☆◎◎◎)

【6】「自然界のつながり」の学習について，次の問いに答えなさい。

(1) 　「生物どうしのつながり」を学習している太郎さんは，19世紀末にカナダのニューファンドランド島にもちこまれたカンジキウサギと，それを食物とする，以前から島に生息していたヤマネコのおよその数の変動を表す図1から，どちらの数がどちらの数に，どのように影響しているか考えた。

図1

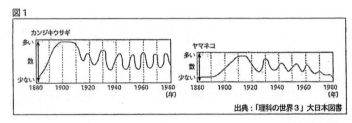

出典:「理科の世界3」大日本図書

① 　カンジキウサギのように，人間の活動により，本来の生息場所から別の場所へ移動させられて，もともと生息していなかった場所に定着した生物を何というか，書きなさい。

② 　図1から，どちらの数がどちらの数に，どのように影響していると考えられるか，書きなさい。

③ 　1930年にヤマネコが突然この島からいなくなった場合，カンジキウサギの個体数は一時的にどのように推移したと考えられるか，理由とともに書きなさい。

(2)　「生物どうしのつながり」の学習後，太郎さんは，ノートにまとめを書いた。適切なまとめとなるように，a, bに言葉を書きなさい。

> 【まとめ】ヤマネコとカンジキウサギのように，「食べる・食べられる」の関係は，(　a　)と呼ばれる。生物の間の数量関係は，通常はピラミッドのように(　b　)が保たれている。しかし，生物をとり巻く環境が大きく変わると，もとの状態に戻らないことがある。

(3)　単元の学習後，太郎さんは，生態系と密接にかかわっている身近な自然環境を調べるため，マツの気孔による大気汚染調査を行い，結果を得た。

> 【課題】自動車の通行量の多い土地ほど，大気は汚染されているのか。
> 【予想】自動車から排出されるガスによって，通行量の多い土地ほど，大気は汚染されていると思う。
> 【方法】

i　表のような調査地をいくつか選ぶ。

表　調査地の例

| 記号 | 調査地の状況 |
|---|---|
| A | 自動車の通行量の多い幹線道路沿い |
| B | 自動車の通行量の少ない住宅地 |
| C | 自動車のほとんど通らない山道沿い |

ii　選んだ調査地で，マツの葉を採取する。採取する高さは各地点とも同じにし，地上1.5mとする。

iii　マツの葉を，平らな面が下になるようにスライドガラスにのせ，低倍率で観察する。

iv　気孔内部の粉じんの量を，図2に示した3段階に分類し，視野の中の気孔約50個について，それぞれ段階を判定して記録する。1地点につき3回(3葉)程度測定する。

図2　汚染段階

| 気孔の状態 | 記号 |
|---|---|
| ●　● | 2 |
| ◉　◉ | 1 |
| ◎ | 0 |

出典：「新編　生物基礎」数研出版

v　調査結果をまとめる。気孔の汚染段階に汚染されている気孔数をかけたものを汚染指数とする。例えば，調査地1の場合，$(2×12)+(1×20)=44$となる。

【結果】

| | 調査地の状況 | 気孔総数 | 各汚染段階の気孔数 | | | 汚染指数 | 平均 |
|---|---|---|---|---|---|---|---|
| | | | 2 | 1 | 0 | | |
| 調査地1 | B | 48 | 12 | 20 | 16 | 44 | 0.92 |
| 調査地2 | C | 52 | 0 | 11 | 41 | ( c ) | 0.21 |
| 調査地3 | A | 54 | 30 | 18 | 6 | ( d ) | 1.44 |

【考察】[　e　]

① 方法のiiで，採取する高さを各地点とも同じにする理由を書きなさい。

② 結果の( c )，( d )に適切な数値を書きなさい。

③ 適切な考察となるよう，[　e　]に文章を書きなさい。

(☆☆☆◎◎◎)

209

【7】太郎さんは，日本の探査機「はやぶさ2」が小惑星に着陸し，太陽系の起源を解明する手掛かりとなるサンプルを持ち帰ったことをニュースで知り，太陽系に興味をもち調べることにした。次の問いに答えなさい。

(1) 太郎さんは天体望遠鏡を使い，太陽を1週間継続して観察し，黒点の位置と形の変化を記録した。太陽が球形であると推測できる理由を，黒点の位置と形の変化に注目して書きなさい。

(2) 太郎さんは，太陽系の天体である金星が夕方や明け方にだけ見えることに興味をもち調べた。図1は，太陽・金星・地球の位置関係を示したものである。

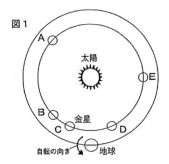

図1

① 夕方に見える金星の位置を表しているものはどれか，A～Eから全て選び，記号で書きなさい。また，その時，見える方位も書きなさい。

② ①のような見え方をする金星は何とよばれているか，書きなさい。

③ 図1のうち，地球から最も小さく見える金星の位置をA～Eから選び記号で書きなさい。また，その時の見える形を図2のア～オから選び，記号で書きなさい。ただし，図の上下左右は肉眼での見え方と同じとする。

図2　ア　イ　ウ　エ　オ

④　太郎さんは，火星についても調べ，金星とは違い深夜にも観察できることを知った。どうして火星は深夜に観察できるのか，理由を書きなさい。

(3)　太郎さんは，太陽系の8つの惑星について資料で調べ，半径が小さい順に表のようにまとめた。

【表】

| 惑星 | 半径〔km〕 | 質量(地球＝1) | 密度〔g/cm³〕 | 公転周期〔年〕 | Xの数〔個〕 |
|---|---|---|---|---|---|
| F | 2440 | 0.06 | 5.43 | 0.24 | 0 |
| G | 3396 | 0.11 | 3.93 | 1.88 | 2 |
| H | 6052 | 0.82 | 5.24 | 0.62 | 0 |
| I | 6378 | 1.00 | 5.51 | 1.00 | 1 |
| J | 24764 | 17.15 | 1.64 | 164.77 | 14 |
| K | 25559 | 14.54 | 1.27 | 84.02 | 27 |
| L | 60268 | 95.16 | 0.69 | 29.46 | 65 |
| M | 71492 | 317.83 | 1.33 | 11.86 | 79 |

参考：「理科の世界3」大日本図書

①　表中のXとは何か，書きなさい。

②　木星型惑星に分けられるものをF〜Mから全て選び，記号で書きなさい。

③　GとLの惑星の名称をそれぞれ書きなさい。

(4)　太郎さんは，天体の大きさについて調べ，古代ギリシャの学者エラトステネスが太陽を観察することで地球の周囲の長さを求めたということを知った。資料をもとにエラトステネスが計算した地球の周囲の長さ〔km〕を求めなさい。ただし，地球を完全な球として考えることとする。

【資料】

> 夏至の日の正午，シエネという町で太陽の光が井戸の底までほぼ真上(天頂)から差し込むのを知ったエラトステネスは，ほぼ同じ経線上にあるアレキサンドリアでも同じ条件で太陽高度を測定し，真上(天頂)より7.2°南に傾くという結果を得ました。シエネとアレキサンドリアの距離が900kmであることから，計算によって地球の大きさを求めたのです。

(☆☆☆◎◎◎)

【8】花子さんは，地震発生のしくみや生活への影響について調べた。以下の問いに答えなさい。

図1　　　　図2

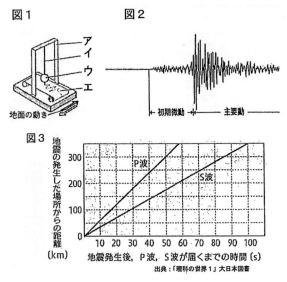

地面の動き

初期微動　　主要動

図3

地震の発生した場所からの距離（km）

P波

S波

地震発生後，P波，S波が届くまでの時間（s）

出典：「理科の世界1」大日本図書

(1) 図1は地震計を表している。地震のとき，地面と一緒に動く部分をア〜エから全て選び，記号で書きなさい。

(2) 図2は「ある地点」の地震計の記録で，図3は地震の発生した場所からの距離とP波，S波が届くまでの時間との関係をグラフに表したものである。

① 震源の真上の地点を何とよぶか，書きなさい。

② この地震のS波の速さは何km/sか，書きなさい。

③ S波とP波の振動方向の違いを説明しなさい。

④ 図2の「ある地点」では，初期微動が15秒続いた。このことから「ある地点」は，震源から何km離れていたか，書きなさい。

⑤ 図2の「ある地点」で初期微動が始まった時刻が13時12分10秒だった場合，地震発生の時刻を書きなさい。

(3) 花子さんは，地震発生のしくみについて，日本付近では4枚のプレートが押し合っていることを調べ，次のようにまとめた。適切な

まとめとなるように，次の（　a　）〜（　d　）に当てはまる言葉を書きなさい。なお，同じ記号には同じ言葉が入る。

> 【地震発生のしくみ】地球は，中心から核，（　a　），（　b　）という層構造になっています。このうち（　a　）の上部と（　b　）は硬い岩盤になっていて，これをプレートと呼びます。プレートは地球内部を（　c　）している（　a　）の上に乗っていて，少しずつ動いています。このような学説を（　d　）といいます。主に日本の太平洋側の海底で起こる地震は，このようなプレートの境界付近を震源として起こります。平成23年の東北地方太平洋沖地震がその例です。

(4)　平成7年の兵庫県南部地震は，プレートの境界付近を震源とする地震とは異なる地震発生のしくみで起きたと考えられている。平成7年の兵庫県南部地震の地震発生のしくみを書きなさい。

(5)　花子さんは地震による災害やその被害を最小限にくい止めるための工夫について調べた。

①　プレートの境界付近を震源とする地震では，津波が発生することがある。この場合の津波が発生するしくみを説明しなさい。

②　それぞれの自治体には，①などの自然災害による被害の軽減や防災対策に使用する目的で，被災想定区域や避難場所・避難経路などの防災関係施設の位置などを表示した地図がある。これを何というか，書きなさい。

(☆☆☆☆◎◎◎◎)

# 高 校 理 科

## 【物理】

【1】物体の運動と仕事に関する次の問いに答えなさい。

図1のように，ばねでつながれた物体Aと物体Bが，水平面と $\theta$ の角

度をなすなめらかな斜面上に置かれており，物体Aは斜面の下端に置いた壁に支えられた状態で静止している。物体Aと物体Bの質量はともに$M$で，ばねの自然長は$L_0$である。重力加速度の大きさを$g$，ばね定数を$k$とし，空気抵抗及び摩擦は無視できるものとして，以下の問いに答えなさい。

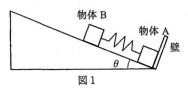

図1

問1　物体Bが斜面から受ける垂直抗力の大きさ$N_B$を，$M$，$L_0$，$g$，$k$，$\theta$の中から必要なものを用いて答えなさい。

問2　物体Aと物体Bが静止しているときの，ばねの長さ$L_1$を，$M$，$L_0$，$g$，$k$，$\theta$の中から必要なものを用いて答えなさい。

　次に，図2のように，図1の斜面の角度$\theta$を30°に固定した。軽い糸と滑車を用いて質量$2M$の物体Cを糸がたるまないように図1と同じ状態の物体Bにつなぎ，糸の張力が0となるように物体Cを支えた。この状態から物体Cの支えを静かになくしたところ，物体Cと物体Bが動き出し，その後，物体Aが動き出した。糸の伸び縮みはないものとして，以下の問いに答えなさい。

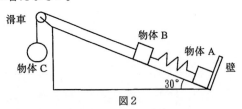

図2

問3　物体Aが動き出す瞬間のばねの長さ$L_2$を，$M$，$L_0$，$g$，$k$の中から必要なものを用いて答えなさい。

問4　物体Cの支えをなくしてから物体Aが動き出すまでの間における，物体Bおよび物体Cの加速度を$a$，糸の張力の大きさを$S$，ばねの長さを$L$としたとき，物体Bと物体Cそれぞれの運動方程式を，$M$，$L_0$，

$g$, $k$, $a$, $S$, $L$の中から必要なものを用いて答えなさい。ただし，物体Bと物体Cの加速度の向きは，それぞれの物体が動き出す方向を正とする。

問5 物体Cの支えをなくしてから物体Aが動き出すまでの間の，糸の張力$S$とばねの長さ$L$ ($L_1 \leqq L \leqq L_2$)の関係を表すグラフをかきなさい。$S$軸には，ばねの長さが$L_1$，$L_2$の時の張力の値も示しなさい。ただし，$L_1$については$\theta = 30°$のときの値とする。

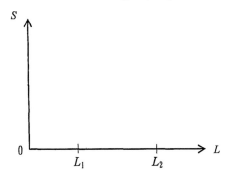

問6 物体Cの支えをなくしてから物体Aが動き出すまでの間の，糸の張力$S$が物体Bにする仕事$W$を，$M$，$L_0$，$L$，$g$，$k$の中から必要なものを用いて答えなさい。

問7 物体Aが動き出す瞬間の物体Cの速さ$v$を，$M$，$L_0$，$L$，$g$，$k$の中から必要なものを用いて答えなさい。

(☆☆☆◎◎)

【2】浮力と物体の運動に関する次の問いに答えなさい。

図3のように，質量$M$，長さ$L$，底面積$S$の密度が一様な円柱状の物体を，水槽の水に浮かべる。物体と空気や水との摩擦や抵抗は無視でき，物体は傾くことなく鉛直方向になめらかに運動するものとする。また，水槽は十分に深く，物体の運動に影響を与えないものとする。この物体の水中部分の長さを$x$，水の密度を$\rho$，重力加速度を$g$，円周率を$\pi$として，以下の問いに答えなさい。

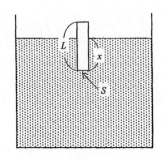

**図3**

問1　物体が静止しているときの$x$の値を$x_0$とする。このときの$x_0$を，$M$，$L$，$S$，$x$，$\rho$，$g$，$\pi$の中から必要なものを用いて答えなさい。

問2　静止した状態で物体全体が沈まないためには，物体の質量$M$はある値$M_1$より小さくなければならない。このときの$M_1$の値を，$M$，$L$，$S$，$x$，$\rho$，$g$，$\pi$の中から必要なものを用いて答えなさい。

問3　静止状態にある物体を下方にわずかに下げて静かに放したところ，物体は浮いた状態($0<x<L$)で単振動を始めた。この単振動の周期を，$M$，$L$，$S$，$x$，$\rho$，$g$，$\pi$の中から必要なものを用いて答えなさい。

　次に，物体の上面の位置が水面と等しくなるように全体を押し沈め，静かに放した。このとき，物体の質量$M$の値は$M_1$より小さいものとする。

問4　物体全体が完全に水面から飛び出さないためには，物体の質量$M$はある値$M_2$より大きくなければならない。このときの$M_2$の値を，$M$，$L$，$S$，$x$，$\rho$，$g$，$\pi$の中から必要なものを用いて答えなさい。

　さらに，物体の上面の位置を水面下$\frac{1}{2}L$の位置まで押し沈め，静かに放した。このとき，物体の質量$M$の値は$M_1$より小さいものとする。

問5　物体の上面が水面に達するまでの間，この物体はどのような運動をするか。その運動の名称を答えなさい。

問6　物体の上面が水面に達したときの物体の速さ$v$を，$M$，$L$，$S$，$x$，$\rho$，$g$，$\pi$の中から必要なものを用いて答えなさい。

(☆☆☆◎◎◎)

【3】熱力学に関するⅠ，Ⅱ，Ⅲの問いに答えなさい。

Ⅰ　図4のように，なめらかに動くピストンがついたシリンダー内に，1molの単原子分子の理想気体が入っている。このシリンダー内の気体の圧力と体積を，図5のように，状態1→状態2→状態3→状態1の順にゆっくり変化させた。初めの状態1の圧力を$P_1$，体積を$V_1$，絶対温度を$T_1$，状態2の圧力を$P_2$とする。ここで，状態1から状態2は定積変化，状態2から状態3は等温変化，状態3から状態1は定圧変化である。以下の問いに答えなさい。

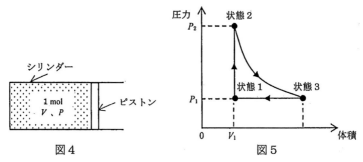

図4　　　　　　　　　　図5

問1　状態2における温度を，$T_1$，$P_1$，$P_2$，$V_1$の中から必要なものを用いて答えなさい。

問2　状態3における体積を，$T_1$，$P_1$，$P_2$，$V_1$の中から必要なものを用いて答えなさい。

問3　状態1から状態2へ変化する間にシリンダー内の気体には外部から$Q_{12}$の熱量が加えられた。状態3から状態1へ変化する間にシリンダー内の気体が外部へ放出する熱量$Q_{31}$は，$Q_{12}$の何倍になるか求めなさい。

問4　図5のように，状態2から状態3へ等温変化させたときのシリンダー内の気体が外部にした仕事は$W_1$であった。次に，状態2に戻し，シリンダー内の気体を定圧変化ののち定積変化で状態3へ変化させた。この過程において，状態2から状態3へ変化させたときのシリンダー内の気体が外部にした仕事を$W_2$とすると，$W_1$と$W_2$

217

ではどちらが大きいと考えられるか。図5をもとにして，理由を含めて答えなさい。

Ⅱ　図6のように，高さL，底面積Sの直方体の容器Aと，鉛直方向になめらかに動く断面積Sのピストンを備えた円柱状の容器Bが，コックの付いた体積の無視できる細い管で連結されている。また，天井から軽いばねがつり下げられており，ピストンに垂直に接続されている。容器Bには，温度調節装置が付いており，温度調節装置の体積，熱容量は無視できるものとする。また，ピストンとばねの質量は無視でき，容器A，容器B，細い管，コックはすべて断熱材でできており，熱の出入りはないものとする。

　ばねが自然長になるように，容器Bの底面から高さLの位置で固定具によりピストンを固定した。大気の圧力は高さによらず一定であり，気体定数をRとして，以下の問いに答えなさい。

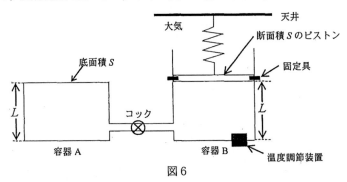

図6

問5　初め，コックは閉じられており，容器Aには，絶対温度3T，物質量2nの単原子分子の理想気体が入っており，容器Bは真空であった。容器A内の気体の圧力を，n，R，T，S，Lの中から必要なものを用いて答えなさい。

問6　コックを開いてしばらく時間が経った後，容器A，B内の気体の絶対温度は3Tのままであった。その後，温度調節装置を用いて容器A，B内の気体の絶対温度を3Tから2Tに変化させた。このとき容器A，B内の気体が放出した熱量を，n，R，T，S，Lの中か

ら必要なものを用いて答えなさい。

問7　次に，ピストンの固定具を外したところピストンは動かなかった。大気の圧力を，$n$, $R$, $T$, $S$, $L$の中から必要なものを用いて答えなさい。

Ⅲ　身近なところで熱力学が応用されている。次の会話文は，静岡市内の高校での物理の授業後の生徒と先生とのやり取りである。会話文を読み，以下の問いに答えなさい。

生徒：家の近くに大きな工場があって，エアコンなどを作っているみたいです。

先生：昔からある有名な製作所で，エアコンを作り始めたのは約半世紀も前なんだ。

生徒：すごい，そんなに昔からあったのですね。ところで，エアコンはどうやって部屋を冷やしたり温めたりするのですか？

先生：それはね，仕事を加えることにより低温物体から高温物体へ熱を移動させることができる（　ア　）という技術を利用しているんだよ。

生徒：たしか冷蔵庫もその技術を利用したものの一つですよね。

先生：そうだね。エアコンは本体にも室外機にも熱交換器があって，冷媒と呼ばれる気化しやすい物質が入った配管でつながれているんだ。冷房運転の場合，室外機で冷媒を加圧すると温度が上がるんだけど，これは物理の言葉でいうと（　イ　）というんだ。その熱を熱交換器で外に逃がしてやる。その後，減圧し冷えた冷媒がエアコン本体の熱交換器で室内の空気を冷やすんだ。冷媒は室内の熱をうばって室外機に戻る。この繰り返しで熱を室内から室外へと運び出しているんだね。

生徒：なるほど。暖房はその反対なんですね。

先生：その通り。ちなみに，室内と室外の温度差が大きいほどエアコンの消費電力は大きくなるから，夏場の冷房運転で室温設定28℃・室外30〜35℃の時と，冬場の暖房運転で室温設定20℃・室外−10〜10℃の時を比べれば（　ウ　）の方が消費電力は大き

くなるね。冷房運転や暖房運転で，同じ温度だけ冷やしたり温めたりすることを考えると，加圧時のコンプレッサーで生じた熱を利用するので，（　エ　）の方が消費電力は少なくてすむんだよ。

生徒：先生，ありがとうございました。身近なところに物理の知識が活かされているのですね。これからも頑張って物理を勉強します！

問8　文中の（　ア　）に入る適切な語句を答えなさい。

問9　文中の（　イ　），（　ウ　），（　エ　）に入る語句の組合せとして最も適切なものを，次の①〜⑧から一つ選び，番号で答えなさい。

| | イ | ウ | エ |
|---|---|---|---|
| ① | 等温膨張 | 冷房運転 | 冷房運転 |
| ② | 等温膨張 | 冷房運転 | 暖房運転 |
| ③ | 等温膨張 | 暖房運転 | 冷房運転 |
| ④ | 等温膨張 | 暖房運転 | 暖房運転 |
| ⑤ | 断熱圧縮 | 冷房運転 | 冷房運転 |
| ⑥ | 断熱圧縮 | 冷房運転 | 暖房運転 |
| ⑦ | 断熱圧縮 | 暖房運転 | 冷房運転 |
| ⑧ | 断熱圧縮 | 暖房運転 | 暖房運転 |

(☆☆☆◎◎◎)

【4】波動に関するⅠ，Ⅱの問いに答えなさい。

Ⅰ　図7の原点 $x = 0$ 〔m〕の位置に波源があり，時刻 $t = 0$ 〔s〕のときに $x$ 軸の正の向きに正弦波を連続して送り出した。図7は，$t = 3.0$ 〔s〕における波形を表している。ただし，$x = 6.5$ 〔m〕の点Aは固定端であり，正弦波が固定端に達すると反射波が生じる。以下の問いに答えなさい。

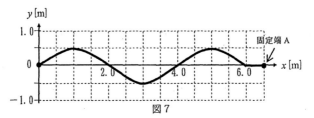

図7

問1　この波の振幅，波長，伝わる速さ，振動数，周期をそれぞれ求めなさい。

問2　位置$x=2.0$〔m〕における，この波の変位$y$〔m〕と時刻$t$〔s〕との関係を表すグラフをかきなさい。ただし，$0 \leqq t \leqq 3.0$〔s〕とする。

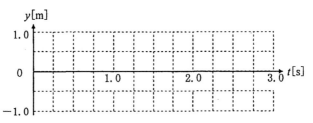

問3　時刻$t=8.0$〔s〕における波形をかきなさい。

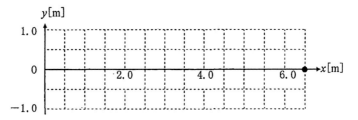

問4　図7が表している波に関する次の文章を読み，空欄[　ア　]～[　カ　]に入る式又は文字をそれぞれ答えなさい。ただし，$x<$ 6.5〔m〕とする。

　原点$x=0$〔m〕における入射波の変位$y$〔m〕は，時刻$t$〔s〕を用いて　$y=$[　ア　]〔m〕　と表すことができる。また，原点における振動が位置$x_1$〔m〕に伝わるまでの時間は[　イ　]〔s〕で

221

あることから，時刻$t$〔s〕における位置$x_1$〔m〕での入射波の変位$y_1$〔m〕は，時刻$t-$[　イ　]〔s〕における原点での変位に等しい。したがって，入射波の変位$y_1$〔m〕は，時刻$t$〔s〕と位置$x_1$〔m〕を用いて　$y_1=$[　ウ　]〔m〕　と表すことができる。

　　次に，固定端で反射した波を考える。波が原点から送り出されてから固定端で反射して位置$x_2$〔m〕に伝わるまでの時間は[　エ　]〔s〕である。また，固定端では波の位相が[　オ　]〔rad〕ずれることから，反射波の変位$y_2$〔m〕は，$t$〔s〕と$x_2$〔m〕を用いて　$y_2=$[　カ　]〔m〕　と表すことができる。

Ⅱ　図8のように，球面の半径が$R$の平凸レンズを，球面を下にして平面ガラスの上に置く。この平凸レンズの真上から波長$\lambda$の単色光を当て，反射光を観察すると，同心円状の明暗の環(ニュートンリング)が観察された。平面ガラスと平凸レンズの接触点Aから距離$r$だけ離れた点Bと，その真上の球面上の点Cとの距離を$d$として，以下の問いに答えなさい。

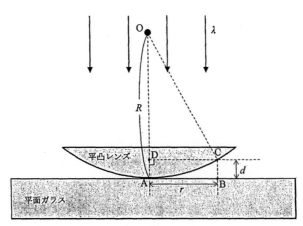

図8

問5　図8の平凸レンズの球面上の点Cで反射する光と平面ガラスの上面の点Bで反射する光が干渉して弱めあうときの，2つの光の光路差$2d$を，$\lambda$，$m$（$m=0$，1，2，…)を用いて答えなさい。

問6　$d$が$R$, $r$と比べ十分小さいとき，$2d=\dfrac{r^2}{R}$となることを証明しなさい。

問7　一番内側の明環を1番目としたとき，内側から数えて$N$番目の明環の半径を，$N$, $\lambda$, $R$を用いて答えなさい。

(☆☆☆◎◎◎)

【5】電流に関するⅠ，Ⅱの問いに答えなさい。

Ⅰ　図9のように，長さ$L$, 断面積$S$の導線の両端に電圧$V$を加えると，導線内部に電場が生じる。このとき，導線内部の自由電子が電場から受ける力と，熱振動する陽イオンと自由電子との衝突による抵抗力はつりあい，自由電子は一定の速さで導線内部を移動すると考えることができる。自由電子1個がもつ電気量の大きさを$e$, 単位体積当たりの自由電子の数を$n$として，以下の問いに答えなさい。

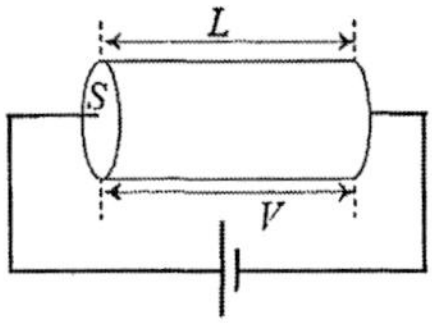


図9

問1　自由電子の平均の速さを$v$としたとき，導体を流れる電流の大きさ$I$を必要な物理量を用いて答えなさい。

問2　自由電子が電場から受ける力の大きさ$F_1$を，$e$, $L$, $V$を用いて答えなさい。

陽イオンと自由電子との衝突による抵抗力の大きさ$F_2$が，自由電子の平均の速さ$v$に比例するとすると，　$F_2=kv$　($k$は比例定数)
と表すことができる。

問3　自由電子の平均の速さ$v$を，$e$, $k$, $L$, $V$を用いて答えなさい。

問4　導体を流れる電流$I$とオームの法則から，この導体の抵抗率$\rho$を，$e$, $k$, $n$を用いて答えなさい。

Ⅱ　A君，B君，C君は，物理の授業で電気の分野を学習し，それぞれ次のような活動を行った。次の問いに答えなさい。

問5　A君は，12〔Ω〕の抵抗を12個使って回路を作った。このとき，回路全体の合成抵抗が9〔Ω〕になった。A君が作ったと考えられる回路の回路図をかきなさい。

問6　B君は，図10の電圧計のしくみを調べようと思い，その電圧計の裏側を見たところ，図11のように，複数の抵抗が接続されていた。図11の回路に接続されている抵抗ア，イの抵抗値を，単位を含めてそれぞれ求めなさい。ただし，中央のメーター部分にも抵抗がついており，その抵抗を含めたメーターの内部抵抗は3〔kΩ〕である。

図10　　　　　　　図11

問7　C君は，電流計のしくみを調べようと思い，その電流計の裏を見たが，カバーがされていて見ることができなかったため，考えてみることにした。50〔mA〕までの電流をはかることができる電流計(内部抵抗9.9〔Ω〕)が5〔A〕まではかることができるようになっている場合，何〔Ω〕の抵抗がどのように接続されているか。次の図に抵抗を接続して回路図を完成させ，その抵抗の値も示しなさい。

【6】X線に関するⅠ，Ⅱの問いに答えなさい。

Ⅰ　静止しているとみなせる電子を電圧$V$で加速して金属に衝突させると，さまざまな波長のX線が発生する。この発生したX線の強さと波長の関係は，図12のようになった。以下の問いに答えなさい。

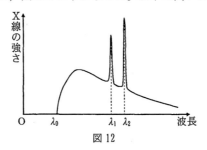

図 12

問1　図12のように，2つの鋭いピークの波長$\lambda_1$と$\lambda_2$のX線が観測された。このX線は何とよばれるか。その名称を答えなさい。

問2　電気素量を$e$，プランク定数を$h$，光の真空中での速さを$c$として，発生したX線の最短波長$\lambda_0$を求めなさい。

Ⅱ　X線が電子によって散乱されるとき，散乱されたX線の波長が入射X線の波長より長くなり，このときの波長の変化は，散乱する物質に関係なく散乱角度にのみ依存することがコンプトンの実験によって判明した。しかし，この現象は，光が波動であると考えるだけでは説明ができなかった。そこで，X線が「粒子」として電子に衝突するのではないかと仮説を立て，運動量保存の法則とエネルギー保存の法則を用いて計算することで現象を説明した。

　図13のように，波長$\lambda$のX線を静止しているとみなせる質量$m$の電子に当てると，X線の入射方向と角度$\alpha$の方向に波長$\lambda'$のX線が散乱され，電子はX線の入射方向と角度$\beta$の方向に速さ$v$ではね飛ばされるとする。この現象は，図13の$xy$平面内で起こるものとし，電気素量を$e$，プランク定数を$h$，光の真空中での速さを$c$として，以下の問いに答えなさい。

225

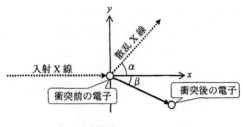

図13

問3　コンプトンは，散乱X線と入射X線の波長の差 $\Delta\lambda=\lambda'-\lambda$ を求めることで，この現象を説明した。次の□□□の中の説明は，$\Delta\lambda=\lambda'-\lambda$ を求める過程を示している。空欄[　ア　]～[　ウ　]に入る式をそれぞれ求めなさい。

　　ただし，$\lambda'$ と $\lambda$ との差が極めて小さいとき，$\dfrac{\lambda'}{\lambda}+\dfrac{\lambda}{\lambda'}≒2$ が成り立つものとする。

---

$x$ 軸方向の運動量保存則の式は　　[　ア　]　…①

$y$ 軸方向の運動量保存則の式は　　[　イ　]　…②

エネルギー保存則の式は　　　　　[　ウ　]　…③

①，②，③の式より，

　　$\lambda'-\lambda=\dfrac{h}{mc}(1-\cos\alpha)$ が得られた。

---

（☆☆☆○○○）

【7】静岡県と関わりのあるノーベル物理学賞の受賞者に関する，次の問いに答えなさい。

問1　静岡県出身の天野浩氏は，赤﨑勇氏，中村修二氏とともに2014年にノーベル物理学賞を受賞した。この受賞理由となった天野氏らが開発したものは何か。その名称を答えなさい。

問2　2002年にノーベル物理学賞を受賞した小柴昌俊氏，同じく2015年に受賞した梶田隆章氏が，静岡県の企業が開発した光電子増倍管で観測した素粒子の名称を答えなさい。

（☆☆☆○○○）

## 【化学】

【1】 自然科学分野の中で，化学とは，さまざまな物質の構造・性質および物質相互の反応を研究する学問である。次のI〜IIIの問いに答えなさい。ただし，原子量はH＝1.0，N＝14，O＝16，Fe＝56，ファラデー定数は$9.65 \times 10^4$C/molとする。

I　硝酸は工業的には反応式(i)〜(iii)に従って，（　①　）を触媒としてアンモニアと空気の混合気体を約800℃で反応させて一酸化窒素をつくり，これを空気中で酸化させて二酸化窒素とした後，水と反応させることにより得られる。この方法を（　②　）法という。以下の問いに答えなさい。

$$4NH_3 + 5O_2 \rightarrow 4NO + 6H_2O \quad \cdots(i)$$
$$2NO + O_2 \rightarrow 2NO_2 \quad \cdots(ii)$$
$$3NO_2 + H_2O \rightarrow 2HNO_3 + NO \quad \cdots(iii)$$

問1　文中の空欄（　①　），（　②　）に入る最も適する語句をそれぞれ答えなさい。

問2　反応式(i)〜(iii)をまとめて1つの化学反応式で表しなさい。

問3　この方法によって，質量パーセント濃度63％の濃硝酸$1.0 \times 10^3$kgを得るのに必要なアンモニアの標準状態における体積〔$m^3$〕を，有効数字2桁で求めなさい。ただし，生成の途中で生じる窒素酸化物はすべて硝酸に変化するものとする。

II　①水素などの燃料と酸素を用いて，酸化還元反応により化学エネルギーを電気エネルギーに変換する装置を燃料電池という。燃料電池は，放電によって生じる物質が水のみであることから，環境への影響が小さく，家庭用電源や自動車の動力源としての開発・普及が進められている。②燃料電池に利用する水素は，通常，メタンからつくられており，製造過程で二酸化炭素を生じる。しかし，燃料電池は，発電に伴って発生する排熱を利用し，エネルギーを有効に利用するしくみがつくられており，全体としては，二酸化炭素の排出を削減できると考えられている。次の問いに答えなさい。

問1　下線部①について，電解質にリン酸を用いた時に，正極，負

極では，それぞれどのような反応が起きているか。電子e$^-$を用いたイオン反応式でそれぞれ表しなさい。

問2 1.0Aの電流を32分10秒間流した時に得られる電気量〔C〕を，有効数字2桁で求めなさい。

問3 燃料電池により問2の電気量を得るのに必要な，標準状態における水素の体積〔mL〕を，有効数字2桁で求めなさい。

問4 下線部②について，化学反応式で表しなさい。

Ⅲ 鉄0.56gに2.0mol/Lの希塩酸を25mLまで少しずつ加えていき，加えた希塩酸の体積と発生した気体の体積の関係を調べた。次の問いに答えなさい。

問1 この反応を化学反応式で表しなさい。

問2 加えた希塩酸の体積〔mL〕と発生した気体の標準状態での体積〔mL〕の関係をグラフに示しなさい。ただし，横軸は加えた希塩酸の体積〔mL〕，縦軸は発生した気体の標準状態での体積〔mL〕とする。

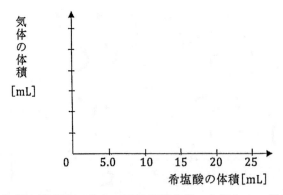

問3 希塩酸を濃硝酸に変えて同じ実験を行った場合の，得られる結果とその理由を答えなさい。

(☆☆◎◎◎◎)

【2】化学の現象の中には，身近な生活との関わりが多くみられるものがある。

　　図はスポーツドリンク500mLを冷却していく場合の，冷却時間と温度の関係を示した冷却曲線である。以下の問いに答えなさい。

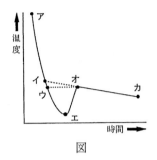

図

問1　この水溶液の凝固点は，図中イである。しかし，イよりも低い温度になっても凝固しなかった。このような状態を何というか答えなさい。

問2　溶液が凝固し始めるのはどの点か。図中ウ～カから1つ選び，記号で答えなさい。

問3　図中エ～オ間で急激に温度が上昇する理由を答えなさい。

問4　完全に凝固したスポーツドリンクを徐々に温めて，溶け出した液体が約50mLたまるごとに別のコップに取り出した。この液体を取り出した順番に飲んだとき，味の濃さについてどのような事が言えると考えられるか。次の①～④から1つ選び，番号で答えなさい。

①　はじめに取り出した液体が濃く，徐々に薄くなる。

②　はじめに取り出した液体が薄く，徐々に濃くなる。

③　味に変化はない。

④　実験を行う度に変わるため，一概には言えない。

(☆☆○○○)

【3】市販のオキシドールは過酸化水素を含んでいる。そこで，過酸化水素の濃度を，過マンガン酸カリウム水溶液を用いた酸化還元滴定によって決定する実験を行った。

　　市販のオキシドールを正確に10倍に希釈し，<u>希釈したオキシドール</u>

10.0mLをはかり取り，2.0mol/Lの希硫酸5.0mLを加えたのち，2.00×10⁻²mol/Lの過マンガン酸カリウム水溶液を滴下したところ，20.4mL加えたところで反応が終了した。この反応は硫酸酸性条件で次のように反応する。

　　　$2KMnO_4 + 5H_2O_2 + 3H_2SO_4 \rightarrow 2MnSO_4 + 5O_2 + 8H_2O + K_2SO_4$

　このことについて，次の問いに答えなさい。ただし，原子量はH＝1.0，O＝16とする。なお，オキシドール中には過酸化水素以外に過マンガン酸カリウムと反応する物質は含まれていないものとする。

問1　この滴定において，酸化剤として働いている物質の化学式を答えなさい。

問2　問1で答えた物質について，酸化剤として働くときに酸化数が変化する原子の化学式とその酸化数の変化をそれぞれ答えなさい。

問3　下線部について，希釈したオキシドールをはかり取る器具と過マンガン酸カリウム水溶液を滴下する器具を次のア～エから1つずつ選び，それぞれ記号で答えなさい。また，その器具の名称をそれぞれ答えなさい。

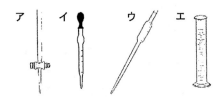

問4　下線部について，この滴定では希硫酸の代わりに希塩酸を使用できない。その理由を答えなさい。

問5　希釈したオキシドール中の過酸化水素のモル濃度〔mol/L〕を，有効数字3桁で求めなさい。

問6　市販のオキシドール中の過酸化水素の質量パーセント濃度〔%〕を，有効数字2桁で求めなさい。ただし市販のオキシドールの密度は1.02g/cm³とする。

問7　過マンガン酸カリウム水溶液を滴下する器具を使用するときに，器具の扱い方について注意すべき点を2つ挙げなさい。ただし，目

盛りの読み方については除く。

(☆☆☆◎◎◎◎)

【4】沈殿の生成を利用した滴定を沈殿滴定といい，代表的なものとして
モール法が知られている。モール法とは，塩化銀AgClとクロム酸銀
$Ag_2CrO_4$の沈殿生成を利用した滴定であり，クロム酸カリウム$K_2CrO_4$
水溶液を指示薬に用いて，銀イオン$Ag^+$の滴下量から水溶液中の塩化
物イオン$Cl^-$の濃度を求める方法である。次の問いに答えなさい。た
だし，AgClの溶解度積を$1.7 \times 10^{-10} mol^2/L^2$，$Ag_2CrO_4$の溶解度積を$1.1 \times 10^{-12} mol^3/L^3$，$\sqrt{1.7} = 1.3$，$\sqrt{11} = 3.3$とする。

問1 $1.0 \times 10^{-2} mol/L$の$Cl^-$と$1.0 \times 10^{-3} mol/L$の$CrO_4^{2-}$が含まれている混
合水溶液100mLに，硝酸銀水溶液を徐々に加えた。ただし，このと
きの体積変化は無視できるものとする。

(1) 硝酸銀水溶液を加える前の混合溶液の色は何色か，答えなさい。

(2) AgClを沈殿させるために必要な$Ag^+$の濃度〔mol/L〕を有効数
字2桁で求めなさい。

(3) $Ag_2CrO_4$が次の溶解平衡の状態にあるとき，$Ag_2CrO_4$の溶解度積
$K_{sp}$を，水溶液中のイオンのモル濃度$[Ag^+]$と$[CrO_4^{2-}]$を用いた式
で表しなさい。

$Ag_2CrO_4(固) \rightleftarrows 2Ag^+ + CrO_4^{2-}$

(4) $Ag_2CrO_4$を沈殿させるために必要な$Ag^+$の濃度〔mol/L〕を有効
数字2桁で求めなさい。

(5) $Ag_2CrO_4$の沈殿が生成しはじめるときの，混合水溶液中の$Cl^-$の
濃度〔mol/L〕を有効数字2桁で求めなさい。

(6) (5)のとき，はじめの混合水溶液に含まれていた$Cl^-$のうち，混
合水溶液中に溶解している$Cl^-$の割合〔%〕を有効数字2桁で求め
なさい。

問2 しょう油10mLを100mLのメスフラスコにとり，標線まで水を加
えて希釈した。この希釈した水溶液5.0mLをコニカルビーカーにと
り，指示薬として0.1mol/Lのクロム酸カリウム水溶液1mLを加えた。

231

これに，0.10mol/Lの硝酸銀水溶液を滴下していったところ，硝酸銀水溶液の滴下量が17.0mLのとき，$Ag_2CrO_4$の沈殿が生じ始めたので，これを滴定の終点とした。この実験で用いたしょう油中に含まれる塩化ナトリウムの質量パーセント濃度〔％〕を有効数字2桁で求めなさい。ただし，原子量はNa＝23，Cl＝35.5，しょう油の密度は1.2g/cm³とする。また，しょう油中のCl⁻はすべて塩化ナトリウムとして存在し，しょう油中の他の成分は反応しないものとする。

(☆☆☆☆◎◎◎◎)

【5】カルシウムは2族の元素であり，アルカリ土類金属の一つである。価電子を2個もち，2価の陽イオンになりやすい。自然界では炭酸塩，硫酸塩，フッ化物，リン酸塩，ケイ酸塩の形で豊富に存在する。図はカルシウムとその化合物の相互関係を表したものである。以下の問いに答えなさい。

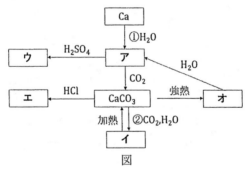

図

問1　次の(1)〜(5)に当てはまる化合物を，図のア〜オから1つずつ選び，記号で答えなさい。

(1)　「生石灰」とよばれ，海苔などの乾燥剤として用いられる。

(2)　気体の乾燥や冬期の路面の凍結防止剤として用いられる。

(3)　水溶液中に存在し，安定な固体としては得られない。水溶液を加熱すると白い沈殿を生じる。

(4)　「消石灰」ともよばれる。水溶液は「石灰水」とよばれる。

(5)　二水和物は「セッコウ」とよばれ，これを焼いてつくった「焼

きセッコウ」は医療用ギプスや美術品に用いられる。

問2 図の①及び②の変化をそれぞれ化学反応式で表しなさい。

問3 図のアが塩素と反応すると，さらし粉を生じる。この変化を化学反応式で表しなさい。

(☆☆☆◎◎◎◎)

【6】未知の有機化合物について，成分元素の種類だけでなく，その含有量を調べて元素の質量組成を知ることができれば，その化合物の組成式を求めることができる。また，試料の分子量を適当な方法により知ることができれば，分子式を求めることができる。さらに，分子式が決まっても，異性体が複数存在する場合があるので，その化合物の性質を調べることで，構造式を求めることができる。

炭素，水素，酸素からなるエステルA～Cは，互いに異性体である。33.0mgのAを完全燃焼させると二酸化炭素66.0mgと水27.0mgが生じた。また，4.40gのAをベンゼン100gに溶かした溶液の凝固点は，ベンゼンよりも2.56K低かった。A～Cにそれぞれ水酸化ナトリウム水溶液を加えて加熱した。その後，反応溶液を酸性にすると，AからはDとE，BからはDとF，CからはGとHが得られた。DとGはともに酸性の化合物で，Dは銀鏡反応を示した。E，FおよびHはいずれも中性の化合物で，Eはヨードホルム反応を示したが，他は示さなかった。次の問いに答えなさい。ただし，原子量はH=1.0，C=12，O=16とする。

問1 ある有機化合物をナトリウムとともに加熱し，得られた物質の水溶液に酢酸鉛水溶液を加えると黒色沈殿が生じた。この方法により確認できる非金属元素は何か。元素記号で答えなさい。

問2 Aの分子量を有効数字2桁で求めなさい。ただし，ベンゼンのモル凝固点降下を5.12K・kg/molとする。

問3 Aの分子式を答えなさい。

問4 A～Cの構造式を記入例にならってそれぞれ答えなさい。

構造式の記入例

$$CH_3-CH-C-CH=CH_2$$

（$CH_3$、$O$が上部に付く構造式）

233

問5　下線部について，Aと水酸化ナトリウム水溶液との反応を，化学反応式で表しなさい。

(☆☆☆○○○○)

【7】タンパク質は天然高分子化合物であり，皮膚や筋肉などを構成しており，肉類や豆類に多く含まれている。タンパク質を酵素で加水分解すると，種々の$\alpha$-アミノ酸が得られる。$\alpha$-アミノ酸に関する次の文を読んで，以下の問いに答えなさい。

　$\alpha$-アミノ酸は，同一の炭素原子に分子内に酸性を示す（　①　）基と塩基性を示す（　②　）基が結合している。このため，最も簡単な構造をした$\alpha$-アミノ酸である（　③　）以外の$\alpha$-アミノ酸は分子中に（　④　）をもつため，（　⑤　）異性体が存在する。

　アミノ酸は，pHによっては，（　①　）基の水素原子が水素イオンとなって（　②　）基に移り，分子内に正負の異なる電荷をもつ双性イオンになる。

　一般にアミノ酸(Aとする)は水溶液中で，陽イオン($A^+$)，双性イオン($A^\pm$)，陰イオン($A^-$)の3種類のイオンとして存在し，次の電離平衡が成りたつ。

$$A^+ \rightleftarrows A^\pm + H^+ \quad 反応(i) \quad （平衡定数は K_1）$$
$$A^+ \rightleftarrows A^- + H^+ \quad 反応(ii) \quad （平衡定数は K_2）$$

問1　文中の空欄（　①　）～（　⑤　）に入る最も適する語句をそれぞれ答えなさい。

問2　$\alpha$-アミノ酸のうち，動物が体内で合成できない，合成できても十分量でないため食物から摂取する必要があるものを何というか答えなさい。

問3　次のア～オの$\alpha$-アミノ酸のうち，(1)～(3)のような特徴を有するものはどれか。ア～オからそれぞれ1つずつ選び，記号で答えなさい。
ア　チロシン　　イ　セリン　　ウ　メチオニン　　エ　リシン
オ　グルタミン酸

    (1)   ベンゼン環を有するアミノ酸

    (2)   硫黄を含むアミノ酸

    (3)   塩基性アミノ酸

問4   $\alpha$-アミノ酸を含む水溶液にある試薬を入れ，温めると赤紫〜青紫色に発色した。加えた試薬の名称を答えなさい。

問5   アラニンの双性イオン($A^{\pm}$)を構造式で答えなさい。

問6   平衡定数$K_1$および平衡定数$K_2$をそれぞれ，水素イオン濃度$[H^+]$，および$A^+$，$A^{\pm}$，$A^-$のモル濃度$[A^+]$，$[A^{\pm}]$，$[A^-]$を用いて表しなさい。

問7   水素イオン濃度$[H^+]$を$K_1$，$K_2$，$[A^+]$，$[A^-]$を用いて表しなさい。

問8   $A^+$，$A^{\pm}$，$A^-$の電荷の総和が0になる時のpHを等電点という。アラニンの等電点を，有効数字2桁で求めなさい。ただし，アラニンの$K_1=5.0\times10^{-3}$〔mol/L〕，$K_2=2.0\times10^{-10}$〔mol/L〕とする。

(☆☆☆◎◎◎◎)

## 【生物】

【1】体色変化に関わる細胞骨格やモータータンパク質に関する次の文章Ⅰと細胞接着に関する文章Ⅱを読み，あとの問いに答えなさい。

  Ⅰ   魚類や両生類などの体色変化は，うろこや皮膚にある「色素胞」という細胞の働きによって起こる。魚類では外界の色(背景色)の変化を眼で受容し，うろこの色素胞に分布する①交感神経を興奮させることにより体色変化が起こる。色素胞では内部にある「色素顆粒」が( ア )などの神経伝達物質の作用を受け凝集したり，拡散したりすることで，体色に変化を生じさせている。図1−1はメダカのうろこに存在する色素胞を模式的に示したものである。黒色色素顆粒(●)は②微小管上を移動するモータータンパク質の( イ )や( ウ )によって輸送される。微小管は中心小体側が−端，細胞膜側が＋端で，( イ )は＋端の方向に，( ウ )は−端の方向に移動する。

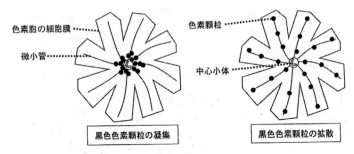

**図１−１**

問1　下線部①に関して，神経伝達物質( ア )の名称を答えなさい。

問2　下線部②に関して，次の問いに答えなさい。

(1)　文章中のモータータンパク質( イ )と( ウ )の名称を次の選択肢からそれぞれ選びなさい。

[選択肢]　ミオシン　　キネシン　　フィブリン　　ダイニン　　ケラチン

(2)　モータータンパク質( イ )と( ウ )のエネルギー源を答えなさい。

(3)　微小管は細胞骨格の1種としても知られており，チューブリン(タンパク質)が重合した繊維である。細胞骨格はほかに2種あり，計3種に分類されるが，次の働きをする細胞骨格の名称をそれぞれ答えなさい。

(a)　3種の細胞骨格の中で中間の太さを持ち，細胞の機械的な強度を高めている。

(b)　細胞膜直下に多く存在し，原形質流動やアメーバ運動，筋収縮に関与する。

問3　黒色色素顆粒が凝集したとき，体色は濃く見えるか，薄く見えるか答えなさい。

Ⅱ　多細胞生物では，同じ種類の細胞同士が膜タンパク質を介して結合している。上皮組織の細胞間結合は大きく次の3つに分けられる。

結合A…接着にはたらくタンパク質同士の結合により，小さな分子も通れないほど細胞同士が隙間なく結合している。

結合B…接着にはたらくタンパク質同士が部分的に集まって結合し，そのタンパク質には細胞骨格が結合している。

結合C…中空のタンパク質同士の結合で，接着している細胞の細胞質同士はそのタンパク質を介してつながっている。

特に，細胞間の接着にはたらくタンパク質のカドヘリンは接着に( エ )イオンを必要とする。また，細胞と細胞外基質(細胞外マトリックス)の結合には( オ )というタンパク質がはたらいている。

問4　結合A，B，Cの名称をそれぞれ答えなさい。

問5　文章中の空欄( エ )と( オ )に入る最も適する語句をそれぞれ答えなさい。

(☆☆☆◎◎◎)

【2】次の文章を読み，以下の問いに答えなさい。

生体内での化学反応全体を代謝といい，( ア )と( イ )がある。( ア )では複雑な物質を分解して単純な物質が生じ，( イ )では単純な物質から複雑な物質を合成する。大部分の代謝は，①酵素が生体ではたらくことによって速やかに進行する。( イ )の1つである植物の光合成は葉緑体で行われる。光エネルギーは，葉緑体の( ウ )といわれる袋状構造の膜に存在する光合成色素によって吸収される。そして( ウ )で吸収した光エネルギーを用いて$H_2O$から電子が取り出され，電子伝達系を通る。このとき，②酸素の発生や( エ )の合成が進行する。また，葉緑体の( オ )には多くの酵素が含まれており，そこでは( エ )を利用して③二酸化炭素の固定と有機物の合成が起こる。

細菌類でも炭酸同化に光エネルギーを利用して光合成を行うものがいる。④光合成色素として( カ )をもつ光合成細菌は，電子伝達系の出発物質として$H_2O$の代わりに硫化水素[$H_2S$]などを用いるため，植物の光合成とは異なり( キ )の放出はみられない。

問1　文章中の空欄( ア )～( キ )に入る最も適する語句をそれぞれ答えなさい。

問2　下線部①について，酵素がはたらくことによって化学反応が速やかに進行するのはなぜか，答えなさい。

問3　下線部②について，光合成によって発生する酸素が，水あるいは二酸化炭素のどちらに由来するか調べたい。そのためにはどのような実験をすればよいか，緑藻類のクロレラと同位体を材料とした実験を計画しなさい。また，どのような結果が得られるか予想し，結論を導きなさい。

問4　下線部③について，クロレラを用いて光合成を行わせ，この反応系に含まれるリブロース二リン酸(RuBP)とホスホグリセリン酸(PGA)の量を調べた。

(1)　二酸化炭素をPGAに固定するときにはたらく酵素名を答えなさい。

(2)　クロレラに十分な光と二酸化炭素を与えて培養した後，二酸化炭素濃度が著しく低い条件下で培養を続けるとRuBP量はどのようになるか，最も適切なものを図2－1のA～Dから1つ選び，記号で答えなさい。

(3)　クロレラに十分な光と二酸化炭素を与えて培養した後，光を消し二酸化炭素の供給のみで培養を続けるとPGA量はどのようになるか，最も適切なものを図2－1のA～Dから1つ選び，記号で答えなさい。

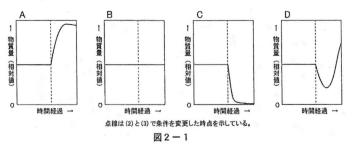

点線は(2)と(3)で条件を変更した時点を示している。

図2－1

問5　光合成により132mgの二酸化炭素が固定されるとき，何mgのグルコースが合成されるか答えなさい。なお，水は十分に供給され，取り込まれた二酸化炭素はすべてグルコースの合成反応に使われ，

呼吸によるグルコースの消費はないものとする。ただし，原子量は
H＝1.0，C＝12，O＝16とする。

問6　下線部④について，光合成細菌の例を次のア〜クからすべて選
び，記号で答えなさい。

ア　硝酸菌　　　　　イ　亜硝酸菌　　　ウ　緑色硫黄細菌

エ　硫黄細菌　　　　オ　根粒菌　　　　カ　脱窒素細菌

キ　紅色硫黄細菌　　ク　シアノバクテリア

(☆☆☆◎◎◎)

【3】バイオテクノロジー分野を生徒に学習させるため，プラスミドや電
気泳動法を実験に用いることにした。今回は，大腸菌を用いてクロー
ニングした環状プラスミドを使用し，予備実験を行うことにした。生
徒実験では，プラスミドを制限酵素で切断し，電気泳動によって検出
された結果を読み取るところまで経験させたい。実験に用いた2本鎖
の環状プラスミドは，5kbpのベクター部分とDNA鎖長不明のDNA(A)
からなる(図3－1)。ベクター部分では，実験に用いた全ての制限酵素
認識配列は100bpのマルチクローニングサイト(MCS)のみに含まれる。
制限酵素として*Eco*RI，*Pst*I，*Alu*I を利用し，プラスミドを異なる制
限酵素の組み合わせで切断した。標準試料と同時にアガロースゲル中
を電気泳動したときのDNA断片の位置を模式化(黒く塗りつぶしたバ
ンドとして表示)した。なお，標準試料の鎖長を図の両端に記載した
(図3－2)。

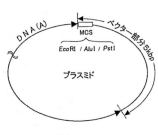

図3－1

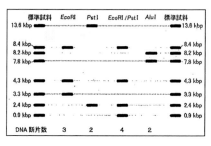

図3－2

239

問1　電気泳動の結果，DNAのバンドは図3−2の上から下へ移動した。この現象について，電気泳動をする際の注意点とDNAの性質を含めて答えなさい。

問2　このプラスミドに含まれる*Eco*RIの切断部位の数はいくつか答えなさい。

問3　DNA(A)の鎖長は何kbpと考えられるか答えなさい。

問4　プラスミドを*Eco*RI，*Pst*Ⅰ，*Alu*Ⅰの3つの制限酵素を使って同時に切断したときに，現れると予想される100bp以上のDNA断片の鎖長として最も適切なものを次のア～カから1つ選び，記号で答えなさい。

ア　8.4kbp　4.3kbp　2.4kbp　0.4kbp

イ　8.2kbp　7.2kbp　4.3kbp　2.4kbp　0.9kbp

ウ　8.2kbp　4.3kbp　2.4kbp　0.9kbp　0.2kbp

エ　7.8kbp　4.3kbp　2.4kbp　1.5kbp

オ　7.8kbp　4.3kbp　2.4kbp　1.5kbp　0.6kbp

カ　4.3kbp　4.1kbp　2.4kbp　0.9kbp　0.2kbp

問5　制限酵素処理によって，DNA(A)からより長いDNA断片を切り出すためには，どの制限酵素で処理を行えば良いか。最も適切なものを次のア～キから1つ選び，記号で答えなさい。

ア　*Eco*RI　　イ　*Pst*Ⅰ　　　　ウ　*Eco*RI/*Pst*Ⅰ

エ　*Alu*Ⅰ　　オ　*Pst*Ⅰ/*Alu*Ⅰ　　カ　*Eco*RI/*Alu*Ⅰ

キ　*Eco*RI/*Pst*Ⅰ/*Alu*Ⅰ

問6　予備実験を終えカルタヘナ法に従って廃棄物の処理を行った。遺伝子組換え生物等を不活性化するための措置の具体例を1つ答えなさい。

(☆☆☆◎◎◎)

【4】先生と生徒(太郎くん，花子さん，次郎くん)との細胞分化と形態形成に関する会話文を読み，以下の問いに答えなさい。

先生「動物のからだが作られていく過程で，何か疑問に思うことはあ

るかな。」

太郎「多細胞動物の体は，一つの受精卵からどのように複雑さが作られていくのかな。」

先生「体軸形成がポイントだね。多くの動物では卵の中で偏って局在する母性因子が，これらの体軸形成に重要な働きをしているよ。例えばショウジョウバエでは（　ア　）といわれる母性効果遺伝子のmRNAは卵の前端部に局在し，（　イ　）といわれる母性効果遺伝子のmRNAは卵の後端部に局在しているよ。」

花子「ということは，これらのmRNAは卵形成中にDNAから（　ウ　）されるのですか。」

先生「授業で学んだことが理解できているね。その後タンパク質に（　エ　）されるのは受精後なんだよ。ここまで聞いて，ショウジョウバエの前後軸がどのように形成されていくか仮説を立てられるかな。」

次郎「えっと…卵の前側と後側で異なるタンパク質ができるから，前後軸に沿って①それぞれのタンパク質の濃度勾配ができそうですね。」

先生「②その仮説は，どのような実験をしてどのような結果が得られれば検証できるか，実験計画を立案してみよう。」

太郎「遺伝子を扱う実験は実際にはできないとしても，実験計画を立案するだけで楽しいですね。よーし，頑張って考えるぞ。」

先生「多細胞動物はショウジョウバエだけではないよね。」

太郎「もちろん，それだけではないことは知っていますよ。他の動物の発生過程も知りたくなってきたぞ。③僕はショウジョウバエを調べるから，花子さんはウニ，次郎くんはカエルをお願いね。次の授業で発表しあおうよ。」

先生「おっ，次の授業計画までしてくれたな。」

問1　会話文中の空欄（　ア　）～（　エ　）に入る最も適する語句をそれぞれ答えなさい。

問2　下線部①に記した濃度勾配に従って，ショウジョウバエの胚は

14個の体節に分けられる。これらの体節では，ある一群の遺伝子の
はたらきによって，それぞれ決まった特徴をもつ構造がつくられる。
この一群の遺伝子は何と呼ばれているか名称を答えなさい。

問3　下線部②について，太郎くんは下の枠線内のような実験を考え，
仮説が正しいと検証される結果の予想を立てた。会話文中の（　ア　）
を遺伝子Aとし，空欄（　a　）と（　b　）に最も適する言葉をそれぞれ
入れて文章を完成させなさい。

> 遺伝子AのmRNAを（　a　）に注射する。発生を続けたのち
> （　b　）のような結果が得られれば仮説が正しいと検証できる。

問4　母性因子である遺伝子Aのタンパク質は，受精後に胚内で，遺伝
子Bを発現させることで頭部の形成に関わっている。そのため，遺
伝子Aと遺伝子Bがはたらかないと頭部が形成されない胚が生じる。
図4−1に示した交配1〜3の結果，得られる雑種第一代で「頭部が形
成された胚」と「頭部が形成されなかった胚」の予想される比をそ
れぞれ答えなさい。なお，遺伝子Aと遺伝子Bは同一の染色体上に
存在しているが，組換えはおこらないものとし，AとBはそれぞれ
野生型，aとbはそれぞれ遺伝子の機能を欠いた劣性突然変異を示し
ている。「頭部が形成された胚」：「頭部が形成されなかった胚」の
比で答えなさい。

| | 雌親の遺伝子型 | 雄親の遺伝子型 |
|---|---|---|
| 交配1 | A　B / a　b （AB、ab が連鎖） | A　B / a　b （AB、ab が連鎖） |
| 交配2 | a　B / a　b （aB、ab が連鎖） | A　B / A　b （AB、Ab が連鎖） |
| 交配3 | A　b / a　B （Ab、aB が連鎖） | a　B / a　B （aB、aB が連鎖） |

図4−1

問5　下線部③について，3人がそれぞれ正しく発表をした。次の問い
に答えなさい。

(1) 3人の発表はどのような内容だったのか次のア〜オからすべて選び，記号で答えなさい。ただし，同じ記号を繰り返し用いてもよい。

ア　最初の細胞分裂は，胚の動物極と植物極を通る面で起こる。

イ　割球は，動物極だけで分裂する。

ウ　核分裂を繰り返して生じた多数の核が，胚の表面付近で細胞膜によって仕切られる。

エ　3回目の細胞分裂では，動物極側と植物極側では大きさの異なる割球が生じる。

オ　3回目の細胞分裂で生じた割球は，動物極側の方が植物極側より大きい。

(2) さらに次郎くんは体軸形成について，黒板に図4−2のような卵の断面図を描きながら「カエルの未受精卵も，ショウジョウバエと同様に最初から卵内の物質分布に偏りがあり，受精時に表層回転が起きて灰色三日月環が生じて背腹軸が決定します。」と，発表した。次郎くんが説明の時に示した図の適切な位置に，「腹側」「背側」「灰色三日月環」を書き加えなさい。

動物半球

植物半球

図4−2

(☆☆☆☆◎◎◎)

【5】次の文章を読み，以下の問いに答えなさい。

動物は環境からの刺激を受け，それらに対する反応として様々な行動を示す。動物の行動は一般に，遺伝的にプログラム化された①生得的な行動と，生まれてからの経験により変化する②学習による行動とが組み合わさって形成されている。

問1　下線部①の行動の一つとして，ミツバチのダンスが挙げられる。ミツバチは餌場から巣に戻ると，8の字ダンスをして仲間に餌場の場所を教える。このとき，巣箱から見て太陽の方向と餌場の方向とがなす角度が，8の字ダンスでの鉛直方向(重力とは反対の方向)とダンスの直進部分の方向とのなす角度に相当する。図5－1のオの位置に餌場を見つけた場合，どのようなダンスを行うか。例にならい，図示しなさい。

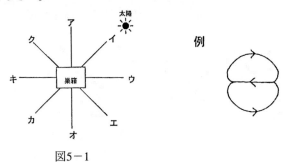

図5－1

問2　ミツバチが，100m未満の近い餌場を仲間に示す際に行うダンスを何というか名称を答えなさい。

問3　図5－2はミツバチのダンスの回数と巣箱から餌場までの距離の関係を示している。8の字ダンスを20秒に8回描くとき，餌場までの距離は何kmあると考えられるか答えなさい。

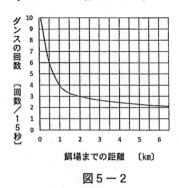

図5－2

問4　同種間の情報伝達の手段として，フェロモンという物質がある。

(a)雄のカイコガが雌の位置を知るとき, (b)アリが仲間を一定の方向に導くとき, (c)アブラムシが敵に遭遇して仲間にその情報を伝えるとき, それぞれ分泌するフェロモンの名称を答えなさい。

問5　下線部②について, 次のア～オのうち学習による行動だと考えられるものをすべて選び, 記号で答えなさい。

ア　海産のアメフラシは水管に刺激を与えるとえらを引っ込めるが, 徐々にその程度が小さくなっていき, やがて刺激を与えてもえらを引っ込めなくなる。

イ　メンフクロウは視覚がほとんど役に立たない暗闇の中でも, 獲物の居場所を正確に特定し, すばやく捕えることができる。

ウ　コハナバチの一種は, 巣に通してよい仲間と排除すべき他のコロニーの個体とを判別するために, 巣の入り口にいるハチが門番の役割をし, 巣に入ろうとする他個体の体表に存在する炭化水素の組み合わせを知覚している。

エ　ミツバチを蜜の入った青色の人工花のある環境下で飼育し, その後, 蜜の入った黄色の人工花と蜜のない青色の人工花のある環境下で飼育すると, はじめ青色の人工花へ飛来するが, やがて黄色の人工花に優先的に訪れるようになる。

オ　伝書バトは見知らぬ遠距離の土地でも, 太陽の位置情報をもとに行動の方向を定めることができる。

問6　ショウジョウバエの求愛行動は, 遺伝的にプログラム化された行動の典型的な例である。ある行動の要素(形, におい, 動きなど)が相手の次の行動を引き起こし, こうした反応が一定の順序で連鎖して起こることによって一連の求愛行動が進んでいく。このように, 相手に次の行動を引き起こす要素の名称を答えなさい。

問7　問6の例として, イトヨ(トゲウオの一種の淡水魚)の攻撃行動を引き起こす要素をイトヨの絵に書き加え, その要素に関する適切な説明も加えなさい。

(☆☆☆◎◎◎)

【６】表6－1は，2020年の静岡市の日長の季節変動を示している。また，図6－1はある品種のキクの花芽形成した個体の割合と一日の暗期の長さの関係をグラフにしたものである。これらについて，以下の問いに答えよ。

表6－1

| 観測日 | 日長（時間：分） |
|---|---|
| 1月1日 | 9:51 |
| 2月1日 | 10:29 |
| 3月1日 | 11:25 |
| 4月1日 | 12:33 |
| 5月1日 | 13:45 |
| 6月1日 | 14:20 |
| 7月1日 | 14:28 |
| 8月1日 | 13:54 |
| 9月1日 | 12:55 |
| 10月1日 | 11:51 |
| 11月1日 | 10:46 |
| 12月1日 | 9:59 |

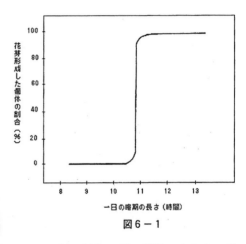

図6－1

問1　表6－1，図6－1より，キクは短日植物，長日植物のどちらに該当すると考えられるか答えなさい。

問2　静岡市の小学生が2020年5月1日に図6－1の品種のキクの播種を行った。自然条件下において，最短で何月何日から何月何日の間にキクの花芽を観察することができたか。表6－1に記載のある日付を用いて答えなさい。ただし，キクの成長は順調だったとし，播種を行った小学生は毎日観察したものとする。

問3　ある小学生は問2で答えた期間よりも，一か月後に開花させたい

と考えた。どのような処理をすれば，それが可能か答えなさい。た
だし，温度変化はキクの花芽形成に関わらないものとする。

問4　植物が日長の変化をどこで感知し，どこで花芽形成を促す物質
をつくるかを明らかにするために，短日植物のオナモミを用いて実
験を行うことにした。オナモミの葉一枚を短日条件にし，残りの部
分を長日条件下に置いたところ，花芽を形成した。このことから
①日長の変化を葉で感知し，ここで花芽形成を促す物質が合成され，
②全体に運ばれるという仮説を得た。

(1)　下線部①について，この仮説を証明するには，さらにどのよう
な実験を行い，どのような結果であれば良いか説明しなさい。

(2)　下線部②について，物質がどこを通って全体に運ばれるかを明
らかにするため，図6−2に示すように網掛け部分に短日処理を行
い，短日処理区と長日処理区の間に環状除皮を施して実験を行っ
た。この実験の結果と，結果から考察されることを説明しなさい。

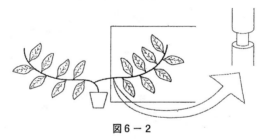

図6−2

問5　温帯地域には短日植物も長日植物も生育しているが，高緯度の
寒帯地域には長日植物が多く生育している。その理由を答えなさい。

問6　フロリゲンは花芽をつくる要因としてはたらく植物ホルモンで
あるが，近年のシロイヌナズナを用いた研究から，フロリゲンの正
体はあるタンパク質であることが明らかになっている。そのタンパ
ク質名を答えなさい。

(☆☆☆◎◎◎)

【7】静岡県中部の低地にあるS高校の修学旅行は，例年，日本国内3か所に分かれて実施されている。ある年，Aコースは北海道東北部，Bコースは東北地方，Cコースは沖縄地方へ行くことになった。修学旅行に参加する幸子さんは，事前学習として各コースで訪れる場所と自分の住む地域の植生について調べることにした。次は，幸子さんが作成したレポートの文章を一部抜粋したものである。

◆日本のバイオームについて

　　日本は( ア )が十分にあるので，バイオームの分布は( イ )が主な要因である。緯度に応じ南北方向にはっきりとした帯状に分布するバイオームが見られ，このような緯度に応じたバイオームの分布のことを( ウ )という。また，バイオームは(a)暖かさの指数という数値を用いても，推測することができる。

◆各コースのバイオームの特徴

Aコース：北海道東北部のバイオームは　①　が分布している。冬でも落葉しない常緑樹が優占する。このバイオームの暖かさの指数は15〜45である。

Bコース：東北地方のバイオームは　②　が分布している。(b)ユネスコ世界自然遺産に登録されている白神山地も含まれる。秋には，山々は美しい紅葉に染まり，冬の厳しい寒さに耐えるため葉を落とす落葉広葉樹が優占する。このバイオームの暖かさの指数は45〜85である。

Cコース：沖縄地方のバイオームは　③　が分布している。森林にはジャングルのような雰囲気もある。海岸や河口付近には( エ )が形成され，多様な生物の生息地となっている。このバイオームの暖かさの指数は180〜240である。

静岡県　：私たちの高校がある静岡県のバイオームは，主に

> ④ が分布している。冬の寒さに耐える必要性が低いため，冬でも山は青々としている。葉の表面にクチクラを発達させ，冬の乾燥から身を守っている。このバイオームの暖かさの指数は85〜180である。

問1　幸子さんのレポート中の空欄( ア )〜( エ )に入る最も適する語句をそれぞれ答えなさい。

問2　幸子さんのレポート中の空欄 ① 〜 ④ に入る最も適するバイオームと，それを代表する植物の種名をそれぞれ答えなさい。

問3　次の表7−1は，2020年の富士山頂上付近の月平均気温である。レポート中の下線部(a)から，富士山頂上付近の植生が推測できる。地球温暖化の影響で，将来，月平均気温が2020年より各月ともに3℃上昇する時代が来る場合，富士山頂上付近ではどのような植生の変化が起こるか，2020年の暖かさの指数と，気温上昇後の暖かさの指数を比較して説明しなさい。

表7−1

| 月 | 1 | 2 | 3 | 4 | 5 | 6 | 7 | 8 | 9 | 10 | 11 | 12 |
|---|---|---|---|---|---|---|---|---|---|---|---|---|
| 気温(℃) | -14 | -16 | -12 | -11 | -2 | 4 | 6 | 9 | 5 | -2 | -6 | -15 |

問4　幸子さんは下線部(b)に興味を持ち，日本には他にどのような世界自然遺産があるのか，さらに調べることにした。その中でAコースのバイオームに属する世界自然遺産があることを知った。その遺産名を答えなさい。

問5　下線部(b)に関して，世界自然遺産の認定のほかにユネスコが行っている「ユネスコ世界ジオパーク」という事業がある。国際的に価値のある地質遺産を保護し，活用することで持続可能な開発を実現するためのもので，2018年4月に静岡県でもある場所が認定されている。それはどこか答えなさい。

(☆☆☆☆◎◎◎)

【8】タンパク質のアミノ酸配列が違っていても，そのタンパク質の機能に影響がなければ，生物種間のアミノ酸配列の違いが時間とともに蓄積されていく。異なる種の生物の間でアミノ酸配列を比較することにより，それらの系統関係や分岐年代を推定することができる。分子時計とは，塩基配列やアミノ酸配列の違いの度合いが分岐してからの時間の長さに比例するという考え方である。表8－1は，6種の生物種A～Fで共通して存在するタンパク質Pのアミノ酸配列を比較し，それぞれの間で異なっているアミノ酸配列の数を示したものである。

表8－1

|   | A | B | C | D | E | F |
|---|---|---|---|---|---|---|
| A |   | 74 | 71 | 67 | 65 | 68 |
| B |   |   | 67 | 65 | 64 | 62 |
| C |   |   |   | 33 | 31 | 34 |
| D |   |   |   |   | 28 | 22 |
| E |   |   |   |   |   | 16 |
| F |   |   |   |   |   |   |

問1　A～Fの6種について，分子時計の考え方に従い図8－1に分子系統樹を構築する。横線のひと目盛りはアミノ酸1個の違いを表している。生物種B，C，D，Eがどの時点で分岐したかが分かるように図中に線を書き加え，系統樹を完成させなさい。

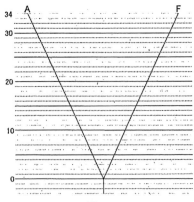

図8－1

問2　生物種Bと生物種Eが今から3.2億年前に分かれたとすると，タンパク質Pのアミノ酸1個が置換するのにかかる時間は何年か答えなさい。

問3　タンパク質Pのアミノ酸1個が別のアミノ酸に置換されるのに必要な年数がどの生物種でも一定であると仮定する。生物種Eと生物種Fが共通祖先から分岐したのは今から何万年前と推定されるか答えなさい。

(☆☆☆◎◎◎)

## 【地学】

【1】地球内部の温度や地球の概形に関するⅠ，Ⅱの問いに答えなさい。

Ⅰ　地球内部の温度に関する次の文章を読み，以下の問いに答えなさい。

地殻内部では約30〔m〕深くなるごとに温度が1〔℃〕上昇する。このような地下増温率(地温勾配)が地球中心まで続くとすると，中心の温度は(　①　)〔℃〕くらいになると推定される。

また，(　②　)の伝わり方から，地球のマントルは固体状態であることがわかっている。したがって，マントルの構成物質の深さ(圧力)に伴う融点変化がわかれば，マントル中の温度分布の(　③　)が決まる。一方，外核は(　④　)状態であると推定されており，(　⑤　)・ニッケルを主体とした核の構成物質の融点から外核における温度分布の(　⑥　)を推定できる。内核は(　⑦　)状態であることが知られており，実際には，地球中心部の温度は5000〔℃〕くらいと見積もられている。

問1　文中の空欄(　①　)～(　⑦　)に当てはまる最も適切な語句や数値を，次のア～タら1つずつ選び，それぞれ記号で答えなさい。

ア　300　　イ　2000　　ウ　8000　　エ　20000
オ　200000　カ　地震波　キ　電磁波　ク　熱
ケ　上限　コ　下限　サ　固体　シ　液体
ス　気体　セ　鉄　ソ　石英　タ　アルミニウム

問2　地表付近での岩石の熱伝導率を2.1〔W/m・℃〕とすると，地殻の地下増温率が下線部のようになる場合，地表で観測される地殻熱流量は何〔W/m²〕か。計算して求めなさい。ただし，熱は伝達のみにより伝わり，岩石自身の発熱等ほかの熱源は考えないものとする。

Ⅱ　地球の概形に関する次の文章を読み，以下の問いに答えなさい。

実際の地球上では，<u>重力の大きさが場所によって変化する</u>だけでなく，重力の方向も変化する。海面は，潮汐や波によって一定ではないが，長期間の平均を取ると，静水面に近くなる。この海面を（　①　）という。陸地で（　①　）を延長してできる曲面を考えたとき，地球を取り巻く閉じた曲面となる。この面を（　②　）という。（　②　）に最もよく合うように，形・大きさ，および位置を決めた回転楕円体を（　③　）という。

問3　文中の空欄（　①　）～（　③　）に当てはまる最も適切な語句を，それぞれ答えなさい。

問4　下線部のことを確かめるため，振り子を用いて重力加速度を測定した。振り子の長さが1.00〔m〕のとき，振り子の周期が2.00秒であった。重力加速度の大きさを有効数字3桁で求めなさい。ただし，円周率πを3.14とする。(計算過程を示すこと)

問5　エラトステネスが2点間の距離と緯度の差から地球の大きさを求めた方法を学ぶ過程で，地球の大きさ(子午線の円周)を推定するための実習の計画を高校生に考えさせ，実習の結果を整理，検討させることにした。高校生が行うことができる「距離の測定」と「緯度の差の測定」を目的とした探究活動の例を挙げなさい。ただし，実習は授業中に，高校生が学校の敷地の中で行うこととする。

(☆☆☆☆◎◎◎)

【2】伊豆半島での地学事象に関するⅠ，Ⅱの問いに答えなさい。

Ⅰ　次の文章を読み，以下の問いに答えなさい。

252

　伊豆半島は地学的に特異な場所に位置している。日本付近には4枚のプレートが存在しているが，伊豆半島は(　①　)プレートの北端に位置し，この(　①　)プレートは本州を形成する北アメリカプレートと(　②　)プレートの下に沈みつつある。さらに(　③　)プレートは，(　①　)プレートと北アメリカプレートの下にゆっくりと沈み込んでいる。

　(　①　)プレートの東縁に沿って，伊豆・小笠原弧という火山島・海底火山列の高まりがある。a地球内部へと沈み込んだプレートが地下(　X　)〔km〕程度に達すると，沈み込んだプレートからくさび型マントルに(　④　)がもたらされ，マントルを構成する火成岩である(　⑤　)岩の融点が下がってマグマが発生する。伊豆・小笠原弧では(　③　)プレートの沈み込みによって発生したマグマが地表まで上昇し，多数の火山が誕生した。伊豆半島もこの伊豆・小笠原弧の北端に位置し，半島をつくる大地の大部分は，かつてb陸上や海底にあった多数の火山がもたらした噴出物からなる。

問1　文中の空欄①〜⑤に入る最も適切な語句を，それぞれ答えなさい。

問2　文中の空欄Xに入る最も適切な数値を，次のア〜オから1つ選び，記号で答えなさい。

　ア　1　　イ　10　　ウ　100　　エ　500　　オ　1000

問3　海嶺のようなプレートの発散境界の地下では，文中の下線部aとは違うしくみによってマントルが部分溶融し，マグマが発生している。次の　　　　の中の文章が，海嶺の地下でマグマが発生するしくみについて述べたものとなるように，空欄のYとZに入る最も適切な語句を，それぞれ答えなさい。

　　マントルが高温を保ったまま(　Y　)すると，(　Z　)の低下によってマントルの融点が下がり，マグマが発生する。

問4　文中の下線部bについて，次のアとイの特徴をなす火山噴出物はそれぞれ何とよばれるか。名称を答えなさい。

　　　ア　玄武岩質マグマが発泡して生じる暗色をした多孔質の火山
　　　　砕屑物。
　　　イ　玄武岩質マグマが水中に噴出して生じる丸みを帯びた溶岩。
　問5　2018年に，世界ジオパークの一つに認定された伊豆半島ジオ
　　　パークのキャッチコピーは「南から来た火山の贈りもの」である。
　　　火山がなぜ「贈りもの」なのか，伊豆半島の火山が我々にもたら
　　　す恵みの例を1つ，語句で答えなさい。
Ⅱ　伊豆半島の北部に位置する丹那断層に関する以下の問いに答えな
　さい。
　問6　図1は，丹那断層の活動によって生じた谷の地形のずれを示し
　　　たものであり，図中のAとA′，BとB′，CとC′の谷は，断層の活
　　　動が始まる前はそれぞれつながっていたものと考えられている。
　　　これらの谷のずれから判断すると，丹那断層はどのような断層と
　　　いえるか。以下のア～エから最も適切なものを1つ選び，記号で
　　　答えなさい。

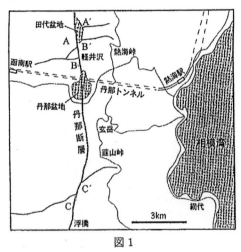

図1

　　　ア　正断層　　イ　逆断層　　ウ　右横ずれ断層
　　　エ　左横ずれ断層
　問7　丹那断層の活動によって起こる地震の種類として最も適切な

ものを，次のア～オから1つ選び，記号で答えなさい。

ア　プレートの発散境界で起こる地震

イ　プレート境界地震

ウ　プレートのすれ違い境界で起こる地震

エ　内陸地殻内地震

オ　海洋プレート内地震

問8　図2は，丹那断層の周辺部を模式的に表したものである。D－D′の直線は丹那断層を，点Eは図1の地形のずれを生じさせた断層運動によって発生した地震の震央を表している。この地震において，初動が「押し」になると推定される領域を，図中に斜線で示しなさい。

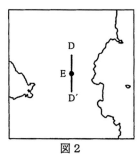

図2

問9　1930年に丹那断層の活動によって発生した北伊豆地震の際，断層は2〔m〕ずれた。丹那断層の活動は50万年前に始まり，図1のAとA′，BとB′，CとC′のずれがそれぞれ1〔km〕としたとき，丹那断層の活動によって起こる北伊豆地震のような規模の地震は平均して何年ごとに発生していると考えられるか。計算して求めなさい。ただし，1回の地震によるずれの量はすべて2〔m〕であるとする。

（☆☆☆☆◎◎◎）


【3】地球の大気に関するⅠ，Ⅱの問いに答えなさい。

Ⅰ　図3のように，高度200〔m〕のA地点から気温20〔℃〕の空気塊

が脊梁山脈を上昇し，高度$X$〔m〕のB地点で雲が生じた。この空気塊はさらに上昇を続け，雨を降らせながら高度2000〔m〕のC地点(山頂)に達すると，気温は6〔℃〕になった。空気塊が，C地点を過ぎると雲は消え，高度$Y$〔m〕のD地点まで下降すると気温は16〔℃〕になった。乾燥断熱減率を1〔℃/100m〕，湿潤断熱減率を0.5〔℃/100m〕とし，乾燥断熱減率と湿潤断熱減率は，高度によって変化しないものとして，以下の問いに答えなさい。

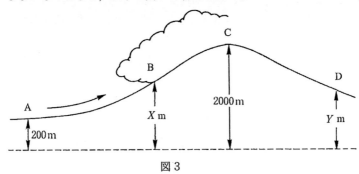

図3

問1　A地点での気温を$T_A$〔℃〕，AB間の高度差を$H_1$〔m〕，BC間の高度差を$H_2$〔m〕としたとき，C地点での気温$T_C$〔℃〕を，$T_A$，$H_1$，$H_2$を用いて表しなさい。

問2　B地点の高度$X$〔m〕は何〔m〕か。計算して求めなさい。

問3　D地点の高度$Y$〔m〕は何〔m〕か。計算して求めなさい。

問4　次の　　　　の中の文章が，湿潤断熱減率が乾燥断熱減率よりも小さい理由について述べたものになるように，空欄のア〜エに入る最も適切な語句を，それぞれ答えなさい。ただし，ア〜エに入る語句は，それぞれ漢字2文字または3文字とする。

> 水蒸気で飽和している空気塊が上昇すると，空気塊の温度の低下によって空気中の( ア )が( イ )する際に，( ウ )を( エ )するため。

問5　次の　　　　の中の文章が，雲が生じるB地点での気温がA地点での露点よりも低くなる理由について述べたものになるように，

空欄のオ，カに入る最も適切な語句をそれぞれ答えなさい。

> A地点よりもB地点の方が( オ )が低く，空気塊が
> ( カ )するため。

問6 図4は，大気における気温と飽和水蒸気圧との関係をグラフで
表したものである。図4から，気温が高いほど傾きが大きくなっ
ていることがわかる。このグラフの傾きから説明できるものとし
て最も適切なものを，以下のア～カから1つ選び，記号で答えな
さい。

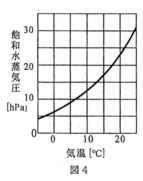

図4

ア　乾燥断熱減率は実際には気温によって異なり，気温が高いほ
ど減率は大きくなる。

イ　乾燥断熱減率は実際には気温によって異なり，気温が高いほ
ど減率は小さくなる。

ウ　湿潤断熱減率は実際には気温によって異なり，気温が高いほ
ど減率は大きくなる。

エ　湿潤断熱減率は実際には気温によって異なり，気温が高いほ
ど減率は小さくなる。

オ　乾燥断熱減率と湿潤断熱減率は実際には気温によって異な
り，気温が高いほど減率は大きくなる。

カ　乾燥断熱減率と湿潤断熱減率は実際には気温によって異な
り，気温が高いほど減率は小さくなる。

Ⅱ　図5は，北半球において地表からの高さが1〔km〕以上の上空を吹く風と，この風にはたらくAとBの2力を表した模式図である。また，図6は，北半球において地表付近に吹く風と，この風にはたらくA〜Cの3力を表した模式図である。以下の問いに答えなさい。

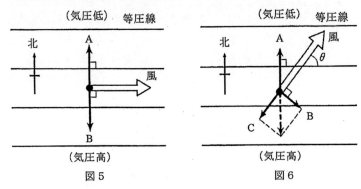

図5　　　　　　　　　　　図6

問7　図5の風は何とよばれるか。その名称を答えなさい。

問8　図5及び図6の風にはたらくAとBの力はそれぞれ何とよばれるか。それらの名称を答えなさい。

問9　地球の大気の大循環において，熱帯収束帯から亜熱帯高圧帯の間の地域で卓越する地上風は何とよばれるか。その名称を答えなさい。

問10　図6の風において，南半球の同緯度の地点で吹く風の風向として最も適切なものを，次のa〜dから一つ選び，記号で答えなさい。ただし，南半球の同緯度の地点においても，図6と同様に北側が低圧であるとし，A〜Cの力の大きさも図6と同じであるものとする。

　a：北西　　　b：北東　　　c：南西　　　d：南東

問11　図6における風向と等圧線のなす角θは，陸地と海上の風を比較すると，一般に陸上の方が大きくなる。次の　　　　の中の文章が，海上より陸上の方が風向と等圧線のなす角θが大きくなる理由について述べたものとなるように，空欄のア〜ウに入る最も適切な語句をそれぞれ答えなさい。

　　　陸上は海上よりも風にはたらく( ア )力が強いため，海上よりも( イ )が小さくなる。これに伴って( ウ )力も小さくなるから。

(☆☆☆◎◎◎◎)

【4】地層の観察に関する次の問いに答えなさい。

　　図7に示す地域の地質調査を行ったところ，A～Gの7地点において地層の境界面を確認した。これらの地点での調査記録は以下のとおりであった。

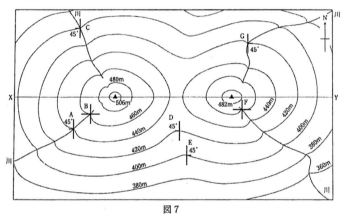

図7

A　地層境界面での走向・傾斜はN-S，45°Wで，砂岩の上にシルト岩が重なっていた。

B　地層境界面は水平で，砂岩の上に凝灰岩が重なっていた。境界面は平坦ではなく不規則であり，<sub>a</sub>境界面の直上の凝灰岩中には礫が含まれていた。

C　地層境界面での走向・傾斜はN-S，45°Wで，礫の上に砂岩が重なっていた。砂岩中には<sub>b</sub>級化構造が見られ，地層は逆転していないことがわかった。

D　地層境界面での走向・傾斜はN-S，45°Wで，上位の礫岩が下位のチャートを削り込んでいた。

E　地層境界面での走向・傾斜はN-S，45°Eで，$_c$石灰岩の上にチャートが重なっていた。

F　地層境界面は平坦ではなく不規則であるものの，ほぼ水平で，泥岩の上に凝灰岩が重なっていた。$_a$境界面の直上の凝灰岩中には礫が含まれていた。

G　地層境界面での走向・傾斜はN-S，45°Eで，チャートの上に泥岩が重なっていた。泥岩中には生痕が見られ，地層は逆転していないことがわかった。

問1　図7のX-Yにおける地形断面図と地質断面図を作図しなさい。なお，地質断面図には，それぞれの地層を構成する堆積岩の名称も記入しなさい。また，作図上の条件は，次のとおりとする。

　・　この地域では，A～G地点で確認した以外の地層は分布していないものとする。

　・　解答の図の鉛直方向と水平方向の縮尺は，同一であるものとする。

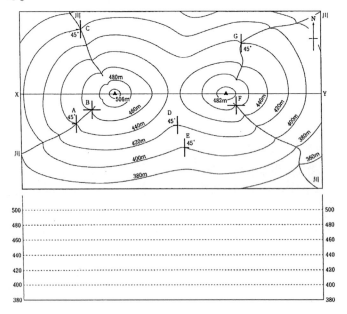

問2 この地域に分布する次のア〜キの地層を，堆積順序が古い順に
並べ，記号で答えなさい。
ア：チャート層 イ：砂岩層 ウ：凝灰岩層 エ：石灰岩層
オ：シルト岩層 カ：泥岩層 キ：礫岩層

問3 図8に示す地層の層理面の走向と傾斜を，クリノメーターを使用
して測定するとき，走向と傾斜の正しい測定方法として適切なもの
を，図中のア〜カから1つずつ選び，記号で答えなさい。

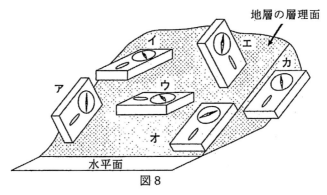

図8

問4 B地点とF地点について，(1)と(2)の問いに答えなさい。
(1) 上位の地層と下位の地層との関係は何とよばれるか。その名称
を答えなさい。
(2) 文中の下線部aの礫岩を含んだ層は何とよばれるか。「〜礫岩」
という書き方で答えなさい。

問5 文中の下線部bについて，(1)と(2)の問いに答えなさい。
(1) 級化構造を生じさせる現象として最も適切なものを，次のア〜
エから1つ選び，記号で答えなさい。
ア：土石流 イ：混濁流 ウ：沿岸流 エ：底層流
(2) 級化構造を生じさせる，(1)の現象によって海底に堆積した堆
積物は何とよばれるか。その名称を答えなさい。

問6 次の①〜③は，文中の下線部cの石灰岩とチャートについて述べ
た文である。①〜③の文の正誤の組み合わせとして適切なものを，

以下のア～クから1つ選び，記号で答えなさい。

① フズリナの化石が固結すると石灰岩を形成し，放散虫化石が固結するとチャートを形成する。

② 石灰岩は浅海底でのみ形成され，チャートは深海底でのみ形成される。

③ 石灰岩やチャートはともに生物岩だけでなく，化学岩にも分類される。

| | ① | ② | ③ | | ① | ② | ③ | | ① | ② | ③ | | ① | ② | ③ |
|---|---|---|---|---|---|---|---|---|---|---|---|---|---|---|---|
| ア | 正 | 正 | 正 | イ | 正 | 正 | 誤 | ウ | 正 | 誤 | 正 | エ | 誤 | 正 | 正 |
| オ | 正 | 誤 | 誤 | カ | 誤 | 正 | 誤 | キ | 誤 | 誤 | 正 | ク | 誤 | 誤 | 誤 |

(☆☆☆◎◎◎)

【5】日本列島の地体構造に関する次の文章を読み，以下の問いに答えなさい。

日本列島の中央部を横断する( ① )は「大地溝帯」という意味で，( ① )の西縁には( ② )とよばれる断層帯がある。( ② )より東側を東北日本，西側を西南日本とよぶ。西南日本を縦断する地質構造線が高温低圧型の変成帯である( ③ )とその南の低温高圧型の変成帯である( ④ )の間にあり，この地質構造線が( ⑤ )である。( ⑤ )の太平洋側には，琉球列島から関東山地までつづく付加体である( ⑥ )があり，陸性起源の堆積岩に遠洋性堆積物や海洋性の玄武岩が混在した岩石でできている。

問1　文中の空欄①～⑥に入る最も適切な語句を，それぞれ答えなさい。

問2　かつて日本付近はアジア大陸の端に位置していた。日本列島のもととなるものが大陸から分離して移動したとき，西南日本と東北日本は，どのような回転をしたと考えられているか。西南日本と東北日本の回転方向の組み合わせとして適切なものを，次のア～エから1つ選び，記号で答えなさい。

| | 西南日本 | 東北日本 |
|---|---|---|
| ア | 時計回り | 時計回り |
| イ | 時計回り | 反時計回り |
| ウ | 反時計回り | 時計回り |
| エ | 反時計回り | 反時計回り |

問3 次のA〜Eの文章は，日本の生い立ちに関するものである。A〜E
の文章を読み，以下の問いに答えなさい。

A 東北日本では海底火山活動により，( ① )とよばれる緑色の
岩石が多くでき，この活動にともなって，日本特有の( ② )と
よばれる金属鉱床が形成された。また，この頃日本海が生じた。

B この時代の地層は，現在よりはるか南方を移動する地塊の周辺
に堆積したものと考えられている。その地層の中には，フズリナ
の化石が含まれている。

C 南方から移動してきた地塊は結合して，アジア大陸の東部を形
づくった。現在の日本列島付近もその一部であった。

D 日本列島の大部分が陸地であり，周辺の浅い海や湖には( ③ )
のもとになった植物遺体も堆積した。

E 現在の地形を形づくって隆起・沈降などの地殻変動が起こった。
また，氷河が発達し気候変化も大きかった。

(1) 文中の空欄( ① )〜( ③ )に入る最も適切な語句を，それ
ぞれ答えなさい。

(2) 上のA〜Eを年代の古い順に並べ，記号で答えなさい。

(☆☆☆☆◎◎◎◎)

【6】恒星の質量や地球から恒星までの距離に関するⅠ，Ⅱの問いに答え
なさい。

Ⅰ 恒星の質量に関する次の文章を読み，以下の問いに答えなさい。

2つ以上の恒星が互いに公転しているものを( ① )という。
( ① )には，望遠鏡を使うと2つ以上の恒星に識別できるものとそ
うでないものがある。望遠鏡で識別できなくても，スペクトルを観

測すると( ① )だとわかるものを( ② )という。また，2つの恒星がお互いを隠し合うために明るさが変化するものを( ③ )という。いずれの場合も( ④ )の法則にしたがって互いに公転しているので，軌道半径$a$，公転周期$P$がわかると，( ⑤ )$=\dfrac{G}{4\pi^2}(m_1+m_2)$によって恒星の質量が求められる。ただし，$G$は万有引力定数，$m_1$，$m_2$は，2つの恒星の質量を表す。

問1　文中の空欄①〜⑤に入る最も適切な語句や数式を，それぞれ答えなさい。

問2　恒星AとBが互いに公転しているとき，その公転周期を60年，AとBの平均距離を30天文単位，AとBから共通重心までの距離の比が1：4とすると，AとBの質量はそれぞれ太陽の質量の何倍になると考えられるか。それぞれ計算して答えなさい。ただし，太陽の質量は，地球などの惑星の質量に比べはるかに大きいものとする。(計算過程を示すこと)

Ⅱ　恒星までの距離に関する次の文章を読み，以下の問いに答えなさい。

比較的近い恒星の距離は，( ① )の測定によって求めることができる。( ① )の値が$p''$の星の距離は，( ② )パーセクである。( ① )の測定ができない恒星の距離は，( ③ )の観測から推定できる。( ③ )型と星の種類がわかると( ④ )を用いて絶対等級が推定でき，絶対等級と見かけの等級から視差が計算できる。このようにして求めた視差を( ⑤ )という。また，ある種の変光星では，変光周期と絶対等級の間に( ⑥ )とよばれる一定の関係があり，変光周期の観測から絶対等級が推定でき，距離を求めることができる。

問3　文中の空欄①〜⑥に入る最も適切な語句や数式を，それぞれ答えなさい。

問4　下線部より，ある恒星の見かけの等級は7.5等で，絶対等級は2.5等だとすると，この恒星までの距離は何パーセクか。計算し

て答えなさい。(計算過程を示すこと)

(☆☆☆○○○○○)

## 解答・解説

### 中 学 理 科

【1】(1)　イ　　　(2)　20〔cm〕　　　(3)　凸レンズと像の距離…ア　　　像の大きさ…オ　　　(4)　イ

(5)

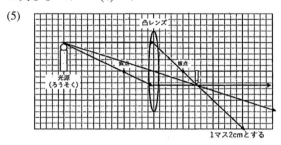

(6)　実像　　　(7)　(強い)光源を(凸レンズを通して)直接目で見ることがないように配慮する。　　　(8)　それぞれの色の光の屈折率が異なるため。

〈解説〉(1)　凸レンズを通ってできる像は，倒立実像であるから，LED光源と上下左右が逆になる。本問ではスクリーンを凸レンズ側から見ているので，イのように見える。　(2)　物体と像が同じ大きさであることから，ab間の距離とbc間の距離は等しい。この距離を$x$〔cm〕と置くと，写像公式より，$\frac{1}{x}+\frac{1}{x}=\frac{1}{10}$となり，$x=20$〔cm〕となる。(3)　写像公式を考えると，光源と凸レンズとの距離が小さく(近く)なると，凸レンズと像との距離は大きく(遠く)なる。倍率は，$\frac{凸レンズと像との距離}{光源と凸レンズとの距離}$なので，できる像の大きさは大きくなる。

(4)　光源と凸レンズとの距離は，$20-7-7=6$〔cm〕なので，光源が焦点距離の内側になり，実像はできず，虚像ができる。　(5)　凸レンズを通る光は，①光軸に平行な光は，凸レンズを通った後，焦点を通る。②凸レンズの中心に入射した光は直進する。③凸レンズの手前側の焦点を通ってから凸レンズに入射した光は，凸レンズを通った後，光軸に平行になる。この①〜③の性質にしたがって作図する。

(6)　光源が焦点距離よりも遠い位置にあるので，実像である。

(7)　レンズを通して強い光源を直接観察すると失明する恐れがあるなど，実験の際に起こりうる健康上の被害について説明する必要がある。

(8)　解答参照。

【2】(1)　イ　　(2)　ウ→ア→エ→イ　　(3)　電磁誘導　　(4)　コイルの中の磁界が変化したから。　　(5)　イ　　(6)　ア

〈解説〉(1)　フレミングの左手の法則を適用する。磁界の向きは磁石のN極からでてS極へ向かうので，下向きである。　(2)　同一の抵抗値をもつ抵抗器のみで考える場合，抵抗器2個を直列につなぐと抵抗値が2倍になり，抵抗器2個を並列につなぐと，抵抗値が半分になる。すなわち，イの抵抗値は20Ω，ウの抵抗値は5.0Ωである。また，エの50Ωと25Ωの抵抗器を並列につないだ場合の抵抗値を$R'$とすると，$\frac{1}{50}+\frac{1}{25}=\frac{1}{R'}$より，$R'=\frac{50}{3}≒16.7$〔Ω〕となる。コイルが磁界から受ける力は電流の大きさに比例するから，電圧が同じとき抵抗値に反比例する。これを考慮し，コイルが磁界から受ける力が大きい順に記号を並べかえると，ウ＞ア＞エ＞イとなる。　(3)(4)　解答参照。

(5)　コイルを貫く磁界に着目すると，紙面の奥から手前へ向かう向きの磁界が増えるので，コイルに流れる誘導電流は，紙面の手前から奥へ磁界をつくるように流れる。したがって，右ねじの法則より，イの向きに電流は流れる。　(6)　発生する電流は交流であるので，正負両方の向きに電流が流れる。

【3】(1)　a　溶質　　b　溶媒　　c　透明

(2)
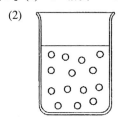

(3)　①　ガラス棒を使わず，水溶液を直接ろうとに注いでいる。ろうとのあしがビーカーの壁についていない。　②　B　ア　　C　イ

(4)　①　溶解度曲線　　②　205.8〔g〕　　③　27.1〔%〕

(5)　d　温度によって違う　　e　温度によってあまり変わらない

〈解説〉(1)　「溶ける物質」で溶質。「溶液をつくる媒体」で溶媒。物質が水に溶けると，物質が非常に小さな粒子となって水の中に均一に広がるため透明になる。　(2)　溶質粒子が均一に広がる。　(3)　①　溶液を入れる場合は，少しずつガラス棒に溶液を沿わせてろうとの中へ入れる。また，ろうとの先端はビーカーの壁に沿わせる。　②　硝酸カリウムの結晶は柱状結晶で，食塩の結晶は正六面体である。

(4)　①　水100gに溶かすことができる溶質の質量を溶解度といい，そのグラフを溶解度曲線という。　②　再結晶する質量を$x$〔g〕とすると，溶解度の関係式より，$100 : (168.8 - 31.6) = 150 : x$が成り立つので，$x = 205.8$〔g〕となる。　③　60℃では，100gの水に37.1gの塩化ナトリウムが溶けるので，$\dfrac{37.1}{100 + 37.1} \times 100 \fallingdotseq 27.1$〔%〕となる。　(5)　溶解度曲線より，硝酸カリウムは温度上昇とともに溶解度も大きくなるが，塩化ナトリウムはあまり変化しない。

【4】(1)　ダニエル電池　　(2)　イオン化傾向　　(3)　＋極…銅板　－極…亜鉛板　　＋極での化学反応式…$Cu^{2+} + 2e^- \rightarrow Cu$　　－極での化学反応式…$Zn \rightarrow Zn^{2+} + 2e^-$　　(4)　ウ　　(5)　そのまま廃棄することはせず，適切な方法で回収保管し，最終処分は廃棄物処理業者に委託する。　　(6)　燃料が酸化される化学変化から，電気エネルギーを

とり出す仕組み。

〈解説〉(1)　ダニエル電池は2つの電解質溶液を半透膜で区切り，分極が起こらず，起電力が低下しないように工夫された電池である。

(2)　金属をイオンになりやすい順(イオン化傾向)に並べたものをイオン化列という。　(3)　イオン化傾向の大きな金属が溶け，電子を失う－極となり，イオン化傾向の小さな金属が電子を受け取る＋極となる。　(4)　硫酸亜鉛水溶液は，亜鉛が溶け出るため濃度は低く，硫酸銅水溶液は，銅イオンが電子を受け取り析出するので濃度は高くする。

(5)　重金属を含む廃液は一般下水に流さずに，専門業者に回収を依頼する。　(6)　燃料電池は，水素と酸素を利用した電池で，$2H_2 + O_2 \rightarrow 2H_2O$による水素の酸化反応の化学エネルギーから，電気エネルギーをとり出している。

【5】(1)　①　セロハンには無数の小さな穴があり，穴より小さい物質は通すが，穴より大きい物質は通さないという役割。　②　加熱中の試験管は，口を人のいるほうに向けないように注意し，軽く振り続けること。　③　ブドウ糖はセロハンの穴を通るが，デンプンは通らなかったことから，デンプンよりもブドウ糖のほうが小さい。

④　実験方法の妥当性について検討したり，振り返って改善策を考えたりするよう促す。　(2)　b　アミラーゼ　c　ペプシン

(3)　肉食動物が食べる肉や魚よりも，草食動物が食べる植物の方が消化・吸収に時間がかかるから。　(4)　便として体外に排出される。

〈解説〉(1)　①　セロハンは半透膜の性質をもつ。　②　試験管を加熱するときは，口を人のいるほうに向けないように注意する。また，液体を加熱するときは，試験管に液体を入れすぎないように注意する。

③　ヨウ素液はデンプンと反応して青紫色になる。ベネジクト溶液はブドウ糖などと反応して赤褐色になる。実験結果から，ブドウ糖はセロハンを通過するが，デンプンは通過していないことがわかる。

(2)　だ液にはアミラーゼ，胃液にはペプシンという消化酵素がふくまれる。　(3)　例えば，植物細胞の細胞壁を構成しているセルロースは，

消化されにくく，消化・吸収には時間がかかる。　(4)　消化されなかったものは不消化排出物，つまり便として体外に排出される。

【6】(1)　①　外来種　　②　カンジキウサギが増えると，後でヤマネコも増え，減るとヤマネコも減ることから，カンジキウサギの数がヤマネコの数に影響していると考えられる。　　③　ヤマネコに食物として狙われることがなくなり一時的に増えるが，それが原因で，食物である植物が減ることによって再び減ると考えられる。

(2)　a　食物連鎖　　b　つり合い　　(3)　①　条件を制御するため。
②　c　11　　d　78　　③　自動車の通行量が多いほど汚染指数が高くなることから，自動車の通行量が多いほど，大気が汚染されている。

〈解説〉(1)　①　解答参照。　　②　カンジキウサギとヤマネコの個体数の波は，形が似ているが少しずれているように見えることから，両者が関係していることが予想できる。　　③　捕食者がいなくなると，被食者は一時的に増加するが，密度効果などにより再び減少する。

(2)　「食べる・食べられる」の関係を食物連鎖といい，生物は互いに影響を及ぼしながらバランスを保っている。　　(3)　①　実験を行う場合は，検討したい条件以外の条件は揃える必要がある。　　②　文章中で汚染指数の求め方が説明されている。調査地2の汚染指数は，(2×0)+(1×11)=11，調査地3の汚染指数は，(2×30)+(1×18)=78である。　　③　調査地の状況と汚染指数を関連づけて考察する。

【7】(1)　中央部では円形に，周辺部にくると楕円形に見えるから。

(2)　①　記号…A，B，C　　方位…西　　②　宵(よい)の明星
③　位置…A　　見え方…ウ　　④　火星の公転軌道が地球の外側だから。　　(3)　①　衛星　　②　J，K，L，M　　③　G　火星
L　土星　　(4)　45000〔km〕

〈解説〉(1)　例えば，ボールのような球体上に書かれた円は，球体を回転させていくと周辺部では球体の縁に当たるために楕円形に見える。太陽の黒点は，中央部では円形に見えるが，周辺部では楕円形に見え

ることから，太陽が球体であると推測可能である。　(2)　①　夕方に金星が見えるので，図1では太陽よりも左側に金星があるため，A，B，Cの位置である。このとき，太陽と同じ方向にあるから，金星が見える方向は西である。　②　夕方に見える金星を宵の明星という。一方，朝方に見える金星は明けの明星とよばれる。　③　地球から見える金星の大きさは地球から離れるほど小さいのでAが最も小さい。地球からは金星で反射した太陽の光を見る。Aの位置では金星の大部分が照らされているので，ウまたはエの状態と考えられる。図1では太陽は金星の右側にあるので，金星の右側の大部分が照らされているウが正解となる。　④　金星などの内惑星は地球の内側を公転しているから，太陽がある方向に見えるため深夜の観察はできない。一方，火星などの外惑星は地球の外側を公転しているから，深夜でも観察できる。
(3)　①　質量(地球＝1)から，惑星Iが地球だと分かる。地球のXの個数が1個であること，半径の大きい惑星に数が多いことから，衛星であると推測できる。　②　木星型惑星は地球よりも半径と質量が大きく，密度が小さいことが特徴である。このことからJ，K，L，Mが木星型惑星である。　③　密度が大きく質量が小さい地球型惑星の中で，公転周期が1年より短いものは軌道半径が短いことから，地球の内側を公転しているFの水星とHの金星である。地球型惑星で残るGが火星である。木星型惑星のうち，公転周期が最も長いJが海王星，質量が最も大きいMが木星である。土星の特徴は太陽系の惑星の中で密度が唯一1g/cm³未満であるから，Lが土星である。　(4)　地球上の2地点間の距離は地球が球形であるため弧になる。この弧の長さは中心角に比例するので，地球の周囲の長さを$R$，2地点間の距離を$S$，緯度差を$\theta$としたときに，$\dfrac{\theta}{360}=\dfrac{S}{R}$の式が成立する。この緯度差は太陽高度の差に等しいので，シエネとアレキサンドリアの距離と太陽高度差から，$\dfrac{7.2}{360}=\dfrac{900}{R}$より，$R＝45000$〔km〕となる。

【8】(1)　ア，エ　(2)　①　震央　②　3.5〔km/s〕　③　S波は進行方向に直角に振動し，P波は進行方向に平行に振動しながら伝わる。

④　126〔km〕　　⑤　13時11分49秒　　(3)　a　マントル　　b　地殻　c　対流　　d　プレートテクトニクス　　(4)　陸のプレート内で岩盤の破壊が起こり，地殻内の断層が活動して発生した。

(5)　①　震央付近の海水が持ち上げられ，津波を起こす。　　②　ハザードマップ

〈解説〉(1)　地震計は，図1のエに記録用紙を置き，地震の揺れによって動く部分と動かない振り子によってできている。振り子の部分は慣性の法則により地面と一緒には動かないので，イとウは動かないが，アとエは地面と一緒に動く。　　(2)　①　震源の真上の地表の点を震央という。地震速報の震源地は震央のことである。このため，震源の位置を表すには地点と深さが必要である。　　②　S波の速度についてグラフから読み取った値をもとに計算する。震源からの距離が350kmの地点でS波が届くまでの時間は100秒であるため，S波の速度は3.5km/sとなる。　　③　P波は縦波，S波は横波である。縦波は進行方向に平行に振動して伝わるため，進む速度が速く，地震波として先に各地点に到達する。　　④　初期微動継続時間はP波とS波の到達時間の差である。P波の速度は図3から6.0km/s(震源から300kmの地点に届くまでの時間が50秒)であるから，震源からの距離を$S$としたときの初期微動継続時間は，$\dfrac{S}{3.5} - \dfrac{S}{6.0} = 15$と表すことができる。よって，$S = 126$〔km〕となる。　　⑤　震源からの距離が126kmでP波の速度が6.0km/sであるから，P波の到達までにかかる時間は21秒である。初期微動はP波が到達して始まるから，地震の発生時刻は初期微動の始まる21秒前の13時11分49秒である。　　(3)　地球の層構造を化学的に区分すると中心から核，マントル，地殻と区分され，マントルの上部と地殻がプレートである。マントルは地球内部を対流しているため，プレートも動いている。プレートテクトニクスは，地球表層の十数枚のプレートが移動することによって地球の変動を説明する学説である。　　(4)　沈み込むプレート付近で起こる地震として，東北地方太平洋沖地震のようにプレート境界で起こるものと，プレート内部で起こる地震がある。プレート内部で起こる地震(内陸型地震)では地殻内の断層が岩盤の破壊によってず

271

れ動くことにより地震が生じる。　(5)　①　震央などでは海底が動くために海水も持ち上げられる。この持ち上げられた海水が津波となる。②　ハザードマップはそれぞれの自治体で災害別に作成されている。津波や洪水の浸水想定，土砂災害，火山災害などがあり，各ハザードマップで想定される被害を確認し備えることが求められる。

# 高 校 理 科

## 【物理】

【1】問1　$Mg\cos\theta$　　問2　$L_0 - \dfrac{Mg\sin\theta}{k}$　　問3　$L_0 + \dfrac{Mg}{2k}$

問4　物体Bの運動方程式…$Ma = S - \dfrac{1}{2}Mg - k(L - L_0)$　　物体Cの運動方程式…$2Ma = 2Mg - S$

問5

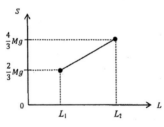

問6　$\dfrac{M^2 g^2}{k}$　　問7　$g\sqrt{\dfrac{M}{k}}$

〈解説〉問1　垂直抗力は，物体Bの重力の斜面に垂直な方向成分とつり合う，よって，$Mg\cos\theta$　　問2　ばねの弾性力は，物体Bの重力の斜面に沿う方向成分とつり合う。ばねは自然長より縮んでいるから，$Mg\sin\theta = k(L_0 - L_1)$より，$L_1 = L_0 - \dfrac{Mg\sin\theta}{k}$　　問3　ばねの弾性力が，物体Aの重力の斜面に沿う方向成分の力に等しいときに，物体Aが壁から受ける力が0になり，物体Aが動き出す。したがって，$Mg\sin30° = k(L_2 - L_0)$より，$L_2 = L_0 + \dfrac{Mg\sin30°}{k} = L_0 + \dfrac{Mg}{2k}$　　問4　解

答参照。

問5 問4の式に$L_1=L_0-\dfrac{Mg\sin30°}{k}=L_0-\dfrac{Mg}{2k}$，$L_2=L_0+\dfrac{Mg}{2k}$を代入すると，それぞれの$S$の値は，$\dfrac{2}{3}Mg$，$\dfrac{4}{3}Mg$となる。 問6 $L_2-L_1=\dfrac{Mg}{k}$である。求める仕事は，問5のグラフの台形の面積に等しいから，$\dfrac{1}{2}\times\left(\dfrac{4}{3}Mg+\dfrac{2}{3}Mg\right)\times\dfrac{Mg}{k}=\dfrac{M^2g^2}{k}$ 問7 物体Bの力学的エネルギー保存則より，$\dfrac{1}{2}k\left(\dfrac{Mg}{2k}\right)^2+\dfrac{M^2g^2}{k}=\dfrac{1}{2}k\left(\dfrac{Mg}{2k}\right)^2+\dfrac{1}{2}Mv^2+Mg\left(\dfrac{Mg}{2k}\right)$となる。整理すると，$\dfrac{M^2g^2}{2k}=\dfrac{1}{2}Mv^2$より，$v=g\sqrt{\dfrac{M}{k}}$

【2】問1 $\dfrac{M}{\rho S}$ 問2 $\rho SL$ 問3 $2\pi\sqrt{\dfrac{M}{\rho Sg}}$ 問4 $\dfrac{\rho SL}{2}$
問5 等加速度運動(等加速度直線運動) 問6 $\sqrt{\left(\dfrac{\rho SL}{M}-1\right)gL}$

〈解説〉問1 重力と浮力がつり合うから，$Mg=\rho Sx_0g$より，$x_0=\dfrac{M}{\rho S}$
問2 $x_0=\left(\dfrac{M}{\rho S}\right)<L$を満たす必要があるから，$M<\rho SL$となる。したがって，$M_1=\rho SL$ 問3 つり合いの位置からの変位を$d$(上向きを正とする)としたとき，運動方程式$Ma=-\rho Sdg$より，$a=-\left(\dfrac{\rho Sg}{M}\right)d$となる。これより，単振動の角振動数は$\sqrt{\dfrac{\rho Sg}{M}}$，ゆえに，周期は$\dfrac{2\pi}{\sqrt{\dfrac{\rho Sg}{M}}}$

$=2\pi\sqrt{\dfrac{M}{\rho Sg}}$ 問4 物体全体が水から飛び出さない条件の場合，つり合いの位置から$D$だけ沈めたとき，物体の動く範囲は，つり合いの位置$\pm D$となる。物体の上面の位置が水面と等しくなるように全体を押し沈めて静かに放しているから，$L-x_0$が$x_0$よりも小さければよい。したがって，$x_0>\dfrac{L}{2}$より，$\dfrac{M}{\rho S}>\dfrac{L}{2}$となり，$M>\dfrac{\rho SL}{2}$となる。したが

って，$M_2 = \dfrac{\rho SL}{2}$　問5　重力も浮力も一定であるから，合力も一定であり，等加速度直線運動である。　問6　物体の運動方程式は，上向きを正とすると $Ma' = \rho SLg - Mg$ となり，$a' = \left(\dfrac{\rho SL}{M} - 1\right)g$，$v^2 - v_0^2 = 2ax$ の式より，$v^2 = 2 \cdot \left(\dfrac{\rho SL}{M} - 1\right)g \cdot \dfrac{L}{2}$ となり，したがって，$v = \sqrt{\left(\dfrac{\rho SL}{M} - 1\right)gL}$

【3】Ⅰ　問1　$\dfrac{P_2}{P_1}T_1$　　問2　$\dfrac{P_2}{P_1}V_1$　　問3　$\dfrac{5}{3}$〔倍〕　　問4　$P-V$グラフの曲線と$V$軸との間に囲まれた図形の面積が仕事を表すことから，$W_2$の方が大きい。　Ⅱ　問5　$\dfrac{6nRT}{SL}$　　問6　$3nRT$　　問7　$\dfrac{2nRT}{SL}$

Ⅲ　問8　ヒートポンプ　　問9　⑧

〈解説〉Ⅰ　問1　求める温度を$T_2$とすると，ボイル・シャルルの法則より $\dfrac{P_1V_1}{T_1} = \dfrac{P_2V_1}{T_2}$ となり，$T_2 = \dfrac{P_2}{P_1}T_1$　　問2　求める体積を$V_3$とすると，ボイルの法則より $P_2V_1 = P_1V_3$ となり，$V_3 = \dfrac{P_2}{P_1}V_1$　　問3　状態1→状態2は定積変化であるから，定積モル比熱を用いて，$Q_{12} = \dfrac{3}{2}R(T_2 - T_1)$ となる。一方，状態3→状態1は定圧変化であるから，$Q_{31} = -\dfrac{5}{2}R(T_1 - T_2) = \dfrac{5}{2}R(T_2 - T_1)$ となる。したがって，$\dfrac{Q_{31}}{Q_{12}} = \dfrac{5}{3}$〔倍〕　　問4　解答参照。　Ⅱ　問5　状態方程式より，求める圧力を$P_A$とすると，$P_A \cdot SL = 2n \cdot R \cdot 3T$ となり，$P_A = \dfrac{6nRT}{SL}$　　問6　気体がされる仕事は0であるから，求める熱量は内部エネルギーの変化に等しい。よって，$\dfrac{3}{2} \cdot 2n \cdot R \cdot (3T - 2T) = 3nRT$　　問7　このときの容器内の圧力を$p$とすると，状態方程式より $p \cdot 2SL = 2n \cdot R \cdot 2T$ となり，$p = \dfrac{2nRT}{SL}$ となる。これは大気圧に等しい。　Ⅲ　問8　解答参照。　問9　断熱圧縮では，気体に熱の出入りがないように急激に圧縮するため，気体に加わった仕事が全て気体の内部エネルギーの変化につながり，温度が上昇する。

室内と室外の温度差が大きいほどエアコンの消費電力が大きいという記述を基に冷房運転と暖房運転の温度差を検討すると，暖房運転の温度差の方が大きく，消費電力が大きいと考えられる。暖房運転では，加圧する際のコンプレッサーで生じた熱を利用できるため，温度差が同じ場合には消費電力はその分だけ冷房運転より少なくなると考えられる。これより，正解は⑧である。

【4】 I 問1 振幅…0.50〔m〕 波長…4.0〔m〕 伝わる速さ…2.0〔m/s〕 振動数…0.50〔Hz〕 周期…2.0〔s〕

問2　　　　　　　　　　　　　　　　　問3

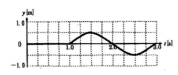　　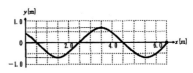

問4　ア　$0.50\sin\pi t$　イ　$\dfrac{x_1}{2.0}$　ウ　$0.50\sin\pi\left(t-\dfrac{x_1}{2.0}\right)$

エ　$\dfrac{13-x_2}{2.0}$　オ　$\pi$　カ　$-0.50\sin\pi\left(t-\dfrac{13-x_2}{2.0}\right)$

II 問5　$2d=m\lambda$　問6　三角形ODCにおいて，三平方の定理より

$(R-d)^2+r^2=R^2$，$r^2-2dR+d^2+r^2=R^2$，$2dR=r^2+d^2$

$R\gg d$，$r\gg d$より$d^2\fallingdotseq0$とみなすことができる。したがって　$2dR=r^2$

$2d=\dfrac{r^2}{R}$　問7　$\sqrt{\left(N-\dfrac{1}{2}\right)R\lambda}$

〈解説〉I 問1　グラフを読んで，振幅$A$は0.50m，波長$\lambda$は4.0mである。また，波の先端が$t=3.0$〔s〕で$x=6.0$〔m〕にあることから，伝わる速さ$v$は$\dfrac{6.0}{3.0}=2.0$〔m/s〕，振動数$f$は$v=f\times\lambda$より，$f=\dfrac{v}{\lambda}=\dfrac{2.0}{4.0}=0.50$〔Hz〕，周期は振動数の逆数だから，周期$T$は$\dfrac{1}{0.50}=2.0$〔s〕問2　解答参照。　問3　$t=8.0$〔s〕では，波が固定端反射して，反射波が重なっていることに注意する。また，$t=8.0$〔s〕での入射波は，問題にあるグラフとは逆位相であるので，固定端を中心に入射波と点対称に移動し合成波をつくる。　問4　グラフの$x=6.0$〔m〕の位置から

$x=0$〔m〕に向かって波形を見ていくと，原点は$y=A\sin\dfrac{2\pi}{T}t$の形の振動をしていることがわかる。問1で求めた数値を代入して，$y=0.50\sin\pi t$である。つまり，時刻$t$，位置$x_1$における変位$y_1$は，時刻$t$から$\dfrac{x_1}{v}$秒前，すなわち$\dfrac{x_1}{2.0}$秒前の原点における変位と等しい。したがって，$y_1=0.50\sin\pi\left(t-\dfrac{x_1}{2.0}\right)$となる。波が進むのは，固定端までの6.5mと，固定端から折り返した後の$6.5-x_2$〔m〕の合計であるから，$13-x_2$〔m〕，この長さを速さ2.0m/sで進むから，伝わるまでの時間は$\dfrac{13-x_2}{2.0}$〔s〕となる。　固定端では波の位相が$\pi$〔rad〕ずれるので，反射波の変位は$y_2=-0.50\sin\pi\left(t-\dfrac{13-x_2}{2.0}\right)$となる。　Ⅱ　問5　平凸レンズの下面で反射する光の位相はずれないが，平面ガラスの上面で反射する光の位相は$\pi$ずれることを考えて，$2d=m\lambda$が弱めあう条件となる。

問6　解答参照。　問7　明環ができる条件は，$2d=\left(m+\dfrac{1}{2}\right)\lambda$である。$m=0$のときが1番目の明環となるから，$N$番目($m=N-1$)の明環の場合は，$2d=\left(N-\dfrac{1}{2}\right)\lambda$である。これに問6の結果を代入すると，$\dfrac{r^2}{R}=\left(N-\dfrac{1}{2}\right)\lambda$より，$r=\sqrt{\left(N-\dfrac{1}{2}\right)R\lambda}$

【5】Ⅰ問1　$envS$　　問2　$e\dfrac{V}{L}$　　問3　$\dfrac{eV}{KL}$　　問4　$\dfrac{k}{e^2n}$

Ⅱ　問5

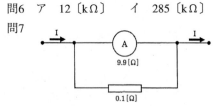

など

問6　ア　12〔kΩ〕　　イ　285〔kΩ〕

問7

〈解説〉 I 問1 導線のある断面を考えたとき，その断面を1秒間に通過できるのは，断面から$v$以内にいる電子全てである。この数は，$n \times Sv$〔個〕となる。自由電子1個は$e$の電気量をもつから，求める電流の大きさ$I$は，$I = envS$　問2　$F_1 = eE = e\dfrac{V}{L}$　問3　$e\dfrac{V}{L} = kv$より，$v = \dfrac{eV}{KL}$　問4　問1，問3の結果より，$\dfrac{I}{enS} = \dfrac{eV}{KL}$となるので，整理して，$V = \dfrac{kL}{e^2nS}I = \dfrac{k}{e^2n} \cdot \dfrac{L}{S}I$となる。したがって，$\rho = \dfrac{k}{e^2n}$

II　問5　同じ抵抗を$n_1$個並列接続すると，抵抗値は$\dfrac{1}{n_1}$倍になる。また，同じ抵抗を$n_2$個直列接続すると，抵抗値は$n_2$倍になる。つまり，12Ωの抵抗を12個接続して9Ωになるには，$\dfrac{1}{n_1} \times n_2 = \dfrac{9}{12} = \dfrac{3}{4}$かつ$n_1 n_2 = 12$を満たせばよいことになる。これを満たす解は，$n_1 = 4$，$n_2 = 3$　問6　電圧計の場合，もとの抵抗の$n-1$倍の抵抗を直列に接続することによって，測定範囲が$n$倍になる。したがって，アは測定範囲を5倍にするから，$3 \times (5-1) = 12$〔kΩ〕，イは測定範囲をアの20倍にしているから，$15 \times (20-1) = 285$〔kΩ〕　問7　電流計に流れ込む電流を，$\dfrac{1}{100}$倍にすればよいので，もとの抵抗の$\dfrac{1}{99}$倍の抵抗を並列に接続する。

【6】 I 問1　固有X線(特性X線)　　問2　$\dfrac{hc}{eV}$

II 問3 ア　$\dfrac{h}{\lambda} = \dfrac{h}{\lambda'}\cos\alpha + mv\cos\beta$　　イ　$0 = \dfrac{h}{\lambda'}\sin\alpha - mv\sin\beta$

ウ　$h\dfrac{c}{\lambda} = h\dfrac{c}{\lambda'} + \dfrac{1}{2}mv^2$

〈解説〉 I 問1　解答参照。　問2　最短波長のとき，電子のもつエネルギーがすべてX線のエネルギーになっていると考えられるから，$eV = \dfrac{hc}{\lambda_0}$より，$\lambda_0 = \dfrac{hc}{eV}$　II 問3　ア　入射X線の$x$軸方向の衝突前の運動量は$\dfrac{h}{\lambda}$，散乱X線と電子の衝突後の$x$軸方向の運動量はそれぞれ

$\dfrac{h}{\lambda}\cos\alpha$，$mv\cos\beta$，よって，$x$軸方向の運動量保存則の式は$\dfrac{h}{\lambda}=$
$\dfrac{h}{\lambda}\cos\alpha+mv\cos\beta$　イ　衝突前の入射X線の$y$軸方向の運動量は0，
散乱X線と電子の衝突後の$y$軸方向の運動量は$\dfrac{h}{\lambda}\sin\alpha$，$mv\sin\beta$，
よって，$y$軸方向の運動量保存則の式は$0=\dfrac{h}{\lambda}\sin\alpha-mv\sin\beta$
ウ　衝突前の電子のエネルギーは$\dfrac{hc}{\lambda}$，衝突後の電子のエネルギーは
$\dfrac{hc}{\lambda}+mv^2$，よって，エネルギー保存則の式は$h\dfrac{c}{\lambda}=h\dfrac{c}{\lambda}+\dfrac{1}{2}mv^2$

【7】問1　青色発光ダイオード(青色LED)　　問2　ニュートリノ
〈解説〉問1　発光ダイオードは，p型半導体とn型半導体の接合面でホー
　ルと電子が再結合する際に余分なエネルギーを光エネルギーとして放
　出することで点灯する半導体であり，白熱電球と比べると長寿命で電
　力消費が少ない。高輝度で省エネルギーにつながる白色照明光源とな
　る青色発光ダイオードの発明によって，天野浩氏らは2014年にノーベ
　ル物理学賞を受賞した。　問2　小柴昌俊氏，梶田隆章氏はニュート
　リノを岐阜県にあるスーパーカミオカンデ検出器による観測，研究で
　ノーベル物理学賞を受賞した。スーパーカミオカンデ検出器は，内外
　の二層構造の水槽に多数設置された光電子増倍管によって水中を走っ
　た荷電粒子から発するチェレンコフ光を捉えることでニュートリノを
　観測する装置である。

## 【化学】

【1】Ⅰ　問1　①　白金　　②　オストワルト　　問2　$NH_3+2O_2\rightarrow$
$HNO_3+H_2O$　　問3　$2.2\times10^2$〔$m^3$〕　　Ⅱ　問1　正極…$O_2+4H^++$
$4e^-\rightarrow2H_2O$　負極…$H_2\rightarrow2H^++2e^-$　　問2　$1.9\times10^3$〔$C$〕
問3　$2.2\times10^2$〔$mL$〕　　問4　$CH_4+2H_2O\rightarrow CO_2+4H_2$
Ⅲ　問1　$Fe+2HCl\rightarrow FeCl_2+H_2$

問2

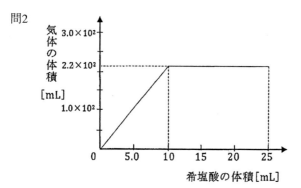

問3　結果…気体はほとんど発生しない。　理由…鉄の表面に緻密な酸化物の膜が形成し，不動態となるため。

〈解説〉Ⅰ　問1　白金は触媒として活性が高く，劣化しにくいため使用する。アンモニアを酸化して硝酸を製造する方法は，1902年にドイツの化学者オストワルトが考案した。　問2　{(i)＋(ii)×3＋(iii)×2}÷4で1つの化学反応式がつくられる。　問3　化学反応式より，アンモニア1mol(22.4L)から1molの硝酸(63g)が生成するので，求めるアンモニアの体積を$x$〔m³〕とすると，$22.4\times10^{-3} : 63 = x : 1.0\times10^{3}\times10^{3}\times\frac{63}{100}$より，$x=2.24\times10^{2}≒2.2\times10^{2}$〔m³〕　Ⅱ　問1　燃料電池では，水の電気分解の逆のしくみで発電する。　問2　32分10秒は1930秒。よって，$1.0\times1930=1930≒1.9\times10^{3}$〔C〕　問3　$H_2\rightarrow2H^{+}+2e^{-}$より，1molの水素($2.24\times10^{4}$〔mL〕)から2molの電子($2\times9.65\times10^{4}$〔C〕)が得られるので，$\frac{2.24\times10^{4}\times1930}{2\times9.65\times10^{4}}=2.24\times10^{2}≒2.2\times10^{2}$〔mL〕

問4　メタンに水蒸気を作用させて水素を生成する代表的な方法である。　Ⅲ　問1　水素が発生する反応である。　問2　反応が完了するところがポイントである。0.56gの鉄と反応する希塩酸は，$2.0\times\frac{x}{1000}=2\times\frac{0.56}{56}$より，$x=10$〔mL〕であるから，鉄が完全に反応する。よって，発生する水素は，$2.24\times10^{4}\times\frac{0.56}{56}=2.24\times10^{2}≒2.2\times10^{2}$〔mL〕グラフは，希塩酸10mLで水素$2.2\times10^{2}$〔mL〕までは原点を通る右上が

りの直線となり，それ以降は横軸に平行な直線となる。　問3　濃硝酸は酸化力が強いため，イオン化傾向の大きな金属は酸化物の膜が形成し，不動態となる。

【2】問1　過冷却　　問2　エ　　問3　過冷却を脱し，溶媒の凝固が急激に始まると，多量の凝固熱が発生するため。　　問4　①
〈解説〉問1　凝固点を下回っても液体の状態を過冷却という。分子が固まらずにいつまでも動き続けていることが原因である。　問2　もっとも温度が下がった点が，凝固が始まる温度である。　問3　点エで凝固が急激に始まるため，一気に凝固熱が発生するので温度が上昇する。　問4　溶媒が先に凝固し，その後に溶質が凝固する。溶け出すときは溶質が先に融解するので，溶質が溶媒に多く溶け込むために濃度は濃くなる。

【3】問1　$KMnO_4$　　問2　原子…Mn　　酸化数の変化…$+7 \rightarrow +2$
問3　オキシドール：記号…ウ　名称…ホールピペット　　$KMnO_4$水溶液：記号…ア　　名称…ビュレット　　問4　希塩酸の電離によって生じた$Cl^-$が還元剤として働き，$KMnO_4$と反応する可能性があるため。　問5　0.102〔mol/L〕　問6　3.4〔％〕　　問7　ビュレットは共洗いする。　　コック(活栓)を全開にして，ビュレット先端の気泡を除く(ビュレットの先端まで溶液を満たす)。
〈解説〉問1・問2　$KMnO_4$のMnの酸化数は，Kが$+1$，Oが$-2 \times 4$，化合物全体で0だから$+7$。$MnSO_4$のMnの酸化数は，$SO_4^{2-}$が$-2$より$+2$。よって，$KMnO_4$は還元されたので，酸化剤として働いている。
問3　一定量の液体をはかり取る器具はホールピペット，滴下量を測定する器具はビュレットである。　問4　過マンガン酸カリウムが強い酸化剤であるため，$Cl^-$が還元剤として反応する。　問5　酸化還元反応式より，$KMnO_4$と$H_2O_2$が2：5で反応することから，実験に用いた$H_2O_2$の濃度を$x$〔mol/L〕とすると，$2.00 \times 10^{-2} \times \dfrac{20.4}{1000} : x \times \dfrac{10.0}{1000} = 2：5$より，$x=0.102$〔mol/L〕　問6　市販のオキシドール中の過酸化

水素のモル濃度は，$0.102×10=1.02$〔mol/L〕だから，求める濃度を$x$〔%〕とすると，それぞれの$H_2O_2$の質量が同じであるから，$1.02×1000×\dfrac{x}{100}=1.02×34$より，$x=3.4$〔%〕　　問7　滴定実験では，既知濃度が変わってはいけないホールピペットおよびビュレットは共洗いする。また，ビュレットは先端まで溶液で満たして気泡が無い状態にしておかなければ正確な滴下量を測定できない。

【4】問1　(1)　黄色　　　(2)　$1.7×10^{-8}$〔mol/L〕　　　(3)　$K_{sp}=[Ag^+]^2[CrO_4^{2-}]$　　　(4)　$3.3×10^{-5}$〔mol/L〕　　　(5)　$5.2×10^{-6}$〔mol/L〕　(6)　$5.2×10^{-2}$〔%〕　　問2　17〔%〕

〈解説〉問1　(1)　$CrO_4^{2-}$は黄色である。　　(2)　AgClの溶解度積$K_{sp}=[Ag^+][Cl^-]$より，$[Ag^+]=\dfrac{K_{sp}}{[Cl^-]}=\dfrac{1.7×10^{-10}}{1.0×10^{-2}}=1.7×10^{-8}$〔mol/L〕

(3)　溶解度積はそれぞれのイオン濃度の積で，係数は乗数になる。

(4)　$Ag_2CrO_4$の溶解度積より，$[Ag^+]^2=\dfrac{K_{sp}}{[CrO_4^{2-}]}=\dfrac{1.1×10^{-12}}{1.0×10^{-3}}$となる。よって，$[Ag^+]=\sqrt{1.1×10^{-9}}=\sqrt{11×10^{-10}}=3.3×10^{-5}$〔mol/L〕

(5)　AgClの溶解度積より，$[Cl^-]=\dfrac{K_{sp}}{[Ag^+]}=\dfrac{1.7×10^{-10}}{3.3×10^{-5}}=5.15×10^{-6}≒5.2×10^{-6}$〔mol/L〕　　(6)　はじめの$Cl^-$の物質量は，$1.0×10^{-2}×\dfrac{100}{1000}=1.0×10^{-3}$〔mol〕であり，(5)のときの混合溶液中の$Cl^-$の物質量は，$5.2×10^{-6}×\dfrac{100}{1000}=5.2×10^{-7}$〔mol〕である。よって割合は，$\dfrac{5.2×10^{-7}}{1.0×10^{-3}}×100=5.2×10^{-2}$〔%〕　　問2　$Ag^+$の物質量は，$0.10×\dfrac{17.0}{1000}=1.7×10^{-3}$〔mol〕である。($Ag^+$の物質量)＝($Cl^-$の物質量)の関係があるので，塩化ナトリウムの質量は，$1.7×10^{-3}×58.5$〔g〕となり，希釈前の質量は，$1.7×10^{-3}×58.5×10$〔g〕である。一方，しょう油5.0mLの質量が$1.2×5.0=6.0$〔g〕より，その濃度は，$1.7×10^{-3}×58.5×\dfrac{10}{6.0}×100=16.575≒17$〔%〕

【5】問1　(1)　オ　　(2)　エ　　(3)　イ　　(4)　ア　　(5)　ウ

問2　①　$Ca+2H_2O \rightarrow Ca(OH)_2+H_2$　　②　$CaCO_3+H_2O+CO_2 \rightarrow$
$Ca(HCO_3)_2$　　問3　$Ca(OH)_2+Cl_2 \rightarrow CaCl(ClO) \cdot H_2O$

〈解説〉問1　図1の各物質は，アが$Ca(OH)_2$，イが$Ca(HCO_3)_2$，ウが$CaSO_4$，
エが$CaCl_2$，オが$CaO$である。生石灰は酸化カルシウムのことで，消石
灰は水酸化カルシウムである。凍結防止剤に使われるのは一般に塩カ
ルとよばれる塩化カルシウムである。炭酸カルシウムは二酸化炭素を
含む水に溶け炭酸水素カルシウムに変化する。セッコウは硫酸カルシ
ウム二水和物である。　　問2　カルシウムが水と反応すると水酸化カ
ルシウムが生成する。　　問3　さらし粉の化学式は$CaCl(ClO) \cdot H_2O$で，
漂白殺菌作用がある。

【6】問1　S　　問2　88　　問3　$C_4H_8O_2$

問4　A　　　　　　　　　B　　　　　　　　　　　C

$\underset{H-\overset{\overset{O}{\parallel}}{C}-O-\overset{\overset{CH_3}{|}}{C}H-CH_3}{}$　$\underset{H-\overset{\overset{O}{\parallel}}{C}-O-CH_2-CH_2-CH_3}{}$　$\underset{CH_3-CH_2-\overset{\overset{O}{\parallel}}{C}-O-CH_3}{}$

問5　$HCOOCH(CH_3)CH_3+NaOH \rightarrow HCOONa+CH_3CH(OH)CH_3$

〈解説〉問1　酢酸鉛水溶液によって$PbS$の黒色沈殿が生じる。　　問2　分
子量を$M$とすると凝固点降下度$\Delta t=Km$より，$2.56=5.12 \times \dfrac{4.40}{M} \times$
$\dfrac{1000}{100}$となり，$M=88$　　問3　元素分析より，炭素の質量は，$66.0 \times \dfrac{12}{44}=$
$18.0$〔mg〕，水素の質量は，$27.0 \times \dfrac{2}{18}=3.0$〔mg〕，酸素の質量は，
$33.0-(18.0+3.0)=12.0$〔mg〕となる。原子数の比は，C：H：O＝
$\dfrac{18}{12}:\dfrac{3}{1}:\dfrac{12}{16}=2:4:1$より，示性式は，$C_2H_4O$であり，この式量は
44だから，分子式は，$C_4H_8O_2$となる。　　問4　Dは酸性物質で銀鏡反応
を示したので，ギ酸である。E・F・Hは中性物質であるので，アルコー
ルである。Eはヨードホルム反応を示したので，第二級アルコール
の2-プロパノールである。Fは1-プロパノール，Gはプロピオン酸で，
Hはメタノールである。これらからA，B，Cの構造が答えられる。
問5　エステルの塩基による加水分解をけん化といい，カルボン酸の

ナトリウム塩とアルコールが生じる。エステルAの場合，ギ酸ナトリウムと2-プロパノールが生じる。

【7】問1　① カルボキシ(ル)　② アミノ　③ グリシン　④ 不斉炭素(原子)，キラル炭素　⑤ 鏡像(光学)　問2 必須アミノ酸　問3 (1) ア　(2) ウ　(3) エ　問4 ニンヒドリン

問5

$$\underset{NH_3^+}{CH_3-\overset{\displaystyle H}{\underset{|}{\overset{|}{C}}}-COO^-}$$

問6　$K_1 = \dfrac{[A^\pm]\cdot[H^+]}{[A^+]}$　　$K_2 = \dfrac{[A^-]\cdot[H^+]}{[A^\pm]}$

問7　$[H^+] = \sqrt{\dfrac{[A^+]}{[A^-]}K_1\cdot K_2}$　　問8　6.0

〈解説〉問1　アミノ酸は一般式R-CH(NH₂)-COOHで表される。RがHの場合がグリシンである。炭素原子にすべて異なる原子または原子団が結合している場合の炭素原子を不斉炭素原子といい，その場合，鏡像異性体が存在する。　問2　リシンやフェニルアラニンなど9種類がある。問3　(1)は芳香族アミノ酸で，フェニルアラニン・チロシンなどである。(2)は含硫アミノ酸で，メチオニン・システインなどである。(3)の塩基性アミノ酸は，リシン・アルギニンなどである。　問4　アミノ酸の検出反応である。　問5　双性イオンは，カルボキシ基のH原子がアミノ基に結合し，イオン結晶を形成する。アラニンはRがCH₃である。

問6　反応式の左辺の濃度を分母に，右辺の濃度の積を分子に記す。

問7　問6で求めた$K_1 = \dfrac{[A^\pm][H^+]}{[A^+]}$は$[A^\pm] = \dfrac{K_1[A^+]}{[H^+]}$と変形できる。これを$K_2$の式に代入すると$K_2 = \dfrac{[A^-][H^+]}{\frac{K_1[A^+]}{[H^+]}}$となり，整理すると，$[H^+]^2 = \dfrac{[A^+]}{[A^-]}K_1\cdot K_2$より，$[H^+] = \sqrt{\dfrac{[A^+]}{[A^-]}K_1\cdot K_2}$　　問8　等電点においては$[A^+]=[A^-]$なので，問7より，$[H^+] = \sqrt{K_1 K_2} = \sqrt{5.0\times10^{-3}\times2.0\times10^{-10}}$ $= \sqrt{1.0\times10^{-12}} = 1.0\times10^{-6}$〔mol/L〕　よって，pH$= -\log_{10}(1.0\times10^{-6})$

＝6.0

# 【生物】

【１】問1　ノルアドレナリン　　問2　(1)　イ　キネシン　　ウ　ダイ
ニン　　(2)　ATP　　(3)　(a)　中間径フィラメント　　(b)　アクチ
ンフィラメント　　問3　薄く見える　　問4　A　密着結合
B　固定結合　　C　ギャップ結合　　問5　エ　カルシウム
オ　インテグリン

〈解説〉問1　交感神経が興奮すると，その末端からノルアドレナリンが
分泌される。　問2　(1)　キネシンは微小管上を＋端側へ移動するモ
ータータンパク質で，ダイニンは微小管上を－端側へ移動するモータ
ータンパク質である。　(2)　モータータンパク質はいずれもATP分解
酵素としての活性をもつタンパク質であり，ATPのエネルギーを利用
して細胞骨格上を移動する。　(3)　(a)　中間径フィラメントは，繊維
状のタンパク質を束ねた繊維のような形態で，非常に強度がある。
(b)　アクチンフィラメントはアクチンという球状のタンパク質が重合
してできた繊維で，特に筋収縮に関して重要な役割を果たしている。
問3　黒色素顆粒が凝集すると，細胞の大部分の色が薄くなるため，
体色全体も薄く見える。　問4　A　密着結合は上皮組織の細胞などに
見られ，小さな分子も通れないほどに密着している。　B　固定結合
により，上皮組織には伸縮性や強度が与えられている。　C　動物細
胞では，ギャップ結合の中空のタンパク質を通って低分子の物質など
がやりとりされる。　問5　カドヘリンは細胞表面に存在する糖タン
パク質の一群であり，細胞接着に重要な役割をもつ。インテグリンは，
細胞表面の原形質膜に存在するタンパク質で，細胞接着分子である。

【２】問1　ア　異化　　イ　同化　　ウ　チラコイド　　エ　ATP
オ　ストロマ　　カ　バクテリオクロロフィル　　キ　酸素($O_2$)
問2　(化学反応に必要な)活性化エネルギーが小さくなるため。
問3　実験計画…クロレラに酸素の同位体$^{18}O$を含む水$H_2^{18}O$と$C^{18}O_2$を

別々に与える実験を行う。　　結果及び結論…結果としては，$H_2^{18}O$を与えたクロレラからは$^{18}O_2$が発生し，$C^{18}O_2$を与えたクロレラからは$^{18}O_2$は発生しないと予想される。以上から，光合成によって発生する酸素は水に由来すると考えられる。　　問4　(1)　ルビスコ　　(2)　A

(3)　A　　問5　90〔mg〕　　問6　ウ，キ

〈解説〉問1　葉緑体の内部には，扁平な袋状の構造であるチラコイドと，チラコイドの間を満たすストロマが存在する。チラコイド膜には光合成色素が存在している。原生生物の中には，葉緑体をもたないが光合成を行うものがおり，光合成細菌とよばれる。光合成細菌は植物のクロロフィルとは少し構造の異なるバクテリオクロロフィルをもっている。　　問2　酵素は，酵素自身を変化させずに，特定の化学反応を促進させる。　　問3　光合成により発生する酸素は水由来である。それを確かめる実験として，放射性同位体を用いる方法がある。

問4　(1)　解答参照。　　(2)　二酸化炭素濃度が低下すると，RuBPと二酸化炭素が反応してPGAが生産される反応が進まなくなるので，RuBPが溜まっていく。　　(3)　光がなくなると，チラコイドでATPが生産されなくなる。PGAはATPを消費してグリセルアルデヒド3リン酸になるため，ATPが不足した状態だとPGAは溜まっていく。

問5　二酸化炭素($CO_2$)の分子量は44，グルコース($C_2H_{12}O_6$)の分子量は180である。二酸化炭素に含まれる炭素(C)の質量は$132 \times \dfrac{12}{44} = 36$〔mg〕であり，これがグルコースの生産に使われる炭素(C)の質量である。よって，生産されるグルコースの質量は，$36 \times \dfrac{180}{72} = 90$〔mg〕である。

問6　紅色硫黄細菌や緑色硫黄細菌は，電子伝達系の出発物質として水($H_2O$)のかわりに硫化水素($H_2S$)などを利用して光合成を行う。


【3】問1　DNAは負の電荷をもち(負に帯電しており)，アガロースゲル中を陰極側から陽極側へ移動するため，電圧をかける際にDNAを陰極側にセットして泳動を始めるから。　　問2　3つ　　問3　11〔kbp〕
問4　ウ　　問5　イ　　問6　・オートクレーブ装置を用いた滅菌
・70％アルコールによる殺菌　　から1つ

〈解説〉問1　DNAはリン酸の負電荷をもっているため，陰極側から陽極側に移動する。　問2　図3－2から*Eco*RIで切断したときの断片数は3つなので，切断部位は3カ所であると考えられる。　問3　4種類の制限酵素により切断された断片の長さの合計はどれも16kbpである。ベクター部分の5kbpを引いた長さがDNA(A)の鎖長である。　問4　断片の長さの合計は16kbpになるはずであるから，ウとエ以外の選択肢は除外できる。*Eco*RI/*Pst*Ⅰと*Alu*Ⅰの断片の長さを比較すると，切断位置を全て共有しているわけではないことがわかるため，この3つの制限酵素を使ったときの断片数は，*Eco*RI/*Pst*Ⅰで切断したときの4より大きくなるはずである。よって，答えはウであると考えられる。

問5　*Pst*Ⅰを使うと13.6kbpの断片が切り出される。他の制限酵素を同時に利用するとさらに細かく切断されてしまうため，*Pst*Ⅰのみを使ったときが最も長い断片を得ることができる。　問6　遺伝子組換え生物は自然に放出しないように注意が必要である。大腸菌の不活性化の方法にはオートクレーブ装置による高圧蒸気滅菌や70％アルコール(エタノール)による殺菌などがある。

【4】問1　ア　ビコイド　　イ　ナノス　　ウ　転写　　エ　翻訳
問2　ホメオティック遺伝子(ホックス遺伝子)　　問3　a　卵の後端部
b　胚の前後ともに前側の器官に発生すること　　問4　交配1…3：1
交配2…0：1　　交配3…1：0　　問5　(1)　太郎…ウ　　花子…ア
次郎…ア，エ
(2)

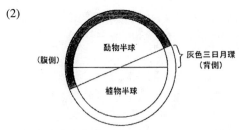

〈解説〉問1　からだの前後や端を決める遺伝子のmRNAは卵形成中に合成されて卵に蓄積しており，母性効果遺伝子とよばれる。　問2　体

節ごとに決まった構造をつくるはたらきをもつ遺伝子をホメオティック遺伝子といい，この遺伝子が原因となる突然変異をホメオティック突然変異という。　問3　卵の前端部に局在する遺伝子Aを後端部に注射すれば，遺伝子Aの濃度勾配が生じず，前後両方に前側の器官が発生するはずである。　問4　遺伝子Aは母性因子であるため，遺伝子Aのタンパク質が存在するかどうかは雌親の遺伝子型により決まる。一方で遺伝子Bは受精後に胚内で発現するので，どちらかの親から引き継がれていれば発現する。交配1は，雌親がAをもっているため，遺伝子Aは発現している。$F_1$の遺伝子型はAABB：AaBb：aabb＝1：2：1なので，受精後に，(遺伝子Bが発現する胚)：(遺伝子Bが発現しない胚)＝3：1である。よって，(頭部が形成された胚)：(頭部が形成されなかった胚)＝3：1である。交配2は，雌親が遺伝子Aをもっていないので，遺伝子Aが発現しないため，全ての胚で頭部は形成されない。交配3は，雌親は遺伝子Aをもっているので，胚内で遺伝子A由来のタンパク質が存在する。また，どのように交配しても遺伝子Bが必ず引き継がれるため，全ての胚で頭部が形成される。　問5　(1)　ショウジョウバエの初期発生では核分裂だけが進行する。ウニとカエルは，第一卵割が胚の動物極と植物極を通る面で生じることは共通している。カエルの発生では，第三卵割で植物極側に大きな割球が生じる。

(2)　精子が卵子に進入すると受精卵の表層部分が約30°回転し，精子の進入点の逆側に卵内物質の薄い部分が現れる。この部分を灰色三日月環という。灰色三日月環がある方が将来背側になり精子の進入点側は腹側になる。

【5】問1

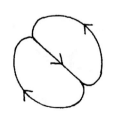

問2　円形ダンス　　問3　0.5〔km〕　　問4　(a)　性フェロモン

(b)　道しるベフェロモン　　(c)　警報フェロモン　　問5　ア，ウ，

エ　　問6　かぎ刺激

問7

赤い腹

〈解説〉問1　太陽方向とオの方向のなす角度は時計回り135°なので8の字
ダンスの鉛直方向と直線部分の方向のなす角度が時計回り135°になる
ように作図する。　問2　ミツバチは近くの餌場を示すときは8の字ダ
ンスではなく円形ダンスをする。　問3　8の字ダンスを20秒に8回描
くとき，15秒には6回描いていることになるから，図5－2から，餌場
までの距離は0.5kmだと読み取れる。　問4　動物の体内でつくられて
体外に分泌された物質が，かぎ刺激として同種の個体の化学受容器で
受けとられ，その個体に特有な行動を起こさせる場合，この物質をフ
ェロモンという。　問5　経験によって行動が変化することを学習と
いう。　問6　動物に特定の行動を引き起こさせる外界からの刺激を
かぎ刺激という。　問7　イトヨの雄は，他のイトヨの雄の赤い腹が
かぎ刺激となり，攻撃行動が引き起こされる。

【6】問1　短日植物　　問2　8月1日から9月1日の間　　問3　光中断を
行う。　　問4　(1)　葉をすべて取り除いたオナモミを短日条件下に置
き，花芽形成がされなければ証明される。　　(2)　結果…短日処理を
行った枝にのみ，花芽形成が生じる。　　考察…短日処理区と長日処
理区の間に，環状除皮を施したことで，花芽形成を促す物質が運ばれ
なくなった。この結果から，花芽形成を促す物質は師管を通って植物
全体に運ばれると考えられる。　　問5　日が長くなる時期に花芽を形
成し始めることで，寒さの厳しくなる前に種子ができるようにし，確
実に子孫を残すため。　　問6　FTタンパク質

〈解説〉問1　暗期の長さが一定時間より長くなると花芽形成をしているため，短日植物である。　問2　図6−1から，この品種のキクは11時間以上の暗期により花芽形成するとわかる。すなわち，一日のうち日長(明期)が13時間以下になると花芽形成が行われる。表6−1より，日長が13時間以下になるのは，8月1日から9月1日のどこかであるので，花芽形成もその期間中に行われると考えられる。　問3　花芽形成には連続した暗期が11時間以上必要であるため，光中断を行ったり，照明により暗期を短くしたりするなどの手段が考えられる。

問4　(1)　葉を取り除くことで，日長の感知に葉が関係しているのか確かめることができる。　(2)　花芽形成促進物質は師管を通り運搬されるため，環状除皮するとその先には運ばれなくなる。　問5　高緯度では一般的に寒さの厳しい時期が存在し，植物は種子などの寒さに強い状態で越冬することが多い。　問6　フロリゲンの正体は近年まで特定されていなかったが，シロイヌナズナにおけるFTタンパク質や，イネにおけるHd3aタンパク質がフロリゲンとして特定された。

【7】問1　ア　降水量　イ　気温　ウ　水平分布　エ　マングローブ　問2　①　バイオーム…針葉樹林　種名…エゾマツ　②　バイオーム…夏緑樹林　種名…ブナ，ミズナラ　③　バイオーム…亜熱帯多雨林　種名…ガジュマル，ヒルギ　④　バイオーム…照葉樹林　種名…スダジイ，タブノキ　問3　富士山頂上付近の2020年の暖かさの指数は5で，森林は形成されず，高山植物が優占している。将来，平均気温が各月3℃上昇すると，暖かさの指数は16になり，針葉樹林が優占するようになると推測される。

問4　知床　問5　伊豆半島

〈解説〉問1　日本では，ほぼ全域にわたって降水量が豊かであるため，バイオームの違いは気温の違いを反映している。日本列島は南北に長い上に，標高の違いも著しく，水平方向と垂直方向の温度の違いに沿って異なるバイオームが分布している。　問2　日本の亜寒帯や亜高山帯では針葉樹林が発達している。亜寒帯ではトドマツやエゾマツが

よく見られる。冷温帯には夏緑樹林が発達している。ブナ・ミズナラ・クリ・カエデなどがよく見られる。亜熱帯地方では，亜熱帯多雨林が発達している。ヘゴ・ビロウ・ヒルギなどがよく見られる。暖温帯には照葉樹林が発達している。シイ類・カシ類・タブノキなどがよく見られる。　問3　暖かさの指数は，月平均気温が5℃を超える月について，月平均気温から5を引いた数値を求め，一年を通して積算したものである。暖かさの指数を使うと，気温と植生の分布をわかりやすく見ることができる。表7－1から計算すると，2020年の富士山頂上付近の暖かさの指数は，(6－5)＋(9－5)＋(5－5)＝5で，森林は形成されない。しかし，平均気温が3℃上昇すると，暖かさの指数は，(7－5)＋(9－5)＋(12－5)＋(8－5)＝16になり，針葉樹林が形成されるようになる。　問4　北海道の知床は，2005年に世界遺産の自然遺産に登録された。　問5　伊豆半島は，2018年にユネスコから国内9番目の世界ジオパークに認定された。

【8】問1

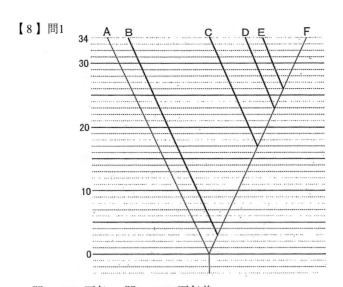

問2　1000万年　　問3　8000万年前

〈解説〉問1　図8－1は共通祖先からのアミノ酸の変化の数を表している。

この問題では，種Fを軸に考えるとわかりやすい。表8−1から，種Fと種Bはタンパク質Pのアミノ酸が62個異なっている。それは，この2種が分岐してからそれぞれ31個ずつアミノ酸が置換したと考えられるから，図8−1の横線の目盛り3の位置で分岐したものと考えられる。同様に，種Fと種Cは，その共通祖先からそれぞれ17個のアミノ酸が置換しているから，図8−1の目盛り17の位置で分岐したと考えられる。このように考えると，種Dは種Fと目盛り23の位置で，種Eは種Fと目盛り26の位置で分岐したと考えることができる。　問2　種Bと種Eは，その種分岐からそれぞれ32個のアミノ酸が置換している。この置換に3.2億年かかったとすると，アミノ酸1個の置換には，1000万年かかると考えられる。　問3　種Eと種Fは，その種分岐からそれぞれ8個のアミノ酸が置換している。アミノ酸1個が置換されるのに必要な年数はどの生物種でも一定なので，問2より，アミノ酸8個が置換されるまでに要した時間は8000万年だとわかる。つまり，種が分岐したのは8000万年前である。

## 【地学】

【1】　Ⅰ　問1　①　オ　②　カ　③　ケ　④　シ　⑤　セ　⑥　コ　⑦　サ　問2　$7.0×10^{-2}$〔W/m²〕　Ⅱ　問3　①　平均海水面(平均海面)　②　ジオイド　③　地球楕円体　問4　$g=\dfrac{4\pi^2 L}{T^2}$より，$g=\dfrac{4×3.14^2×1.00}{2.00^2}=9.859≒9.86$〔m/s²〕　問5　・2万5千分の1地形図を見て，グラウンド内に南北方向に長く測ることができる場所を見つける。　・方位磁石を使って，グラウンドの南北方向にメジャーを伸ばして静置する。　・南北方向で50mごとの緯度を携帯GPSで計測する。　など

〈解説〉　Ⅰ　問1　地球の中心までの距離は6400kmであり，約30m深くなるごとに温度が1℃上昇するとき中心の温度は，$6400×10^3÷30=213333.3…$〔℃〕となり，約200000℃と推定できる。地球内部は地震波の伝わり方によって推定されている。マントルは固体であることから，圧力によって融点の差が求まると，ある深さでの温度の上限(固体

であるために融点を下回る温度)を決めることができ，温度分布の上限を決められる。外核は地震波の横波が伝わらないことから液体と推定され，鉄・ニッケルを主体とした物質の融点がわかれば，液体である条件を満たせるよう温度の下限(固体にならないよう融点を上回る温度)が推定できる。　問2　地殻熱流量は地温勾配と熱伝導率の積で求められる。地温勾配は$\dfrac{\Delta T}{\Delta d}$($d$は深さ，$T$は温度)であり，30m深くなるごとに1℃上昇するので，地温勾配は$\dfrac{1}{30}$である。よって，求める地殻熱流量は，$\dfrac{1}{30}\times2.1=7.0\times10^{-2}$〔W/m²〕となる。　Ⅱ　問3　地球は球形であるものの，表面には凹凸がある。海面をなるべく平らにしようと考えたときに平均した海面を平均海水面という。陸上でも山地や低地など凹凸が様々であるが，平均海水面を延長したジオイドを考える。ジオイドは物体の位置エネルギーが一定になる面で，地球内部の密度がすべて均一で地形の起伏がない場合には，地球楕円体が一致する。　問4　振り子の周期を$T$，振り子の長さを$L$，重力加速度の大きさを$g$とすると，これらの関係は，$T=2\pi\sqrt{\dfrac{L}{g}}$である。　問5　緯度差を確実に求めるため，南北で距離を測ることができる必要がある。2点間の緯度差と距離を求めることができれば，地球の大きさを推計できる。解答例以外であっても，2点間の緯度差と距離の測定を目的とした活動が示せていればよい。

【2】Ⅰ　問1　①　フィリピン海　　②　ユーラシア(アムール)
③　太平洋　　④　水(海水)　　⑤　かんらん　　問2　ウ
問3　Y　上昇　　Z　圧力　　問4　ア　スコリア　　イ　枕状溶岩
問5　温泉，景観，地下水，土壌，食材，観光地，など
Ⅱ　問6　エ　　問7　エ

問8

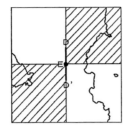

問9　1000年

〈解説〉Ⅰ　問1　日本付近には4つのプレートがあり，伊豆半島はフィリピン海プレートの北端に位置し，北アメリカプレートとユーラシアプレートに沈み込む際に本州に衝突した。フィリピン海プレートと北アメリカプレートの下には東から太平洋プレートが沈み込んでいる。この沈み込むプレートが海水(水)を地下深部にもたらすために，マントルを構成するかんらん岩の融点を下げ，マグマができている。

問2　沈み込み帯では，地下100km付近でかんらん岩が部分溶融してマグマが発生している。プレートの沈み込みで水がもたらされていることで，この深さでマグマが発生する。　問3　海嶺などのプレートの発散境界では，マントルが高温を維持して上昇する。地下では深いほど圧力が高いが，上昇したマントルは圧力が低下するために融点は下がる。これにより，海嶺付近でマントルが部分溶融してマグマが生じている。　問4　ア　火山砕屑物の中でマグマ中の水などの揮発成分が揮発して生じた多孔質のものを軽石もしくはスコリアという。多孔質なもので淡色のものを軽石，暗色のものをスコリアと区別している。イ　玄武岩質マグマが水中に噴出すると表面が急冷されて固まるが，内部では溶岩が動いているために，押し出されてチューブ状に固まる。先端が丸みを帯びた枕状になることから枕状溶岩とよばれる。

問5　火山がある地域では温泉が噴出する。温泉は住民の保養や観光にも用いられ観光地となりやすい。また，なだらかできれいな山ができやすいため，景観の面でも恩恵を受ける。火山がつくる地層では空隙が多いために水が豊富になり，地下水を多くもたらす。さらに火山灰土壌は肥沃になるため，農作物の産地になりやすい。

Ⅱ　問6　一方の岩盤から見たときに，それぞれの谷は左にずれて見える。このことから左横ずれ断層と判断できる。なお，正断層と逆断層の場合は谷がずれない。　問7　伊豆半島はプレートの発散境界やすれ違い境界ではないため，アやウは誤りである。また，プレート境界地震は，海洋プレートと大陸プレートが接している場所で起こるために地下深部である。伊豆半島は海洋プレート上にあるものの，これらの場所で起こる地震については内陸地殻内で起こった地震として扱われるため，エが適切である。　問8　それぞれの岩盤がずれ動く方向が押しの方向になる。左横ずれ断層だから，D−D′の右側は北方向(上側)，左側は南方向(下側)に動くので，右側では上，左側では下の領域の初動が「押し」になると推定される。　問9　1回の地震で2mずれていることから，1kmずれるためには500回の地震が起こったことになる。丹那断層の活動が50万年前に始まったことから，500000÷500＝1000年となり，1000年ごとに北伊豆地震のような規模の地震が発生していると考えられる。

【3】Ⅰ　問1　$T_C = T_A - \dfrac{H_1}{100} - H_2 \times \dfrac{0.5}{100}$　問2　1200〔m〕
　　問3　1000〔m〕　問4　ア　水蒸気　イ　凝結(凝縮)　ウ　潜熱(凝結熱)　エ　放出(発生)　問5　オ　気圧(圧力)　カ　膨張
　　問6　エ　Ⅱ　問7　地衡風　問8　A　気圧傾度力　B　転向力(コリオリの力)　問9　貿易風　問10　d　問11　ア　摩擦
　　イ　風速(風力)　ウ　転向

〈解説〉Ⅰ　問1　上昇する空気塊は，はじめ乾燥断熱減率に従って温度が下がる。雲ができた後には湿潤断熱減率に従って温度が下がる。よって，B地点までは乾燥断熱減率に従って，B地点からC地点は湿潤断熱減率に従って温度が低下する。　問2　問1で使用した高度差について，B地点の高度を$X$〔m〕としたとき，AB間の高度差について，$H_1 = X - 200$，BC間の高度差について，$H_2 = 2000 - X$と表すことができる。問1の式にそれぞれの値を代入すると，$6 = 20 - \dfrac{X-200}{100} -$

294

$(2000-X)\times\dfrac{0.5}{100}$　∴　$X=1200$〔m〕　　問3　C地点を超えると雲は消えているため乾燥断熱減率に従う。温度が10℃上昇していることから高度差は1000mとなるためD地点の高度は1000mとわかる。　　問4　水蒸気は温度が低下することで凝結するが，このとき潜熱を放出する。この潜熱は物質が状態変化をすることで出入りする熱であり，凝結する際には放出する熱となる。このため，放出された熱によって空気塊が暖められるために温度が低下する割合が小さくなる。　　問5　標高が上がるにつれて気圧も変化し，高度が高いほど気圧は低くなる。気圧が低くなると空気塊は膨張するために，雲が生じる地点の気温(その地点の露点)はもとの地点の露点よりも低くなる。　　問6　乾燥断熱減率は飽和水蒸気圧を常に下回っている状態であるため，気温による影響を受けない。一方の湿潤断熱減率は気温や気圧に依存する。これは，凝結量が気圧と気温に依存するので，それにともない放出される潜熱の量が変化するためである。気温が高いほどグラフの傾きが大きいことから，温度が1℃変化する際の気圧差が大きくなる。気圧の変化は標高によって変わり，1℃変化させるのに標高が大きく変わることから，標高に対しての温度変化は小さくなるため，湿潤断熱減率は小さくなるとわかる。　　Ⅱ　問7　上空で気圧傾度力と転向力がつり合い等圧線に沿って平行に吹く風のことを地衡風という。一方で図6のように地表付近で気圧傾度力，転向力，摩擦力がつり合って吹く風のことを地上風という。　　問8　それぞれの図でAは気圧の高い方から低い方にはたらいているため気圧傾度力である。また，地球は自転しているために転向力がはたらいている。北半球では物体の進行方向右向きにはたらくので，Bは転向力(またはコリオリの力)という。なお，Cは地表面との摩擦力である。　　問9　解答参照。　　問10　南半球では転向力が北半球と逆向きにはたらく。そのため，図6においてはCの矢印の方向に転向力がはたらき，Bの矢印の方向は摩擦力となる。転向力が進行方向左向きの力であるため，風向(風が吹いてくる方向)は南東となる。　　問11　陸上と海上を比べると海上の方が滑らかなために摩

擦力が小さくなる。そのため摩擦力の強い陸上では風速が小さくなる。気圧傾度力は変わらず，気圧傾度力とつり合う摩擦力と転向力の合力も変化しない一方，摩擦力は大きくなるため転向力が小さくなる。

【4】問1

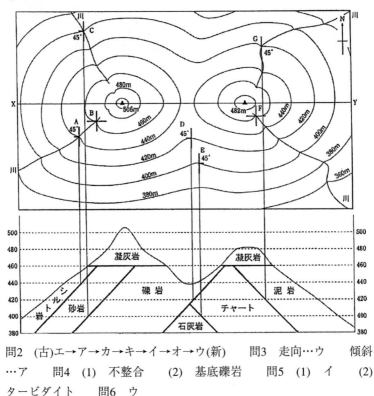

問2　(古)エ→ア→カ→キ→イ→オ→ウ(新)　　問3　走向…ウ　傾斜…ア　　問4　(1) 不整合　(2) 基底礫岩　問5　(1) イ　(2) タービダイト　問6　ウ

〈解説〉問1　地形断面図はX－Y直線と交わる等高線の位置を結んで作成する。B地点とF地点ではそれぞれ水平な地層境界面であるから，それより上の標高では凝灰岩が露出している。西側ではすべて西傾斜の地層であり，A・C地点から礫岩，砂岩，シルト岩の順で上に重なっている。それぞれの地点で傾斜を考慮して境界を引くと解答のようになる。

東側では泥岩が最も上位になり，その下にチャート，石灰岩の順となる。D地点で礫岩とチャートの関係が示されているから，西に45°傾斜した境界を引くことができる。石灰岩と礫岩の関係は直接示されていないが，石灰岩がチャートの下であること，礫岩がチャートを削っていることから，石灰岩は礫岩の内部にあることはないと推測できる。よって，E地点で得られたチャートと石灰岩の境界は，D地点で得られた礫岩/チャートの境界までとなる。　問2　問1で作成した地質断面図から堆積順が推定できる。D地点の記録から礫岩がチャートを削っているので，チャートは礫岩よりも前の堆積である。チャートは石灰岩の上であるから，石灰岩層→チャート層の順となる。礫岩と泥岩については，地質断面図で凝灰岩がないと仮定して境界を延長すると，礫岩が泥岩層を切ること，G地点の結果からチャート層→泥岩層は確定しているので，チャート層→泥岩層→礫岩層となる。西側については断面図から礫岩層→砂岩層→シルト岩層の順になり，凝灰岩層はすべての層を切って堆積しているから最も新しく堆積したとわかる。

問3　地層の走向は層理面と水平面との交線の方向である。この方向に平行になるようにクリノメーターの長辺を層理面に密着させるので，ウが正しい。アやオは走向と直行する方向になっているため，誤りである。傾斜は層理面と水平面のなす角であり，走向と垂直になるようにクリノメーターの長辺を層理面に密着させる。走向は図の左右の方向であるから，これと垂直になるように接しているアが正しい。傾斜はクリノメーターの円形の部分にある傾斜指針で読み取るが，オの置き方の場合は傾斜指針が動かないので傾斜を測ることはできない。

問4　(1)　それぞれの地点では境界面が不規則であることから侵食を受けていると考えられる。そのためB地点では砂岩と凝灰岩の間に，F地点では泥岩と凝灰岩の間に，地層を形成する時間の間隔があると考えられる。このように上下の地層の間に堆積する時間間隔があいている関係を不整合という。　(2)　不整合の侵食面のすぐ上には粗粒な礫などが堆積することが多く，これが上の層の基底となることから基底礫岩とよばれる。　問5　(1)　級化構造が生じる要因として，時間と

ともに流速が遅くなった，もしくは混濁流などによって運ばれたと考えられる。このためイが最も適切である。アの土石流では，逆級化構造(下に細粒な堆積物が堆積し，上に粗粒な堆積物が見られる)が生じる。ウの沿岸流やエの底層流では，リップルマークなどの流れによってできる構造を生じさせやすい。　(2)　混濁流は地震などによって海底地すべりが生じることで堆積物が深海底に再堆積する流れである。このとき海底扇状地などが形成され，この堆積物をタービダイトという。タービダイトには級化構造などが見られる。　問6　①　石灰岩はフズリナやサンゴなど炭酸カルシウムを殻などの主成分としている生物がもとになっている。また，チャートは二酸化ケイ素を主体とした放散虫化石などで形成される。よって，正しい記述である。　②　チャートは主に深海底で形成されるが，石灰岩に関してはサンゴやフズリナが固結してできればよいので浅海底である必要はない。よって，誤りである。　③　石灰岩は主成分が炭酸カルシウム，チャートは二酸化ケイ素であり，これらは化学岩としても分類されている。よって，正しい。

【5】問1　①　フォッサマグナ　②　糸魚川－静岡構造線　③　領家帯(領家変成帯)　④　三波川帯(三波川変成帯)　⑤　中央構造線　⑥　四万十帯　問2　イ　問3　(1)　①　グリーンタフ(緑色凝灰岩)　②　黒鉱　③　石炭　(2)　(古)B→C→D→A→E(新)

〈解説〉問1　中部地方にあるフォッサマグナは「大地溝帯」という意味で名づけられている。フォッサマグナの西縁は糸魚川－静岡構造線によって区切られており，これが東北日本と西南日本の境界となっている。西南日本を2つに区分する構造線が中央構造線であり，これに接する北側は領家帯，南側は三波川帯である。中央構造線の北側を内帯，南側を外帯といい，外帯の太平洋側には四万十帯が分布している。問2　日本列島はアジア大陸から分離して移動したと考えられ，このときの開き方が観音扉の開き方に似ていることから観音開きとよばれている。東北日本は反時計回りに回転し，西南日本は時計回りに回転

している。　問3　(1)　東北日本では海底火山活動で特に日本海側とフォッサマグナ地域にグリーンタフとよばれる緑色の岩石が多くできている。このとき形成された金属鉱床の黒鉱は，閃亜鉛鉱や方鉛鉱などを伴う黒色の鉱石で，日本独自の金属鉱床として採掘されてきた。植物遺体が浅い海や湖で堆積すると石炭が形成される。　(2)　Bで説明された地層は，はるか南方で移動する地塊周辺で堆積したためにフズリナなどを含んでおり，これが移動して結合することでアジア大陸の東部を形成している。これらが日本列島のもとであるため，B→Cの順に最も古い時代に起きた出来事である。約2500万年前に大陸の縁で湖などができたために，ここに堆積した植物遺体から石炭が形成された。約1700万年前から日本は大陸から離れて日本海が形成される。同時期に海底火山活動が日本海で起こり，グリーンタフが形成される。そして約200万年前から日本列島が東西に圧縮されて隆起・沈降などの地殻変動が生じて現在の地形を形成した。これらの流れを踏まえると，B→C→D→A→Eの順となる。

【6】Ⅰ　問1　①　連星　②　分光連星　③　食連星(食変光星)

④　ケプラー　⑤　$\dfrac{a^3}{P^2}$　問2　$\dfrac{a^3}{P^2}=\dfrac{G}{4\pi^2}(m_1+m_2)$ より，$\dfrac{30^3}{60^2}=7.5$

$=\dfrac{G}{4\pi^2}(m_1+m_2)$ …① 次に太陽の質量 $M$，地球の質量 $m$，$M \gg m$ と

すると，$\dfrac{a^3}{P^2}=\dfrac{G}{4\pi^2}(M+m)$　$M+m \fallingdotseq M$ と見なすことができるので，

$\dfrac{a^3}{P^2}=\dfrac{G}{4\pi^2}M$ となり，太陽と地球では，$a=1$，$P=1$ なので，$1=\dfrac{G}{4\pi^2}M$

$\dfrac{G}{4\pi^2}=\dfrac{1}{M}$ …② ①式と②式より，$m_1+m_2=7.5M$ 共通重心までの

距離の比から，$m_1=4m_2$ より，$m_1=6M$　$m_2=1.5M$ すなわち，Aは

6倍，Bは1.5倍　Ⅱ　問3　①　年周視差　②　$\dfrac{1}{p}$　③　スペクトル　④　HR図　⑤　分光視差　⑥　周期光度関係

問4　絶対等級を $M$，見かけの等級を $m$，恒星までの距離を $d$ パーセクとすると，$M=m+5-5\log_{10}d$ となるので，$2.5=7.5+5-5\log_{10}d$

$\log_{10}d=2$　　$d=100$〔パーセク〕

〈解説〉Ⅰ　問1　接近した2つの恒星が互いに引力を及ぼしあうことで公転しているものを連星という。肉眼や望遠鏡で確認できる連星を実視連星といい，スペクトルで識別できるものを分光連星という。2つの恒星が互いに隠しあうことで明るさが変化するものを食連星とよんでおり，どちらもケプラーの法則に従って公転している。連星の質量と公転周期，軌道半径の関係は，ケプラーの第3法則から求めることができる。　問2　問1の⑤で示された式を用いて計算することができる。地球と太陽について同様の関係を求めることで，恒星AとBの太陽との質量比を求めることができる。なお，地球と太陽については公転周期が1年，地球と太陽の平均距離は1天文単位である。

Ⅱ　問3　恒星の距離は，近い場合は年周視差で求められるが，距離が離れるにつれて年周視差が小さくなるので測定ができなくなる。比較的近い恒星の距離は年周視差の逆数となる。比較的遠い星の場合はスペクトルの観測から距離を推定する。HR図は絶対等級とスペクトル型を軸に取った星の分布図で，スペクトル型と星の種類がわかれば絶対等級の推定が可能になる。絶対等級と見かけの等級から求めた視差を分光視差という。ある種の変光星(セファイド)には変光周期と絶対等級の間に周期光度関係があるため，絶対等級が推定できるので距離がわかる。　問4　見かけの等級と恒星までの距離から絶対等級を求める式を用いることで恒星までの距離を求めることができる。

## 2021年度　実施問題

# 中　学　理　科

【1】「力の働き」の学習について，次の問いに答えなさい。

(1) 力には，「物体の動き(運動の状態)を変える」働きがある。この働き以外に，力の働きを2つ書きなさい。

(2) 身の回りには，様々な力が働いている。次のア～ウの力を何というか，それぞれ書きなさい。

ア　物体がふれ合って動いているとき，物体の間に働く動きを妨げようとする力

イ　磁石に鉄を近づけると働く引き合う力

ウ　面が物体に押されたとき，その力に逆らって面が物体を押し返す力

(3) ばねとおもりを使って力の大きさとばねののびの関係を調べるために，次のような実験を行い，結果を表にまとめた。結果をもとに，力の大きさとばねののびの関係をグラフに表しなさい。なお，グラフがばねAとばねBのどちらであるかが分かるようにすること。また，100gのおもりに働く重力の大きさを1Nとする。

【実験】

i　図1のような装置を組み立て，ばねAをつるす。

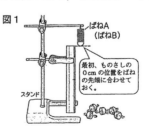

図1

ばねA
(ばねB)

最初，ものさしの0cmの位置をばねの先端に合わせておく。

スタンド

ii　図2のようにばねにおもり(質量20g)を1個つり下げて，ばねののびを読みとる。

図2

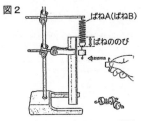

出典:「未来へひろがるサイエンス1」啓林館

iii　同じ質量のおもりを2個，3個と増やしていき，その度にばねののびを読みとる。

iv　ばねBに変えて，同じように調べる。

【結果】

| おもりの数〔個〕 | 0 | 1 | 2 | 3 | 4 | 5 |
|---|---|---|---|---|---|---|
| 力の大きさ〔N〕 | 0 | 0.2 | 0.4 | 0.6 | 0.8 | 1.0 |
| ばねAののび〔cm〕 | 0 | 1.0 | 2.1 | 2.9 | 4.1 | 4.9 |
| ばねBののび〔cm〕 | 0 | 0.5 | 0.9 | 1.6 | 2.1 | 2.4 |

**力の大きさとばねののびの関係**

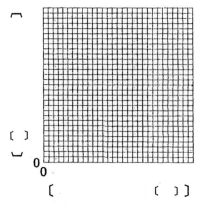

(4)　(3)のグラフから生徒に考察させたいことは何か，書きなさい。

302

(5)　(3)のように，実験結果をグラフで表すことの利点は何か，2つ書きなさい。

(6)　授業終了後，ある生徒に「『重さ』と『質量』って何が違うのですか。」と質問された。理科では，重さと質量は違う意味で用いる。あなたが授業者なら生徒の質問にどのような説明をするか，それぞれの意味に触れながら書きなさい。

(☆☆☆◎◎◎)

【2】「運動とエネルギー」の単元について，次の問いに答えなさい。

(1)　本単元は「エネルギー」を柱とする領域である。中学校学習指導要領解説　理科編(平成29年7月)において示されている「エネルギー」を柱とする領域で主として働かせたい「見方(様々な事象等を捉える各教科等ならではの視点)」は何か，書きなさい。

(2)　本単元は中学校第3学年で扱う内容である。中学校学習指導要領解説　理科編(平成29年7月)において例示されている，科学的に探究するために必要な資質・能力を育成するために，中学校第3学年で主に重視する探究の学習過程は何か，書きなさい。

(3)　次の文はエネルギーに関する記述である。適切な文となるように( a )～( f )に言葉を書きなさい。

> 　ある物体が他の物体に対して( a )をする能力をエネルギーという。エネルギーの単位は，( a )の単位と同じでジュール(記号J)である。高いところにある物体がもっているエネルギーを( b )，運動している物体がもっているエネルギーを( c )という。( b )も( c )も物体の( d )が大きいほど大きい。また，( b )と( c )の和をその物体の( e )といい，物体のもつ( e )が運動の過程で一定に保たれることを( f )という。

(4)　図のように2種類の滑らかなレール装置に，同体積，同質量の球体小球(あ)，(い)をそれぞれ同じ高さ($h$〔m〕)にセットする。その後，

小球(あ)，(い)から同時に静かに手を離した。小球(あ)，(い)がレールを転がり，点Gにたどり着く際の動きについて，次のア～ウから適切なものを選び，記号を書きなさい。また，その理由をA～Gの記号や図等を適宜用いて書きなさい。なお，装置は水平な台の上に置かれており，小球(あ)，(い)とレールの間に働く動きを妨げようとする力や，空気抵抗は考えないものとする。

ア　小球(あ)の方が先にたどり着く
イ　小球(い)の方が先にたどり着く
ウ　小球(あ)，(い)が同時にたどり着く

図

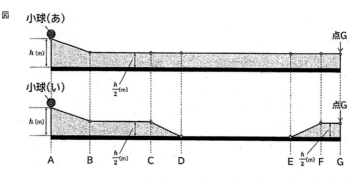

(5)　(4)において，小球(い)が点Dを通過するときの速さ$v$〔m/s〕を求めなさい。なお，小球(い)の質量を$m$〔kg〕，スタート時の高さを$h$〔m〕，重力加速度の大きさを$g$〔m/s²〕とする。

(☆☆☆◎◎◎)

【3】「化学変化と物質の質量」の学習について，次の問いに答えなさい。

(1)　太郎さんは，「金属を加熱し続けると，生成する酸化物の質量は増え続けるだろうか」という問題を見いだした。そこで，1gの銅粉を加熱し，5分ごとに質量をはかり，結果をグラフに表した。グラフから，一定量の銅と化合する酸素の質量には限界があることが分かった。太郎さんが表したグラフとして最も近いものを，ア～エから選び，記号で書きなさい。

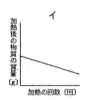 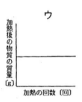 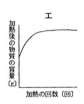

(2)　次に太郎さんの学級では，金属の質量と化合する酸素の質量の間にはどのような関係があるのか調べた。

---

【実験】　i　ステンレス皿の質量をはかったあと，銅粉の質量を(班ごとに変えて)はかる。

ii　銅粉をステンレス皿に広げ，全体の色が変化するまでよく加熱する。

iii　ステンレス皿が冷めたら質量をはかる。

iv　酸化銅の質量を求める。

【結果】　表

|  | 1班 | 2班 | 3班 | 4班 | 5班 | 6班 | 7班 | 8班 | 9班 | 10班 |
|---|---|---|---|---|---|---|---|---|---|---|
| 銅の質量 [g] | 0.20 | 0.20 | 0.40 | 0.40 | 0.60 | 0.60 | 0.80 | 0.80 | 1.00 | 1.00 |
| 生成した酸化銅の質量 [g] | 0.25 | 0.24 | 0.49 | 0.50 | 0.75 | 0.75 | 0.95 | 1.00 | 1.25 | 1.24 |
| 銅と化合した酸素の質量 [g] | 0.05 | 0.04 | 0.09 | 0.10 | 0.15 | 0.15 | 0.15 | 0.20 | 0.25 | 0.24 |

グラフ　略

【考察】　グラフより，化合する酸素の質量は銅の質量に比例する。銅の質量と化合する酸素の質量の比は一定であり，銅：酸素は，約( a )である。

---

① この実験の化学変化を，化学反応式で表しなさい。

② 生徒が結果の整理を行う場面で，表の，銅と化合した酸素の質量を求める際，この単元で学んできたことを活用した。生徒は，どのような法則や考え方を用いて求めたのか，その法則の名称を書きなさい。

③ 考察のaに適切な整数比を書きなさい。

④ 銅と酸素がaのような比になる理由を，「原子量」という言葉を

使って書きなさい。

⑤　生徒が実験結果を黒板に記入しているとき，7班の生徒が，「私たちの班は実験を失敗しました。」と授業者に伝えてきた。あなたが授業者なら，7班の生徒にどのように対応するか，書きなさい。

⑥　7班の結果について，酸素と化合した銅の質量は，加熱前の銅の質量の何％か，求めなさい。

(☆☆○○○○)

【4】アンモニアを発生させてその性質を調べる実験1と，アンモニアの性質を利用した実験2について，次の問いに答えなさい。

【実験1】

i　図1のような気体発生装置を組み立ててアンモニアを発生させる。

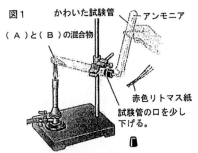

図1

かわいた試験管　アンモニア

（ A ）と（ B ）の混合物

赤色リトマス紙

試験管の口を少し下げる。

出典：「自然の探究　中学校理科1」教育出版

ii　アンモニアを上方置換法で試験管に捕集し，水で湿らせた赤色リトマス紙が変色したらゴム栓をする。

iii　捕集したアンモニアの色やにおいを調べる。

iv　ビーカーに入れた水にiiの試験管を逆さまに立ててゴム栓を外し，水中で再びゴム栓をしてから試験管を取り出し，試験管内の水溶液をリトマス紙に1滴落として色の変化を調べる。

【結果】

| 色 | におい | 試験管の中の様子 | リトマス紙の色の変化 |
|---|---|---|---|
| 無色 | 刺激臭 | 水が入った | 赤色リトマス紙→青色に変化<br>青色リトマス紙→変化なし |

(1) 図1の( A )と( B )に入る物質名を2つ書きなさい。

(2) アンモニアの捕集方法として，上方置換法が適している理由を書きなさい。

(3) 図1で，試験管の口を少し下げる理由を，安全面に配慮して書きなさい。

(4) 実験1で，授業者が生徒に注意させることは何か，アンモニアの性質と関連付けて書きなさい。

(5) 実験1 ii で，水で湿らせた赤色リトマス紙を用意するのはなぜか，理由を書きなさい。

---

【実験2】

i　アンモニアを上方置換法で丸底フラスコに捕集し，図2のような装置を組み立てる。

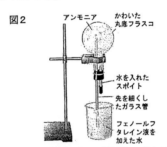

図2　　　アンモニア　　かわいた丸底フラスコ

水を入れたスポイト

先を細くしたガラス管

フェノールフタレイン液を加えた水

出典：「自然の探究　中学校理科1」教育出版

ii　丸底フラスコにスポイトのなかの水を入れる。

【結果】

　ガラス管を通して水が吸い上げられ，フラスコ内に赤色の噴水ができた。

---

(6) 次の文は，実験2で噴水ができる理由を説明したものである。
( a )～( d )に適切な言葉を書きなさい。

> 　　噴水ができる理由は，丸底フラスコにスポイトで水を入れ
> ると，水にアンモニアが（　a　）ので，丸底フラスコ内の
> （　b　）が（　c　），フェノールフタレイン液を加えた水を吸い
> 上げるからである。また，噴水が赤色になったのは，アンモ
> ニアの水溶液が（　d　）性だからである。

(7)　あなたが授業者なら，図2の丸底フラスコに入っている赤色の液
体をどのように処理するか，書きなさい。

(8)　アンモニアは，身近な生活の中でどのような用途で利用されてい
るか，1つ書きなさい。

（☆☆◎◎◎◎）

【5】中学2年生の太郎さんは，光合成について学習した。資料は，太郎さ
んが授業で作成したレポートの一部である。あとの問いに答えなさい。

資料

> 【課題】　植物は光合成を行うとき，二酸化炭素を取り入れるか。
> 【予想】　小学校のとき，息を吹き込んだビニール袋を植物にか
> 　　　　ぶせて日なたにしばらく置くと，中の二酸化炭素が減っ
> 　　　　て酸素が増えていたので，二酸化炭素を取り入れている
> 　　　　と思う。
> 【方法】　i　ビーカーに水を入れ少量のBTB溶液を加えたあと，
> 　　　　　　ストローで息を吹き込み黄色にする。
> 　　　　ii　オオカナダモを入れた試験管アと何も入れない試験
> 　　　　　　管イに，iの水を入れゴム栓をする。
> 　　　　iii　試験管ア，イをそれぞれ日の当たるところに置き，
> 　　　　　　30分後の色の変化を見る。
> 【結果】　試験管ア：緑色になった　　試験管イ：変化なし
> 【考察】　結果から，試験管アは中性になったので，水に溶けて
> 　　　　いた二酸化炭素が減少し，酸素が増えたことが分かる。
> 　　　　植物が光合成を行うとき，二酸化炭素を取り入れ，酸素

308

> を出すことが確かめられた。

(1) 資料の下線部について，試験管イを用意した理由を書きなさい。

(2) 太郎さんの考察は，実験結果を踏まえたものとしては適切とはいえない。太郎さんの考察について，適切でない点を具体的に指摘しなさい。

(3) 太郎さんは，この実験で分かったことと既習の知識とを関連付け，光合成と植物の体のつくりとの関係についてまとめを書いた。適切なまとめとなるように，( a )～( e )に言葉を書きなさい。

【まとめ】
　光合成は光のエネルギーを利用して，二酸化炭素と水からでんぷんなどの有機物と酸素を生じる反応である。光合成は細胞中の( a )で行われている。二酸化炭素と酸素は，( b )から出入りする。また，水は根から吸い上げられ( c )を通って送られる。でんぷんは水に溶ける物質となって( d )を通って体の各部へ運ばれ，( e )や成長に使われる。

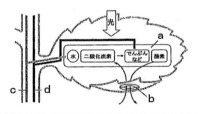

(4) 太郎さんは，この実験を終えて新たに次のような疑問をもった。

【疑問】　ぼくの結果では，試験管アは緑色だったが，教科書では青色だ。実験した日はくもっていたので，A光の強さと光合成で取り入れる二酸化炭素の量には，何か関係があるかもしれないと思った。また，B植物によっても光合成で取り入れる二酸化炭素の量は変わるのだろうか。

　そこで，下線部A，Bについて調べたところ，図(2種類の植物X，

Yについて，二酸化炭素濃度と温度が一定条件のもと，光の強さを変えたときの二酸化炭素吸収速度を表したグラフ)を見つけた。

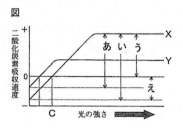

図

① 図で，植物Xの単位時間当たりの光合成量を表しているのはどれか，あ～え から選び，記号で書きなさい。

② 植物Xでは，Cより弱い光のとき二酸化炭素吸収速度が負になっている。この理由を書きなさい。

③ 下線部Aについて，植物Xのグラフから分かることを書きなさい。

④ 太郎さんは，下線部Bについて図から次のように考えた。適切な考えになるように( f ),( g )に言葉を書きなさい。

> 植物によって光合成で取り入れる二酸化炭素の量は変わり，光の強さでも違いがある。二酸化炭素吸収速度は光の強さが( f )時，植物Xは植物Yより大きく，( g )時，植物Yの方が大きい。

⑤ 植物Yは，植物Xに比べ，どのような環境での生育に適していると考えられるか，書きなさい。

(☆☆☆◎◎◎◎)

【6】太郎さんは，生物どうしのつながりや自然界の物質の循環について学習した。表は身近な動物が何を食べているかについて観察したり図鑑で調べたりしてまとめたもの，メモは観察の際に気付いたこと，図1は表をもとに生物の食べる・食べられる関係を矢印でつないだものである。次の問いに答えなさい。

表

| 生物 | 食べるもの |
|------|-----------|
| ヘビ | ネズミ　カエル |
| バッタ | 植物の葉 |
| カエル | クモ　バッタ　チョウ |
| チョウ | 植物の花のみつ |
| トビ | ヘビ　ネズミ　カエル |
| ネズミ | バッタ　種子 |
| クモ | チョウ　バッタ |

図1

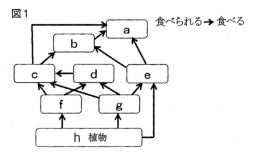

食べられる➡食べる

【メモ】　土中には，小さな動物がたくさんいた。また，キノコ
が地面から生えていたり，枯れ葉にカビが生えていたり
した。生物の死がいやふんもあった。

(1)　図1のような，「食べる・食べられる」という生物どうしのつなが
りが複雑に絡み合った関係全体を何というか，書きなさい。

(2)　図1のc，d，eに当てはまる生物を表から選び，それぞれ書きなさ
い。

(3)　図1で，数量(個体数など)が最も多いものと最も少ないものと考え
られるものを，a～hの中から選び，それぞれ記号で書きなさい。

(4)　次のア～オは，太郎さんが見つけた土中の小さな動物である。主
に落ち葉や枯れた植物を食べる動物をすべて選び，記号で書きなさ
い。
　　ア　トビムシ　　　　イ　カニムシ　　ウ　ダンゴムシ

311

エ　センチコガネ　　オ　ミミズ

(5)　太郎さんがキノコやカビなどについて調べたところ，どちらも菌類であることがわかった。そこで，土中の菌類などの微生物の生命活動によりデンプンがどうなるかを調べるため，次のような実験を行い，結果を得た。

---

【実験】

ⅰ　落ち葉の下の土を採取し，A，Bに2等分する。Aの土はそのまま，Bの土は十分に焼いて，それぞれ水の中に入れてよくかき混ぜ，しばらく放置する。

ⅱ　A，Bの土からつくった上澄み液を取り，両方にデンプンのりを加える。アルミニウム箔でふたをし，室温の暗い場所に3〜5日程度おく。

ⅲ　A，Bの液を試験管に少量取り，それぞれにヨウ素液を加え，色の変化を調べる。

【結果】

| 試験管 | ヨウ素液の色の変化 |
|---|---|
| A | 変化なし |
| B | 青紫色 |

---

①　結果から，土中の微生物はデンプンに対しどのような働きをしたか，土中の微生物の生命活動に触れながら書きなさい。

②　実験に使用したデンプンのりを加えた上澄み液はどのように処理するか。適切な方法を書きなさい。

(6)　太郎さんは，単元の学習後，まとめとして図2を書いた。適切なまとめとなるように，ⅰ〜mに言葉を書きなさい。なお，➡は，自然界を循環する炭素の一部を表している。

図2

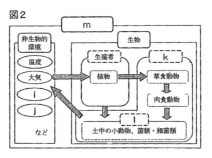

(☆☆☆☆◎◎◎)

【7】太郎さんは，接近してきた台風に興味を持ち，新聞やテレビの天気
番組，気象庁のホームページなどで情報を集めた。次の問いに答えな
さい。

(1) 図1は新聞の天気図である。図1のアのような前線を何というか，
書きなさい。

図1

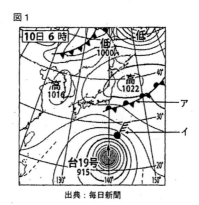

出典：毎日新聞

(2) (1)の前線はどのようにしてできるか，気団の特徴に触れて書きな
さい。

(3) 図1のイから天気，風向(16方位)，風力を書きなさい。

(4) テレビの天気番組で気象予報士が「<u>A台風の進行方向の右側では，
風や雨による被害が多い。</u>」，「<u>B台風の接近に伴い，沿岸では，命に</u>

<u>危険を及ぼすような高波や高潮の恐れがあり，むやみに海岸に近付かないでください。」</u>と言っていた。

① 下線部Aについて，一般に台風の進行方向の右側で雨が強まる理由を書きなさい。

② 下線部Bについて，高波や高潮が起こる原因を2つ書きなさい。

(5) 太郎さんは，この台風の進路を気象庁のホームページで調べたところ，図2のように台風は日本に接近したのち，北東へ進路を変えたことが分かった。この原因の一つである中緯度帯の上空を1年中吹く風を何というか，書きなさい。

図2

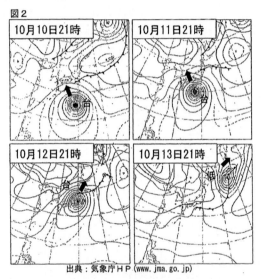

| 10月10日21時 | 10月11日21時 |
| 10月12日21時 | 10月13日21時 |

出典：気象庁ＨＰ (www.jma.go.jp)

(6) 図2の10月12日21時から13日21時の間に台風は何に変わったか，書きなさい。

(7) 太郎さんは，台風の進路について興味を持った。そこで，図3の教科書の資料をもとに月ごとの主な台風の進路について調べた。特に8月から10月にかけて台風の進路が変わっていく理由を，日本周辺の気団の特徴に触れて書きなさい。

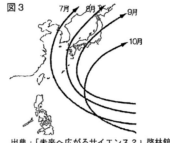

図3

7月　8月　9月

10月

出典：「未来へ広がるサイエンス2」啓林館

(☆☆◎◎◎◎)

【8】太郎さんは，地層が堆積した当時の様子を推測するため，授業で学区外の崖にみられる地層を観察し結果のように整理した。あとの問いに答えなさい。なお，この地域の地層は平行に重なっており，地層のずれや折れ曲がり，上下逆転はないことが分かっている。

---

【結果】

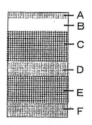

A
B
C
D
E
F

崖に見られる地層の幅約30m，高さ約20m。

地層はほとんど水平に重なっていて，6つの層が見られた。

A：うすい茶色の砂の層。ところどころ小さなれきが混ざっている。

B：白い小さい粒でできた層。

C：れきの層。丸い形のれきが多く色の違いがある。

D：小さなれきが混じったうすい灰色の砂の層。

E：れきの層。丸い形のれきが多く色の違いがある。

F：灰色の砂の層。アサリの貝殻の化石が入っている。

---

(1)　この崖のように地層の重なりが地表に現れている部分を何という
か，書きなさい。

(2)　結果をもとに考察をした。適切な考察になるように( a )，( b )
に言葉を書きなさい。

> 【考察】
> 　Fの層からアサリの貝殻の化石が見つかったことから，アサ
> リを含む地層が堆積した当時の環境は( a )だったと言える。
> CとEの層に含まれるれきの粒は丸みを帯びていたことより
> ( b )の働きにより運ばれてきたと考えられる。

(3)　太郎さんは，Bの地層をつくっている小さな粒は，火山灰なのか
砂なのか疑問に思った。学校の理科室で調べるために，ハンマーで
崖をくずし，試料を採取することにした。試料を採取する時，次の
①，②についてどのようなことに注意しなければならないか書きな
さい。

①　安全面に関すること

②　環境保全に関すること

(4)　(3)で採取した試料について，どのように火山灰か砂かを見分けれ
ばよいか。実験方法と，火山灰と砂の見分け方を書きなさい。

(5)　C〜Eの地層の観察の結果から，この地域全体の大地の変化を書き
なさい。

(6)　地層の観察を終えた太郎さんは，学校付近の地層はどうなってい
るのか興味を持ち，標高が異なるG〜Iの3地点のボーリングコアを
もとに考察した。図1は，学校付近の地形を等高線で表したもの，
図2は，ボーリングコアをもとに作成した柱状図である。図1，図2
から学校付近の南北方向及び東西方向の地層の傾きを書きなさい。

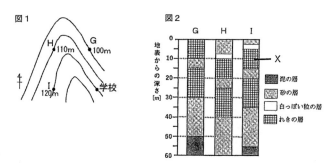

図1　図2

(7)　学校のある地点の地層を考えた。学校のある地点で，Iの地点のX
　　と同じれき層は，地表からの深さ何mから何mの位置にあるか書き
　　なさい。

(☆☆☆◯◯◯)

# 高 校 理 科

## 【共通問題】

【1】高等学校学習指導要領(平成30年告示)の趣旨を踏まえ，次の問いに
　　答えなさい。

　問1　高等学校における「理科の見方・考え方」に関して，高等学校学
　　　習指導要領(平成30年告示)解説理科編・理数編には，「考え方」の例
　　　として次のように示されている。文中の空欄( ア )，( イ )に
　　　最も適する語句をそれぞれ答えなさい。

　　　　例えば，( ア )したり，関係付けたりするなどの科学的に
　　　( イ )する方法を用いて考えることとして整理することがで
　　　きる。

　問2　理科の具体的な改善事項として，平成28年12月の中央教育審議
　　　会答申では「理科においては，課題の把握(発見)，課題の探究(追
　　　求)，課題の解決という探究の過程を通じた学習活動を行い，それ

それの過程において，資質・能力が育成されるよう指導の改善を図ることが必要である」とされている。「探究の過程」を通じた学習活動を行う際に，重視すべき点を1つ答えなさい。

(☆☆☆◎◎◎)

## 【物理】

【1】物体の運動とエネルギーに関する下の問いに答えなさい。

図1のように，水平面AB上に設置した壁に，ばね定数$k$のばねの一端を取り付け，ばねの他端には質量$2m$の木片Pを取り付け，木片Pに質量$m$の物体Qを接触させた。水平面ABの右側には水平面CD上にある質量$M$の台車Rが垂直面BCと接して置かれており，水平面ABと台車Rの上面は同一平面上にある。木片Pに物体Qを押し付けた状態でばねを自然長から$d$だけゆっくりと縮め，静かに手を放した。その後，物体Qは，ある時点で木片Pから離れ，水平面AB及び台車Rの上面を滑った後，台車Rと一体となって進んだ。摩擦は台車Rの上面と物体Qの間のみではたらき，物体Qと台車Rとの動摩擦係数を$\mu'$，重力加速度の大きさを$g$とする。また，物体Qの水平面ABから台車Rへの移動は瞬時であり，速度の変化は起こらないものとする。

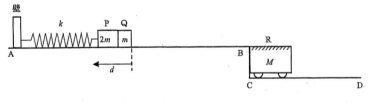

図1

問1　手がばねを自然長から$d$だけ押し縮めるときの，手がした仕事の大きさを求めなさい。

問2　物体Qが木片Pから離れるときの速さ$v_0$を求めなさい。

問3　物体Qが木片Pから離れた後の，ばねの伸びの最大値を求めなさい。

物体Qは，台車Rの上面を$L$だけ滑った後，台車Rと一体となって進

んだ。このとき，台車Rは水平面に対して$r$だけ進んでいた。

問4　物体Qと台車Rが一体となった後の，物体Qと台車Rの速さ$v$を，$M$，$m$，$v_0$を用いて表しなさい。

問5　物体Qが台車Rの上面を滑りはじめて，一体となるまでの間に，物体Qが摩擦力からされた仕事を，$\mu'$，$m$，$M$，$L$，$r$，$g$の中から必要なものを用いて表しなさい。

問6　$L$と$r$の大きさを，$\mu'$，$d$，$k$，$m$，$M$，$g$の中から必要なものを用いてそれぞれ表しなさい。

(☆☆☆◎◎◎)

【2】物体の衝突に関するⅠ，Ⅱの問いに答えなさい。

Ⅰ　図2のように，なめらかな水平面上に質量$m$の小球Pと質量$M$の小球Qが置かれている。小球Pを，静止している小球Qに速さ$v$で正面衝突させた。小球Pと小球Qの反発係数を$e$として，下の問いに答えなさい。ただし，このときの運動は，同一直線上で行われるものとする。

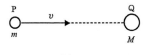

図2

問1　衝突後の小球Pと小球Qの速さをそれぞれ求めなさい。

問2　この衝突により，小球Pが受けた力積の大きさを求めなさい。

問3　衝突後に小球Pがはね返り，衝突前と逆向きの進行方向に進むための反発係数$e$の条件式を書きなさい。

　　次に，小球P，Qとは別に，ともに質量が$m$の2つの小球A，Bを用意する。この2球の反発係数$e$は1である。図3のように，小球Aと小球Bを水平面上に置く。小球Aを，静止している小球Bに速さ$V$で正面衝突させようとしたが，正面から少しずれ，Aは進行方向に対して左へ60°の方向に進み，Bは衝突前のAの進行方向に対して右へ30°の方向に進んだ。

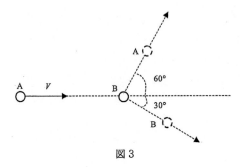

図3

問4　衝突後の，小球Aと小球Bの速さをそれぞれ求めなさい。

問5　この衝突により，小球Aが受けた力積の大きさを求めなさい。

Ⅱ　一般に，ある高さから硬い床にコップを落とすと割れやすいが，同じ高さからスポンジの上にコップを落とすと割れにくい。

問6　スポンジの上にコップを落とすと割れにくい理由を，力積に着目して説明しなさい。

(☆☆☆◎◎◎)

【3】熱力学に関するⅠ，Ⅱの問いに答えなさい。

Ⅰ　図4のように，質量と体積が無視できるゴンドラと体積$V$の球体でできた気球が地面に接している。球体内には大気と同じ絶対温度$T_0$の空気が入っており，ゴンドラに付いているバーナーによって球体内の空気の温度を変化させることができる。球体の開口部の内外で空気の圧力は常に大気圧と等しく，球体内外の空気は理想気体で，1molあたりの質量は$m$である。また，球体内の空気の質量を除いた気球の質量は$M$である。大気の密度を$\rho_0$，重力加速度の大きさを$g$，気体定数を$R$として，あとの問いに答えなさい。

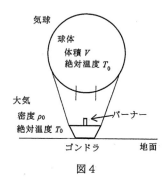

図4

問1　大気圧の大きさを，$\rho_0$, $m$, $R$, $T_0$を用いて表しなさい。

　次にバーナーで球体内の空気を加熱したところ，球体内の空気の密度が$\rho$，絶対温度が$T$になった。

問2　$\rho_0$, $\rho$, $T_0$, $T$の間に成り立つ関係式を求めなさい。

問3　気球にはたらく浮力の大きさを求めなさい。

問4　球体内の空気にはたらく重力の大きさを，$\rho_0$, $V$, $T_0$, $T$, $g$を用いて表しなさい。

問5　気球が浮き上がるためには球体内の絶対温度$T$をいくら以上にすればよいか，$\rho_0$, $M$, $V$, $T_0$を用いて表しなさい。

Ⅱ　図5のように，なめらかに動くピストンの付いたシリンダーに物質量$n$の理想気体が入っている。はじめ，ピストンを固定し，この気体に$Q_V$だけ熱量を加えると温度が$\Delta T$上昇した。下の問いに答えなさい。

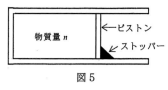

図5

問6　この気体の定積モル比熱$C_V$を求めなさい。

　次に図5において，ピストンの固定を外す。シリンダー内の圧力を一定に保ちながらゆっくりと$Q_P$だけ熱量を加えたところ，先程と同様に温度が$\Delta T$だけ上昇した。

問7　この気体の定圧モル比熱$C_p$を求めなさい。

問8　この過程で気体が外部にした仕事の大きさ$W$は，気体定数を$R$とすると，$W=nR\Delta T$となる。これにより，定圧モル比熱$C_p$と定積モル比熱$C_v$のあいだに成り立つ関係式を，$C_p$, $C_v$, $R$を用いて表しなさい。

次に，図6のように，なめらかに動くピストンの付いたシリンダーを鉛直に立てる。このシリンダーには底面からある高さの位置にストッパーが付いていて，シリンダー内には圧力$P_0$，絶対温度$T_0$の理想気体が1mol入っている。はじめ，ピストンはストッパーに接していたが，シリンダー内の気体に熱を加えて徐々に温度を上げたところ，シリンダー内の気体の絶対温度が$T_1$になったとき，ピストンが動きはじめた。大気圧を$P_0$，ピストンの断面積を$S$，質量を$m$，重力加速度の大きさを$g$とする。

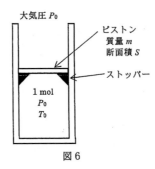

大気圧 $P_0$

ピストン
質量 $m$
断面積 $S$

ストッパー

1 mol
$P_0$
$T_0$

図6

問9　ピストンが動きはじめたときの，シリンダー内の気体の絶対温度$T_1$を，$m$, $S$, $P_0$, $T_0$, $g$を用いて表しなさい。

問10　シリンダー内の気体に加えた熱量を，$m$, $S$, $C_v$, $P_0$, $T_0$, $g$を用いて表しなさい。

(☆☆☆◎◎◎)

【4】光に関するⅠ，Ⅱの問いに答えなさい。

Ⅰ　変形しない2枚の平面ガラスA，Bがある。図7のように，真空中に，Aを下にして2枚の平面ガラスを重ね，AとBが接している点Oから

水平方向に距離$L$だけ離れた位置に，厚さ$D$の薄膜Cを挟む。このとき，BとCは位置Qで接触している。Bの鉛直上方から波長$\lambda$の単色光を入射させ，Bの上面側から観察したところ，明暗の縞が見えた。点Oから水平方向に距離$x$だけ離れた位置Pの，AとBの隙間の鉛直方向の距離を$d$とする。また，$D$は$L$に比べて非常に小さい。0以上の整数を$m$として，下の問いに答えなさい。

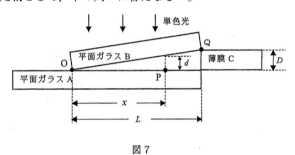

図7

問1　$d$を$L$, $D$, $x$を用いて表しなさい。

問2　平面ガラスBの上面側から観察したとき，点Oから水平方向に$x$だけ離れた位置に明線が見える条件を，$x$, $L$, $D$, $\lambda$, $m$を用いて表しなさい。

問3　平面ガラスBの上面側から観察したときに見える縞の間隔$\Delta x$を求めなさい。

問4　2枚の平面ガラスA，Bの間を屈折率$n(n>1)$の液体で満たし，鉛直上方から波長$\lambda$の単色光を入射させた。このとき，平面ガラスBの上面側から観測したときに見える縞の間隔は$\Delta x$の何倍になるか求めなさい。

次に，再び2枚の平面ガラスA，Bの間を真空に戻す。図8のように，Qの位置に厚さ$h$の薄膜Eを挟んだ。

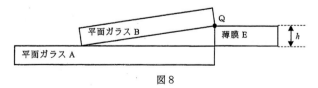

図8

323

問5　波長λの単色光を鉛直上方から入射させ，平面ガラスBの上面側から観測したところ，縞の間隔$\Delta x'$は$\Delta x$の$\frac{2}{3}$倍になった。このときの薄膜Eの厚さ$h$を，$D$を用いて表しなさい。

Ⅱ　虫眼鏡と顕微鏡に関する下の問いに答えなさい。

問6　図9のように，焦点距離が$f$〔mm〕$(f<250$〔mm〕$)$のレンズを置き，焦点距離よりレンズに近いところに物体PQを置く。図9の点$F_1$はレンズの焦点であり，図9は光がレンズの中心で1回屈折したものとして描かれている。物体と反対側からレンズに目が接するようにして見たところ，レンズから約250mmのところに虚像P′Q′が見えた。つまり，目と虚像が250mm程度離れているときが見やすい距離である。このとき，図9より，倍率$m$は$m=($　ア　$)+1$と表される。

　　虫眼鏡は，（　イ　）レンズ1枚を用いて小さいものを大きく見えるようにしたものであるが，倍率を大きくするためには，なるべく焦点距離の（　ウ　）レンズを使わなければならない。そのため，小さく，（　エ　）に近いレンズにしなければならない。しかし，あまり小さいと観察しにくい。また，収差のために周辺部分がゆがんでしまう。

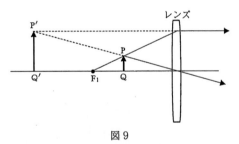

図9

(1)　文中の空欄（　ア　）に当てはまる数式を，$f$を用いて表しなさい。ただし，虫眼鏡では，目をレンズに接して使用し，レンズから像までの距離と目から像までの距離は同じであると考えてよいものとする。

(2)　文中の空欄（　イ　），（　ウ　），（　エ　）に入る語句の組合せとして最も適切なものを，次の①〜⑧から一つ選び，記号で答えな

さい。

|  | ① | ② | ③ | ④ | ⑤ | ⑥ | ⑦ | ⑧ |
|---|---|---|---|---|---|---|---|---|
| イ | 凹や凸 | 凹や凸 | 凹や凸 | 凹や凸 | 凸 | 凸 | 凸 | 凸 |
| ウ | 大きい | 大きい | 小さい | 小さい | 大きい | 大きい | 小さい | 小さい |
| エ | 球 | 平板 | 球 | 平板 | 球 | 平板 | 球 | 平板 |

問7 図10のように，2枚の凸レンズ(対物レンズと接眼レンズ)を組み合わせて顕微鏡を作る。対物レンズの焦点の少し外側に物体PQを置くと，対物レンズのはたらきで，実物より大きい実像P′Q′ができる。この実像P′Q′を接眼レンズでさらに拡大し，虚像P″Q″を見るのが顕微鏡である。対物レンズの焦点距離を20.0〔mm〕，接眼レンズの焦点距離を62.5〔mm〕，物体PQと対物レンズの距離を30.0〔mm〕，対物レンズと接眼レンズの厚みは無視できるものとして，下の問いに答えなさい。

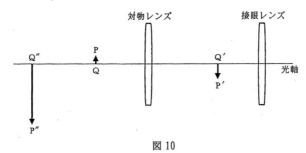

図10

(1) 対物レンズの倍率を$m_1$，接眼レンズの倍率を$m_2$とする。対物レンズと接眼レンズによる総合倍率である顕微鏡の倍率を，$m_1$，$m_2$を用いて表しなさい。

(2) 目が接眼レンズに接するようにして物体PQを見たとき，虚像P″Q″と目の間の距離が250〔mm〕であった。対物レンズと接眼レンズの間の距離は何〔mm〕か。計算して求めなさい。

(☆☆☆◎◎◎)

【5】電磁気に関するⅠ，Ⅱの問いに答えなさい。

Ⅰ 素粒子の研究では，光速近くまで加速させた粒子同士を衝突させ

て実験を行うことがある。粒子を加速する装置にサイクロトロンがある。

図11のように，D字形で中空の加速電極$D_1$，$D_2$を対向させて真空中に置き，この面に垂直に磁束密度Bの磁場を与え，$D_1$，$D_2$に交流電源Eを接続する。

はじめ，すき間の$D_1$に接した点Sに，電気量$q(q>0)$，質量$m$の正の荷電粒子を置く。電極$D_1$に対する電極$D_2$の電位が$-V_0$になったとき，荷電粒子は，交流電源によってつくられた電場から力を受け，$D_1$から$D_2$に加速し始めた。このとき，すき間が狭く，荷電粒子がすき間を通過する間は$D_1$に対する$D_2$の電位は$-V_0$であったと考えてよい。重力は無視できるものとし，円周率を$\pi$として，下の問いに答えなさい。

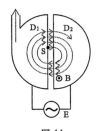

図11

問1　荷電粒子が初めて$D_2$に達したときの運動エネルギー$K_1$を求めなさい。

問2　電極$D_1$，$D_2$の中で，荷電粒子は円軌道を描く。この円運動の周期を，$B$，$m$，$q$を用いて表しなさい。

問3　荷電粒子を加速し続けるのに必要な交流電源Eの周波数の最小値を求めなさい。

問4　$N$周して$D_1$側から荷電粒子が出て行った。荷電粒子が$N$周目に$D_1$側を円運動しているときの半径を求めなさい。

Ⅱ　図12のように，自己インダクタンス$L$のコイル，抵抗値$R$の抵抗，電気容量$C$のコンデンサーを，電圧$V$の交流電源に並列に接続し，RLC並列回路をつくる。電圧$V$は，$V=V_0\sin\omega t$と表される。

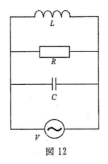

図 12

問5　コイルに流れる電流を$I_L$とすると，$I_L$＝（　Ａ　）$\cos\omega t$と表すことができる。（　Ａ　）に入る適切な数式を，$R$，$L$，$C$，$\omega$，$V_0$の中から必要なものを用いて答えなさい。

問6　コンデンサーに流れる電流を$I_C$とすると，$I_C$＝（　Ｂ　）$\cos\omega t$と表すことができる。（　Ｂ　）に入る適切な数式を，$R$，$L$，$C$，$\omega$，$V_0$の中から必要なものを用いて答えなさい。

問7　このRLC並列回路のインピーダンスを求めなさい。

（☆☆☆◎◎）

【6】光電効果に関する次の問いに答えなさい。

　　図13のように，光電管の陰極Kに一定の強さで波長λの光を当て，陽極Pに加える電圧を変えて回路に流れる電流を測定すると，図14の結果が得られた。電気素量を$e$，光の速さを$c$，プランク定数を$h$として，あとの問いに答えなさい。

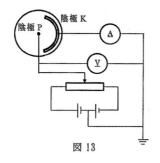

図 13

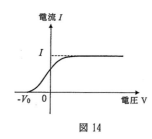

図 14

327

問1　波長λの光の光子1個のエネルギーを求めなさい。

問2　図14のグラフでは，電圧が$-V_0$のときに電流計に流れる電流値が0になっている。その理由を，「Kから出た電子の運動エネルギーの最大値が」から始まる文となるように，説明しなさい。

問3　光の波長を変えずに光の強度を2倍にした場合を①，光の強度を変えずに光の波長を2分の1倍にした場合を②とする。①，②のそれぞれの場合において，陽極Pに加える電圧を変えて回路に流れる電流を測定した。このとき，①，②のそれぞれの場合から得られるグラフを，次のA〜Cから1つずつ選び，その組合せとして最も適切なものを，下のア〜ケから1つ選び，記号で答えなさい。

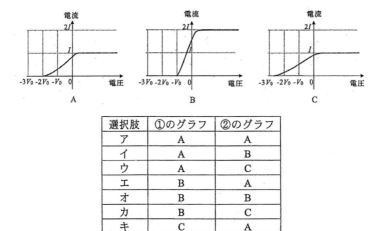

| 選択肢 | ①のグラフ | ②のグラフ |
|---|---|---|
| ア | A | A |
| イ | A | B |
| ウ | A | C |
| エ | B | A |
| オ | B | B |
| カ | B | C |
| キ | C | A |
| ク | C | B |
| ケ | C | C |

問4　陰極Kに当てる光の振動数を変えた。図15の実線は，このときの陰極Kを飛び出す電子の運動エネルギーの最大値と光の振動数の関係を表したグラフである。図15の破線は，実線の傾きを変えずに伸ばした線である。実線と破線の横軸との交点の値は$m$，破線と縦軸との交点の値は$-n$であった。光の速さを$c$として，(1)〜(3)の問いに答えなさい。

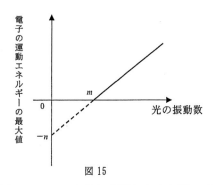

図 15

(1) 波長の値を，$m$，$n$，$c$のうち必要なものを用いて表しなさい。

(2) 陰極Kの金属の仕事関数の値を，$m$，$n$，$c$の中から必要なものを用いて表しなさい。

(3) プランク定数の値を，$m$，$n$，$c$の中から必要なものを用いて表しなさい。

次に，照射する光の仕事率を$Q$にして照射したところ，電流の最大値が$I_0$になった。

問5　1秒間に照射される光子の数を，$e$，$Q$，$\lambda$，$h$，$c$，$I_0$の中から必要なものを用いて表しなさい。

問6　陰極Kから飛び出す電子の数は，当たった光子の数の何％か，求めなさい。

(☆☆☆◎◎◎)

# 【化学】

【1】化学的な事物・現象を科学的に探究するためには，実験器具の取り扱いに精通し，理論値を基に見通しを持った実験を行うことが必要である。次のⅠ～Ⅲの問いに答えなさい。ただし，原子量はH＝1.0，C＝12，O＝16，S＝32とする。

Ⅰ　家庭で使用される燃料ガスにはメタンやプロパンがある。0℃，$1.0 \times 10^5$Paのもとで0.56Lの体積のメタンおよびプロパンを，25℃，$1.0 \times 10^5$Paのもとで空気中において完全燃焼させたときに発生した

熱量は，メタンが22.3kJ，プロパンが55.5kJであった。次の問いに答えなさい。ただし生じる水はすべて液体とする。

問1　メタンの燃焼熱〔kJ/mol〕を整数で求めなさい。

問2　プロパンが完全燃焼するときの熱化学方程式を表しなさい。なお熱量は整数で求めなさい。

問3　1.0gの燃料ガスを完全燃焼させた場合，より多くの熱量が発生するのは，メタンかそれともプロパンか答えなさい。

問4　燃料ガスを完全燃焼させた場合，同じ熱量を得るために二酸化炭素の発生量がより少ないのはメタンかそれともプロパンか答えなさい。

Ⅱ　二酸化炭素を得るために，<u>図2－1の器具を用いて石灰石と希塩酸を反応させた。</u>コックDを開くと，二酸化炭素の発生が進み，閉じると二酸化炭素の発生が止まった。以下の問いに答えなさい。

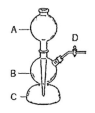

図2－1

問1　下線部の変化を化学反応式で表しなさい。

問2　下線部の反応を行うとき，石灰石を入れる場所をA～Cから選び記号で答えなさい。

問3　コックDを閉じて二酸化炭素の発生を止めたときの，装置内で希塩酸の移動する方向を，移動する順に「A→B→C」のように答えなさい。

Ⅲ　硫酸は，鉛蓄電池や製紙，食品工業，薬品製造など，化学工業に広く用いられている。工業的には，<u>①硫黄の燃焼で得た二酸化硫黄</u>を<u>②酸化バナジウム(V)</u>が主成分の触媒下で空気中の酸素と反応させ，<u>③生成物を濃硫酸中の水と反応させて硫酸をつくる。</u>次の問い

に答えなさい。

問1　この硫酸の工業的製造法を何というか答えなさい。

問2　下線部①～③のそれぞれの変化を化学反応式で表しなさい。

問3　98％の硫酸500kgをつくるには，少なくとも何kgの硫黄が必要か整数で求めなさい。

(☆☆☆◎◎◎)

【2】金属の結晶は，多数の金属原子が次々と金属結合をして規則正しく配列することによってできている。その構造を理解することは，金属の性質を理解する上で重要である。

　身近な金属である鉄の結晶の単位格子は体心立方格子(図3－1)，銅の結晶の単位格子は面心立方格子(図3－2)である。以下の問いに答えなさい。ただし，$\sqrt{2}=1.41$，$\sqrt{3}=1.73$，$\pi=3.14$，$1.30^3=2.20$，$3.60^3=46.7$とし，答えは有効数字3桁で求めなさい。

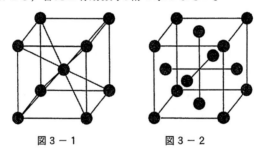

図3－1　　　　　　図3－2

問1　鉄と銅について，1個の原子に接している原子の個数をそれぞれ求めなさい。

問2　鉄と銅について，単位格子に含まれる原子の個数をそれぞれ求めなさい。

問3　鉄原子を球とみなし，その半径を$1.30 \times 10^{-8}$cmとする。鉄の結晶の単位格子一辺の長さ〔cm〕を求めなさい。

問4　単位格子の体積に対して，原子が占める体積の割合を充填率という。問3の鉄の結晶の単位格子の充填率〔％〕を求めなさい。

(☆☆☆◎◎◎)

【3】一般に，通常の分子やイオンよりも大きい粒子($10^{-9}$m～$10^{-7}$m程度)が液体に均一に分散している溶液をコロイド溶液といい，分散している粒子をコロイド粒子という。

　<u>0.40mol/L 塩化鉄(Ⅲ)水溶液 5.0mL を沸騰水中に入れ，水酸化鉄(Ⅲ)のコロイド溶液を 50mL 得た。</u>この溶液をセロハン袋に入れ，蒸留水中に浸しておくことでコロイド溶液を精製することができる。この操作を(　①　)という。このとき，セロハン袋の外の水溶液は(　②　)性を示す。

　別に作った水酸化鉄(Ⅲ)のコロイド溶液に，電解質水溶液を少量加えたところ，コロイド粒子が沈殿した。この現象を(　③　)という。また，水酸化鉄(Ⅲ)のコロイド溶液をU字管に入れ，両端に電極を差し込み，直流電圧をかけると，コロイド粒子は陰極へ移動した。この現象を(　④　)という。次の問いに答えなさい。

問1　文中の空欄(　①　)～(　④　)に最も適する語句をそれぞれ答えなさい。

問2　コロイド溶液には，少量の電解質水溶液を加えても沈殿をさせることができないが，多量の電解質水溶液を加えると，コロイド粒子を沈殿させることができるものもある。このような性質を示すコロイドはどれか。次のア～エから2つ選び記号で答えなさい。

　　ア　水酸化アルミニウム　　イ　デンプン　　ウ　タンパク質
　　エ　粘土

問3　問2の現象に最も関係しているものを次のア～エから1つ選び記号で答えなさい。

　　ア　コロイド粒子の数
　　イ　コロイド粒子の周囲に水和している水分子
　　ウ　コロイド粒子の大きさ
　　エ　コロイド粒子の電荷の正負の違い

問4　水酸化鉄(Ⅲ)のコロイド粒子を最も少量で沈殿させることのできる物質はどれか。次のア～エから1つ選び記号で答えなさい。ただし，ア～エの物質の水溶液中でのモル濃度は等しく，完全に電離し

ているものとする。

　ア　Ca(NO$_3$)$_2$　　イ　NaCl　　ウ　Al(NO$_3$)$_3$　　エ　Na$_2$SO$_4$

問5　下線部の操作で得られたコロイド溶液を精製した後，水を加え
　　て100mLとした。このコロイド溶液の浸透圧は27℃で24.9Paであっ
　　た。1つのコロイド粒子には，平均すると何個の鉄原子が含まれて
　　いるか。有効数字2桁で求めなさい。ただし，気体定数R＝8.3×
　　10$^3$Pa・L/(K・mol)とする。なお，塩化鉄(Ⅲ)の鉄原子はすべてコロ
　　イドを形成しているものとする。また，コロイド粒子以外の粒子は
　　浸透圧に影響を与えないものとする。

（☆☆☆○○○）

【4】電池は酸化還元反応を利用して電流を得る装置である。また，電池
　　から直流の電流を電解質の水溶液に流すと，電気分解を行うことがで
　　きる。

　　図5－1のように鉛蓄電池の電極A，Bを白金電極C，Dに接続して，
　　塩化銅(Ⅱ)水溶液を電気分解した。その結果，電極Cに6.35gの銅が析
　　出した。次に，この鉛蓄電池から白金電極を取り外し，図5－2のよう
　　に外部電源と接続して充電したところ，電極Bの質量が，充電前に比
　　べて7.20gだけ減少した。あとの問いに答えなさい。ただし，原子量は
　　H＝1.00，O＝16.0，S＝32.0，Cu＝63.5，Pb＝207とし，問3から問5の
　　答えは有効数字3桁で求めなさい。

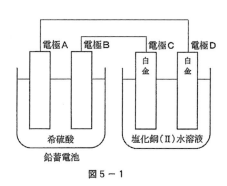

図5－1

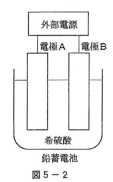

図5－2

問1　鉛蓄電池の電極A，Bで起こる反応を，それぞれ電子e⁻を用いたイオン反応式で表しなさい。

問2　電極Dで起こる反応を，電子e⁻を用いたイオン反応式で表しなさい。

問3　電気分解の結果，鉛蓄電池の電極Bでの質量〔g〕の増減を求めなさい。ただし，増加する場合は数値の前にプラス(＋)，減少する場合は数値の前にマイナス(－)をつけなさい。

問4　図5－2における充電後の電極Aの質量は40.0gであった。充電前の電極Aの質量〔g〕を求めなさい。

問5　充電後の希硫酸の質量パーセント濃度は30.0％，質量は400gであった。充電前の希硫酸の濃度〔％〕を求めなさい。

(☆☆☆◎◎◎)

【5】多くの化学反応は，途中で反応が止まったように見える平衡状態になる。また，平衡状態は，濃度・圧力・温度などの条件を変えることにより，新しい平衡状態になる。

　気体Aと気体Bを反応させると気体Cが生成する。ピストン付きの容器内に気体Aを1.0mol，気体Bを3.0mol入れ，$1.0×10^7$Pa，400℃に保ったところ，気体Cが混合気体の体積比で25％に達したところで平衡状態になった。この可逆反応の熱化学方程式は次のように表される。以下の問いに答えなさい。ただし，気体定数R＝$8.3×10^3$Pa・L/(K・mol)とし，答えは有効数字2桁で求めなさい。

　　A(気)＋3B(気)＝2C(気)＋46kJ

問1　平衡状態での気体Aと気体Bのそれぞれの物質量〔mol〕を求めなさい。

問2　反応開始から平衡状態に達するまでの発熱量〔kJ〕を求めなさい。

問3　平衡状態における容器内の混合気体の体積〔L〕を求めなさい。

問4　平衡状態における容器内の気体Cの分圧〔Pa〕を求めなさい。

問5　反応容器中で平衡状態に達しているところへ，次のア～オの変化を与えた。平衡が正反応の方向へ移動するものを次のア～オから

すべて選び，記号で答えなさい。

ア　混合気体の体積を一定にして，温度を高くした。

イ　混合気体の温度を一定にして，体積を半分にした。

ウ　混合気体の温度，体積を一定にして，気体Aを注入した。

エ　混合気体の温度，体積を一定にして，反応に関与しない気体を注入した。

オ　混合気体の温度，全圧を一定にして，反応に関与しない気体を注入した。

(☆☆☆◎◎◎)

【6】身近な遷移金属である鉄は，合金や触媒の材料として幅広く利用されている。製錬法や性質を理解することは，資源を活用する上でとても重要である。

　　鉄は，金属元素では（　ア　）に次いで地殻中に多く存在する。工業的には，溶鉱炉に，赤鉄鉱（主成分$Fe_2O_3$）などの鉄鉱石，コークス，（　イ　）を入れて熱風を吹き込むと，コークスが燃焼し，生じた（　ウ　）によって鉄の酸化物が還元され，銑鉄が得られる。鉄鉱石中に含まれる二酸化ケイ素などは，（　イ　）と反応し，（　エ　）となって取り除かれる。転炉でこの銑鉄に酸素を吹き込むと，鋼が得られる。

　　鉄の単体は，濃硝酸には不動態となるが，希硫酸には　①　となって溶ける。　①　は酸素と反応して，　②　になりやすい。　②　を含む水溶液に，$K_4[Fe(CN)_6]$水溶液を加えると（　オ　）色沈殿を生じ，　③　水溶液を加えると，血赤色溶液となる。これらの反応は，　②　の検出に用いられる。次の問いに答えなさい。

問1　文中の空欄（　ア　）～（　オ　）に最も適する語句をそれぞれ答えなさい。ただし（　オ　）は次の選択肢から1つ選び答えなさい。

【　白　　黒　　赤褐　　濃青　　緑白　】

問2　文中の空欄　①　，　②　には最も適するイオン式を，　③　には最も適する組成式をそれぞれ答えなさい。

問3　下線部で得られる銑鉄について説明した文はどれか。次のア～

335

エから1つ選び記号で答えなさい。

ア　炭素含有量が2％未満であり，硬くてもろい。

イ　炭素含有量が2％未満であり，硬くてねばり強い。

ウ　炭素含有量が約4％であり，硬くてもろい。

エ　炭素含有量が約4％であり，硬くてねばり強い。

(☆☆☆◎◎◎)

【7】有機化合物に関する以下のⅠ，Ⅱの問いに答えなさい。ただし，構造式は記入例に従って記しなさい。

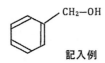

**記入例**

Ⅰ　元素分析は，未知の有機化合物の質量組成を知ることができる化学的な手法である。質量組成を手掛かりに，未知の有機化合物の組成式を求めることができる。

　　炭素，水素，酸素からなる有機化合物について元素分析を行った結果，質量パーセントで炭素59.9％，水素13.4％，酸素26.7％であった。この有機化合物1.00mgを1.00Lの真空容器に入れ，27℃に加熱し完全に蒸発させたときの気体の圧力は41.5Paであった。この気体は理想気体であるとみなし，次の問いに答えなさい。ただし，気体定数はR＝8.3×10$^3$Pa・L/(K・mol)とする。

問1　この化合物の分子量を整数で求めなさい。

問2　この化合物の分子式を答えなさい。

問3　問2の分子式から考えられる化合物の中から，ヨードホルム反応を示すものの名称及び構造式を答えなさい。

Ⅱ　身の回りでは，多くの合成高分子化合物が様々な形で利用されている。合成高分子化合物であるビニロンは酢酸ビニルに図8－1のような処理をして製造する。以下の問いに答えなさい。ただし，原子量はH＝1.00，C＝12.0，O＝16.0，Na＝23.0とし，問3から問5の答えは有効数字3桁で求めなさい。

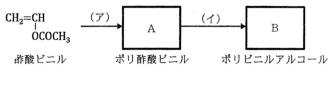

ビニロン

図 8 － 1

問1　図中のA，Bに当てはまる構造式を答えなさい。ただし，重合度は$n$を用いること。

問2　図中の(ア)～(ウ)に最も適する反応名を次の①～⑤から1つずつ選び，それぞれ番号で答えなさい。

　　①　付加重合　　　②　縮合重合　　　③　けん化

　　④　アセタール化　　⑤　エステル化

問3　ポリ酢酸ビニル100gを水酸化ナトリウムで完全に加水分解してポリビニルアルコールを得た。このとき消費された水酸化ナトリウムの質量〔g〕を求めなさい。

問4　平均分子量$2.20 \times 10^4$のポリビニルアルコールの重合度を求めなさい。

問5　問4のポリビニルアルコールにホルムアルデヒドを用いて(ウ)の反応を行ったところ，平均分子量$2.29 \times 10^4$のビニロンが得られた。元のポリビニルアルコールのヒドロキシ基のうち，ホルムアルデヒドと反応した割合〔％〕を求めなさい。

（☆☆☆◎◎◎）

## 【生物】

【１】遺伝情報の発現についての授業構想に関する，若手教員の駿河先生
と先輩教員の富士先生との 会話 及び 授業実践 を読み，それぞれの問
いに答えなさい。

会話

駿河先生　「この分野は物質の説明，現象・実験の理解など，生徒に
　　　　　　教える内容が多くて大変ですね。」

富士先生　「ああ，『遺伝情報の発現』の分野ですね。最終的にはPCR
　　　　　　法や電気泳動，遺伝子導入などにも触れないといけないで
　　　　　　すね。さらには，医療分野，果ては遺伝子鑑定など，どこ
　　　　　　までも広がっていきますからね。」

駿河先生　「はい。先生は，この分野の導入はどうしているのです
　　　　　　か？」

富士先生　「まずは，①DNAの抽出実験を行います。いまや中学校な
　　　　　　どでも取り入れられている実験ですが，私は，実際に巨視
　　　　　　的に物質そのものをとらえさせ，DNAの持つ化学的な性質
　　　　　　にも触れていきます。」

駿河先生　「なるほど，私に抽出実験の手法を教えていただけません
　　　　　　か？」

富士先生　「もちろん良いですよ。」

　駿河先生は，富士先生から指導を受け，凍らせたトリの肝臓を実験
材料として使用することにした。

| 操作1 | 凍らせたトリの肝臓をすりおろし，トリプシンを加え，乳鉢ですりつぶす。 |
| 操作2 | 界面活性剤(または台所用の中性洗剤)を加え，さらに食塩水を加える。 |
| 操作3 | ビーカーに移して，100℃で5分間湯せんする。 |
| 操作4 | 熱いうちに，重ねたガーゼでろ過する。 |
| 操作5 | 冷やしたエタノールを，十分に冷ましたろ液へ静かに入れる。 |

操作6　繊維状のDNAをガラス棒に巻きつける。

富士先生から教えてもらった操作は，以上のようなものであった。また，これらの操作は，細胞を構成する物質と，DNAを構成する物質の性質の違いを巧みに利用したものであることも教えてもらった。

問1　駿河先生は，操作1から操作5によってDNAが得られる理由は，DNAの性質と密接に関係していることに気付きメモに残した。DNAの性質として適当でないものを次のa～dから1つ選び，記号で答えなさい。

a　食塩水に溶けやすい。

b　熱に対して比較的安定である。

c　トリプシンによって分解されない。

d　エタノールに溶けやすい。

問2　下線部①の実験材料として適当でないものを次の a ～dから1つ選び，記号で答えなさい。

a　口腔上皮細胞　　　b　鶏卵の卵白　　　c　タラの精巣

d　ブロッコリーの花芽

授業実践

駿河先生は，DNAの性質を巧みに利用したPCR法や電気泳動法が授業の中心になるよう計画を立てた。まず，DNAの構造を図2-1のように板書し，説明しようと考えた。

問3　DNAの構造を黒板に図として示したい。図2-1に示す，糖，塩基，リン酸の図形を用いて，次の条件を満たすDNAの模式図をあとの図に記入しなさい。

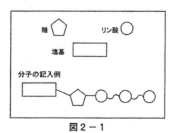

図2-1

条件①　DNAは2本鎖で，4塩基対以上であること。

条件②　塩基は種類が分かるように，図中にアルファベットの略称を入れること。

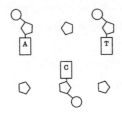

問4　駿河先生はPCR法について説明する際，PCR法がインフルエンザウイルスのゲノムの検出に有効な検査法として，広く使われていることを例に挙げた。

　　　インフルエンザウイルスのゲノムはRNAであるため，まず，（　ア　）とよばれる酵素を用いてゲノムRNAをもとにDNAを合成する。次に，こうして合成されたDNAの特定の領域を増幅する。そのためには，一対の（　イ　）(増幅したい領域の末端部分に相補的な短い1本鎖DNA)が必要である。それらに加えて，DNAの合成には（　ウ　）という酵素と4種類の（　エ　）が必要である。以上をすべて混合させた溶液を用い，温度制御を自動で行う（　オ　）中で目的とするDNA領域を増幅させる。この操作は次のとおりである。

操作1　溶液を　　a　　℃で保温する。DNAの2本鎖間の結合が切れて，2本の1本鎖DNAに分かれる。

操作2　溶液の温度を　　b　　℃にして，操作1の1本鎖DNAに（　イ　）を結合させる。

操作3　溶液の温度を約　　c　　℃にして（　ウ　）をはたらかせると，それぞれの1本鎖DNAに相補的なDNAが合成される。

操作4　操作1〜3が（　オ　）内で設定された回数，繰り返される。

表2－1

|   | (A) | (B) | (C) | (D) | (E) | (F) |
|---|-----|-----|-----|-----|-----|-----|
| a | 95 | 95 | 72 | 72 | 55 | 55 |
| b | 55 | 55 | 95 | 55 | 72 | 95 |
| c | 72 | 95 | 55 | 95 | 95 | 72 |

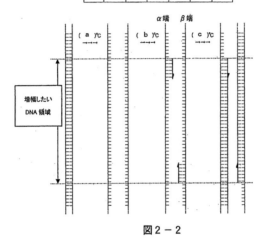

図2－2

(1) 文中の空欄( ア )～( オ )に最も適する語句をそれぞれ答えなさい。

(2) 文中の空欄 a ～ c に入る数字(温度)の組み合わせとして、最も適するものを、表2－1の(A)～(F)から一つ選び記号で答えなさい。

(3) 操作3において相補的な( エ )鎖が、( ウ )の働きにより新たに生成される。その際( ウ )は新生鎖を「5′末端から3′末端に伸長」させるのか、それとも「3′末端から5′末端に伸長」させるのか、次のいずれかに丸を付けなさい。

　　5′末端から3′末端に伸長 　・　 3′末端から5′末端に伸長

(4) ( ウ )は、通常の酵素とは異なった特徴を持っていると言える。どのような点が異なっているのか答えなさい。

(5) 図2－2はPCRの1サイクルが終えるまでを示している。これを

少なくとも何サイクルすると，増幅したいDNA領域が単離できるのか答えなさい。

(☆☆☆○○○○)

【2】呼吸と発酵に関する次の問いに答えなさい。

　　図3-1で表す呼吸は，酸素が存在する条件下で行われ，グルコースなどの有機物が最終的には二酸化炭素と水に分解される過程でグルコース1分子からATPが最大( ア )分子，合成される反応である。

　　酵母は，酸素が少ないときには図3-2で表す発酵を行って，多量のグルコースを消費するが，<u>酸素が多くあると，呼吸を行い，グルコースの消費量が減少する。</u>このように，酵母は酸素がない場合でも生きていくことができるのだが，酸素がない条件下では，呼吸のうち電子の受け取り手として酸素を使う( イ )がはたらかない。そのため，解糖系や( ウ )で生じたNADHを( イ )で(エ　酸化　・　還元 )してNAD$^+$に戻すことができず，NAD$^+$を必要とする解糖系や( ウ )は止まってしまう。そこで，解糖系で生じた( オ )をCO$_2$と( カ )に分解し，この( カ )でNADHをNAD$^+$に戻し，解糖系の反応を続ける。このときに，( カ )は(キ　酸化　・　還元 )されて( ク )になる。

　　我々哺乳類を含めた動物の筋肉でも，急な激しい運動によって，酸素が不足すると(呼吸によるエネルギー供給が追いつかなくなると)，発酵と同じ過程でATPが生成され，( オ )は( ケ )に変換される。これを特に( コ )という。

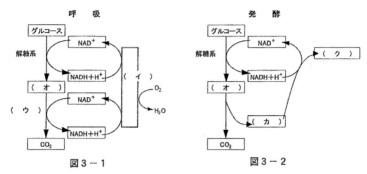

図3−1          図3−2

問1　文中の空欄( ア )～( コ )に最も適する数値または語句をそれぞれ答えなさい。なお，( エ )，( キ )は酸化または還元のうち最も適するものを選び，書きなさい。

問2　下線部の代謝に関する次の文章を読み，文中の空欄( A )に最も適する語句を答えなさい。

> 　1857年に，酵母の培養液に通気を行うと，酵母の増殖が増大する一方で，発酵の速度は抑制されるという現象が発見された。この現象は，発見者の名前にちなんで，( A )効果と呼ばれるようになった。

問3　自然条件下では酵母は図3−1，図3−2に示す反応を同時に行う場合がある。文字を用いた化学反応式を参考に，以下の問いに答えなさい。

| 呼吸 | グルコース + 酸素 + 水 → 二酸化炭素 + 水 |
| 発酵 | グルコース → ( ク ) + 二酸化炭素 |

(1)　発酵について，元素記号を用いた化学反応式で答えなさい。また発酵により，グルコース1分子から何分子のATPが得られるのか答えなさい。

(2)　$O_2$が3mol吸収され，$CO_2$が4mol発生したとき，発酵によって発生した$CO_2$は何molか求めなさい。

(3)　(2)の場合，発酵で分解されたグルコースは何molか求めなさい。

(☆☆☆◎◎◎)

【3】植物の生殖細胞に関する次の問いに答えなさい。

　被子植物の花の断面および，生殖細胞形成過程は図4－1のように表される。葯の内部では花粉母細胞が減数分裂を行い，胚珠内部では胚嚢(のう)母細胞が減数分裂を行い，その後それぞれが細胞分裂を行い，成熟した花粉，胚嚢となる。

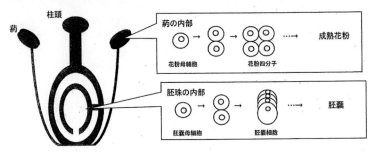

図4－1

問1　図4－1のように胚嚢母細胞は減数分裂を終え成熟した胚嚢となる。胚嚢になるまでの過程を説明した次の文中の空欄（　ア　）～（　ウ　）に最も適する数字をそれぞれ答えなさい。また，完成した胚嚢を図示し，矢印ですべての細胞の名前を答えなさい。

　　胚嚢母細胞が減数分裂を終え，4つの細胞となるが，そのうち（　ア　）つの細胞は退化・消失し，残った（　イ　）つの細胞内で（　ウ　）回の核分裂が起こる。結果的に卵細胞，助細胞，中央細胞，反足細胞からなる胚嚢となる。

問2　花粉が柱頭に受粉し，花粉管を伸ばすと，花粉管内部の様子はどのようになるのか。次の図中に花粉管核と精細胞を図示し，矢印でそれぞれの名前を答えなさい。

柱頭

問3　この被子植物において120粒の種子ができた。種子形成に関与した(1)，(2)それぞれの細胞数を答えなさい。ただし，花粉形成や受精などは無駄なく行われたとする。

(1)　花粉母細胞　　(2)　胚嚢母細胞

問4　ある種の被子植物は2つの系統があり，ゲノムG1を2組持つ系統(G1G1)を系統1とし，ゲノムG2を2組持つ系統(G2G2)を系統2とし，それぞれ受粉が可能である。系統1の花粉を系統2の柱頭に受粉させるときの，胚と胚乳のゲノムはどのようになるか答えなさい。

(☆☆☆◎◎◎◎)

【4】尿の生成に関する次の問いに答えなさい。

　図5−1に示すように，腎臓で尿を生成する構造上の単位をネフロン(腎単位)と呼び，腎小体(マルピーギ小体)とそこから伸びる(　ア　)からなる。ヒトの腎臓では，腎動脈から送り込まれた血液が(　イ　)でろ過され，(　ウ　)へ濾し出され，原尿となる。原尿は(　ア　)に送られ，体内に必要なものは(　エ　)へ再吸収され，残ったものは尿となり，(　オ　)，輸尿管を経てぼうこうにたまり，体外へ排出される。表5−1はイヌリンの静脈注射を受けたAさんの血しょう中および尿中での各物質の濃度を示したものである。イヌリンは，ろ過されるが再吸収されない物質である。

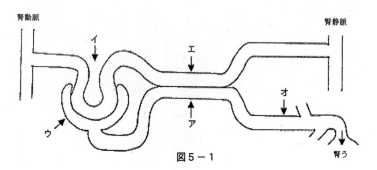

図５−１

表５−１

| 成分 | 血しょう中濃度（mg/ml） | 尿中濃度（mg/ml） |
|---|---|---|
| グルコース | 1.0 | 0 |
| 尿素 | 0.3 | 20.0 |
| イヌリン | 0.1 | 12.0 |

問1　文中の空欄(　ア　)〜(　オ　)に最も適する構造名をそれぞれ答えなさい。なお，図5−1に示した記号ア〜オは，それぞれ文中の(　ア　)〜(　オ　)と同じ構造名を表す。

問2　Aさんが1時間で生成する原尿は何mlか答えなさい。ただし，Aさんは1時間で60mlの尿を生成するものとする。

問3　1日で再吸収された尿素の質量は何gか。小数第2位まで答えなさい。

問4　尿中にグルコースが含まれないのはなぜか。20字以内で答えなさい。

問5　Aさんが尿検査を行った際，尿タンパクが陽性であり，精密検査を行うことになった。その場合，腎臓では図5−1のどの構造でどのような障害が起こっていると考えられるか。構造名を挙げて説明しなさい。

問6　腎臓の重要な働きの一つに，体液の浸透圧調節がある。ヒトが水分を取らずに運動を続けて「発汗によって水分を失った」場合，体内で見られる①〜⑤の現象について，それぞれが起きる順に並べ替え番号で答えなさい。

① バソプレシンの分泌量が増加

② バソプレシンの分泌量が減少

③ 体液の$Na^+$濃度が上昇

④ 体液の$Na^+$濃度が低下

⑤ 腎臓での水の再吸収量が増加

(☆☆☆◎◎◎◎)

【5】外来生物に関する次の問いに答えなさい。

　ミシシッピアカミミガメ(以下，アカミミガメという。)は，本来は北米中南部に生息している。日本には1960年代にペットとして輸入され，販売されていたが、捨てられたり、逃げ出したりした個体が野生化し，現在では全国に分布するようになった外来生物である。

　静岡県西部にある佐鳴湖に生息するアカミミガメの個体数を推定するために，標識再捕法により調査を行った。まず，区域内にトラップを仕掛け，95匹のアカミミガメを捕獲した。次にそれらに標識をつけて湖に戻し，1週間後に再びトラップを仕掛けたところ，標識をつけたアカミミガメ12匹と，標識のないアカミミガメが72匹捕獲された。

問1　この湖に生息すると考えられるアカミミガメの個体数を答えなさい。

問2　標識再捕法は，よく動き，行動範囲の広い動物などで用いられる。一方で，植物や動きの遅い動物などの個体数を推定するのに用いられる方法を何というか答えなさい。

問3　アカミミガメは現在，国内で推定800万個体か生息しているとされている(2016年4月時点)。国内でアカミミガメの個体数が急激に増加した理由として，繁殖力の強さが挙げられる。表6－1はアカミミガメと在来のニホンイシガメのそれぞれの産卵等に関するデータをまとめたものである。このデータは，2019年5月1日から2020年4月30日にかけて調査を行って得た。調査最終日に個体数を比較した場合，アカミミガメ子世代の個体数はニホンイシガメ子世代の個体数の何倍になると考えられるか。小数第2位まで答えなさい。なお，

それぞれの種の親世代は40個体ずついて，親世代のすべての雌はデータ通りに産卵すると仮定し，子世代は産卵しないとする。

表6－1

| | 性比（雌：雄） | 産卵数／回 | 産卵回数／年 | 孵化率 | 孵化後の生存率 |
|---|---|---|---|---|---|
| アカミミガメ | 3：1 | 23 | 3 | 50.0% | 20.0% |
| ニホンイシガメ | 1：1 | 12 | 2 | 50.0% | 15.0% |

※孵化後の生存率は，調査期間中の子世代の平均値とする。

問4　アカミミガメ以外にも外来生物は多数確認されている。外来生物の一種であるアメリカシロヒトリは，戦後日本に持ち込まれ，およそ10年間で爆発的に増殖した。このように，外来生物が移入後に大発生するのは，一般的にどのような理由によるものと考えられるか。理由を答えなさい。

問5　外来生物法により特定外来生物に指定されているものは，2018年1月現在，約146種にのぼり，静岡県内でも複数の種の生息が確認されている。2017年，国内で初めて，清水港で確認された特定外来生物の名前を答えなさい。

問6　外来生物の移入は，生態的地位の重なりや捕食などにより，在来の生物の個体群を縮小させてしまう要因になりうる。a個体群が縮小すると，近親個体間での（　ア　）の確率が上がり，劣性のため本来表現型として現れにくい生存に（　イ　）な遺伝子が（　ウ　）となって現れる確率も上がる。その結果，さまざまな耐性の（　エ　）が生じ，個体群がさらに縮小する。

(1)　文中の空欄（　ア　）～（　エ　）に最も適する語句を次の①～⑧から1つずつ選び，それぞれ番号で答えなさい。

①　上昇　　②　低下　　③　ホモ接合　　④　ヘテロ接合

⑤　有利　　⑥　不利　　⑦　競争　　　⑧　交配

(2)　上の文で示されたような現象を何というか答えなさい。

(3)　(2)の現象が生じた個体群は下線部aを繰り返し，絶滅するリスクが徐々に高くなっていく。このことを何というか答えなさい。

(☆☆☆◎◎◎)

【6】進化に関する次の問いに答えなさい。

　約40億年前に誕生したと考えられている生命は，主に水中で生活していた。古生代のオルドビス紀になると，①地球環境の変化に適応した藻類により，まず②植物の陸上進出が果たされた。（　ア　）紀になると原始的な維管束を持つシダ植物が現れ，（　イ　）紀にはリンボクやフウインボクといった大型のシダ植物の大森林が形成されるようになった。やがて，植物を食べる昆虫類やヤスデ，ムカデに近い節足動物が陸上に出現した。

　また（　ウ　）紀には③脊椎動物も陸上に進出し，④両生類が誕生した。その後，植物，動物ともにさまざまな環境に適応した生物が現れ，現在の生物多様性へと繋がっている。

問1　文中の空欄（　ア　）～（　ウ　）に最も適する語句をそれぞれ答えなさい。

問2　下線部①について，地球環境はどのように変化したか。生物の陸上進出を可能にした要因を30字以内で答えなさい。

問3　下線部②について，植物はクチクラ層を発達させたり，厚い胞子壁をつくったりするなど，形態が変化した。それによりどのような適応ができるようになったか，答えなさい。

問4　化石が確認されている最古の陸上植物の名前を答えなさい。

問5　下線部③について，脊椎動物の陸上進出を可能にした構造的変化と機能的変化をそれぞれ答えなさい。

問6　下線部④について，両生類は生活の場が水辺に限られていたが，は虫類の出現により，完全な陸上生活が可能になった。両生類には見られない，は虫類特有の形質を2つ答えなさい。

(☆☆☆☆◎◎◎)

## 【地学】

【１】地球の表層付近の構造に関する次の問いに答えなさい。

　　地球内部の構造は，地震波の伝わり方を解析するなどして推定することができる。図1のグラフ①と②は，二つの地域において，地表近くで発生したある地震を多くの地点で観測し，P波の到達時間と震央距離の関係を示した走時曲線である。これらの走時曲線は，地下に性質の異なる二つの層が水平に重なって広がっていることを示しており，地表付近の上の岩石層をA層，それより深い下の岩石層をB層とする。

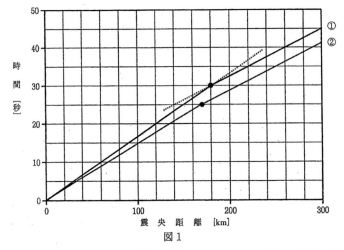

図1

問1　グラフ①において，B層を伝わるP波の速度の大きさを図1より求め，有効数字2桁で答えなさい。(計算過程も示すこと)

問2　グラフ②が得られた地域は，グラフ①が得られた地域に比べて，A層の厚さ及びA層を伝わるP波の速度はどのようになっていると考えられるか。次のア～ケから最も適当なものを1つ選び，記号で答えなさい。

　ア　A層は厚く，A層を伝わるP波の速度はより大きい。

　イ　A層は厚く，A層を伝わるP波の速度はより小さい。

　ウ　A層は厚く，A層を伝わるP波の速度は同じ。

エ　A層は薄く，A層を伝わるP波の速度はより大きい。

オ　A層は薄く，A層を伝わるP波の速度はより小さい。

カ　A層は薄く，A層を伝わるP波の速度は同じ。

キ　A層は同じ厚さで，A層を伝わるP波の速度はより大きい。・

ク　A層は同じ厚さで，A層を伝わるP波の速度はより小さい。

ケ　A層は同じ厚さで，A層を伝わるP波の速度も同じ。

問3　地球の構造区分におけるA層とB層の境界面の名称を答えなさい。

問4　A層を構成する岩石の化学組成において，重量比が最も多いものから順に3つ，元素記号で答えなさい。

問5　B層の上部を構成する主な火成岩の名称を1つ答えなさい。

問6　現在，南極大陸は，平均の厚さ2500〔m〕の氷床で覆われている。南極大陸でアイソスタシーが成り立っているとすると，南極大陸の氷床がすべてとけた場合，再びアイソスタシーが回復するまでの間に，南極大陸が隆起する量は何〔m〕になるか。有効数字2桁で答えなさい。ただし氷床の氷の密度は0.90〔g/cm³〕，南極の地殻の平均密度は2.7〔g/cm³〕，マントルの密度は3.3〔g/cm³〕とする。(計算過程も示すこと)

(☆☆◎◎◎)


【2】地球の活動に関する次のⅠ・Ⅱの問いに答えなさい。

Ⅰ　図2は，大陸移動説を説明するために描かれた図である。図2を用いて，教師Aと生徒Bが会話をしている。会話文を読み，あとの問いに答えなさい。

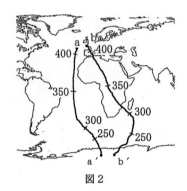

図２

教師A：この図は，（　①　）が唱えた大陸移動説を裏付けたものだよ。（　①　）は，大陸移動説を（　②　）年に発表したんだ。

生徒B：太線a−a′とb−b′は，何ですか。

教師A：太線は，南アメリカ大陸とアフリカ大陸の試料から求めた（　③　）の移動の軌跡です。数字の単位は，「（　④　）万年前」です。

生徒B：どちらが南アメリカ大陸の試料から求めたものですか。

教師A：（　⑤　）です。本来，同時代の（　③　）の位置は，地球上のどこから測っても同じ地点になるから，ある時期から2つの大陸が離れたことが分かるね。

生徒B：授業で学んだプレートテクトニクスと（　①　）の発表した大陸移動説には，どんな違いがあるのですか。

教師A：（　⑥　）

問1　文中の空欄（　①　）に当てはまる適切な人名を答えなさい。

問2　文中の（　②　）〜（　⑤　）に当てはまる最も適切な語句や数値を，次のア〜シから1つ選び，それぞれ記号で答えなさい。

ア　1912　　　イ　1812　　　ウ　1712　　　エ　北磁極
オ　南磁極　　　カ　赤道　　　キ　1　　　　　ク　10
ケ　100　　　　コ　1000　　　サ　a−a′　　　シ　b−b′

問3　文中の空欄（　⑥　）には，生徒Bに対する教師Aの返答が入る。あなたなら，どのように答えるか。100字程度で書きなさい。

Ⅱ 変成岩が変成作用を受けたときの温度・圧力条件は，変成岩に含まれる鉱物の組合せや特定の鉱物の安定関係から見積もることができる。図3の破線は，Naに富む斜長石が ① と石英に分解する反応の温度・圧力条件を示している。また，領域aは，西日本のある変成帯の岩石が形成された温度・圧力の範囲を示したものである。図4は，Al₂SiO₅の化学組成をもつ3つの鉱物，紅柱石， ② ， ③ の安定関係を示している。下の問いに答えなさい。

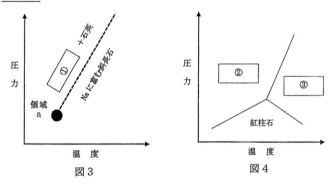

図3          図4

問4 文中の ① ， ② ， ③ に入る鉱物名を答えなさい。

問5 文中の下線部の紅柱石， ② ， ③ のように，「化学組成が同じで結晶構造の異なるもの」を何というか。その名称を答えなさい。

問6 低温高圧型変成帯，高温低圧型変成帯で特徴的に産する変成岩として，最も適切な岩石の名称を，次のア～カから1つ選び，それぞれ記号で答えなさい。

ア 花崗岩　　イ 片麻岩　　　　ウ 結晶質石灰岩
エ 玄武岩　　オ ホルンフェルス　カ 結晶片岩

問7 図3のaの変成帯において， ① ，石英，Naに富む斜長石の共存している岩石が形成された温度を$3.00 \times 10^2$〔℃〕，圧力を$9.00 \times 10^3$〔気圧〕とすると，形成されるのに必要な深さはおよそ何〔km〕か。次のア～エから最も適切なものを1つ選び，記号で答えなさい。ただし，岩石の平均密度は2.60〔g/cm³〕とする。

　　ア　25　　イ　35　　ウ　45　　エ　55

(☆☆☆○○○○)

【３】大気に関する次の問いに答えなさい。

　　図5において，実線は，気温の鉛直分布(気温減率)を示し，破線は，地点Cから強制的に上昇させられた水蒸気を多く含む空気塊の気温の変化を示している。

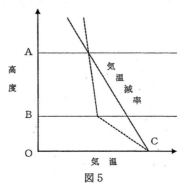

図5

問1　この空気塊に雲が発生する高度として最も適切な高度を，次のア～エから1つ選び，記号で答えなさい。

　　ア　OとBの中間の高度　　　イ　Bの高度

　　ウ　BとAの中間の高度　　　エ　Aの高度

問2　高度Bを境に破線が折れ曲がるのはなぜか。その理由を，簡単に説用しなさい。

問3　この空気塊が安定な高度の範囲として最も適切なものを，次のア～オから一つ選び，記号で答えなさい。

　　ア　OからB　　イ　BからA　　ウ　Aより高いところ

　　エ　OからA　　オ　ない

問4　この空気塊が不安定になる高度の範囲として最も適切なものを，次のア～オから一つ選び，記号で答えなさい。

　　ア　OからB　　イ　BからA　　ウ　Aより高いところ

　　エ　OからA　　オ　ない

問5　気圧の鉛直分布について調べると，高度が1〔km〕上がるごとに気圧の値は前の値の0.89倍になるという。地上気圧の半分になる高度は何〔km〕か。有効数字3桁で答えなさい。ただし，log8.9＝0.9494，log2＝0.3010とし，気温は地上から上空まで0℃と仮定する。(計算過程を示すこと)

(☆☆☆☆◎◎◎)

【4】地層の観察や地表の変化に関する次のⅠ・Ⅱの問いに答えなさい。

Ⅰ　南北方向の一直線上に，南から北へ順にA，B，C，D，E，Fの6地点がある。各点とも同一高度にあり，各地点間の水平距離はABが80.0m，BCが50.0m，CDが30.0m，DEが30.0m，EFが40.0mである。AB間は石灰岩，BC間とDE間は同じ泥岩，CD間とEF間は同じ砂岩で，地層はいずれも走向EWで傾斜30°Nである。また，D地点では，走向EWで傾斜60°Sの断層が見られる。断層は，地層の傾斜後に生じたものとして，次の問いに答えなさい。ただし，$\sqrt{3} \fallingdotseq 1.73$，$\sqrt{2} \fallingdotseq 1.41$とする。

問1　B地点で垂直にボーリングすると地表から何〔m〕で断層に達するか。有効数字3桁で答えなさい。(計算過程を示すこと)

問2　D地点で見られる断層の種類として最も適切なものを，次のア〜エから1つ選び，記号で答えなさい。

ア　右横ずれ断層　　イ　左横ずれ断層　　ウ　正断層

エ　逆断層

問3　泥岩層の厚さは何〔m〕か。有効数字3桁で答えなさい。ただし，この地域の泥岩層の厚さは一定とする。(計算過程も示すこと)

Ⅱ　風化作用には，物理的風化作用と化学的風化作用がある。化学的風化作用においては，水だけでなく大気に含まれるガス成分も重要な役割を果たしている。たとえば，石灰岩における化学的風化作用は，次のような化学反応式で表すことができる。

反応A　(　①　)＋$H_2O$＋(　②　)→$Ca^{2+}$＋$2HCO_3^-$

また，花崗岩が分布している地域では，物理的風化作用により水

355

がある深さまで浸透し，そのため化学的風化作用もより進行する。その結果，（　③　）と呼ばれる砂状の風化物ができる。さらに化学的風化作用が進むと，カオリンとよばれる（　④　）鉱物が形成される。花崗岩の構成鉱物の1つであるカリ長石を例にとり，その過程を示すと次のようになる。

反応B　$2KAlSi_3O_8 + 11H_2O + 2($　②　$) \rightarrow$

$Al_2Si_2O_5(OH)_4 + 2K^+ + 4H_4SiO_4 + 2HCO_3^-$

温帯の風化では，この（　④　）鉱物を形成する段階にとどまるが，高温多湿の熱帯ではさらに進行し，（　⑤　）と呼ばれるアルミニウムの鉱床が形成される。

問4　文中の空欄(　①　)〜(　⑤　)に入る適切な語句あるいは化学式を答えなさい。

問5　物理的風化作用の過程のうちの1つを，簡単に説明しなさい。

問6　反応Aが進行してできる特徴的な地形を1つ挙げなさい。

(☆☆☆◎◎)

【5】地球の変遷に関する次の問いに答えなさい。

およそ46億年前に誕生した初期の地球の表面は，高温で溶けて，マグマオーシャンに覆われていた。その後，地球の冷却により，大気中の水蒸気は凝結して雨となって降り注ぎ，原始海洋が形成された。海洋が形成されると，当時の大気中に多く含まれていた①二酸化炭素は海水に溶け込み，堆積岩等として固定されていった。今から約27億年前頃になると，原核生物である②(　ア　)が行う光合成により，酸素が海水中に放出されていった。放出された酸素により，海洋をはじめとする地球表層は次第に酸化されていき，約25億〜20億年前にかけて，海水中の(　イ　)イオンと酸素が結合して，大量の酸化(　イ　)が海底に堆積した。海水中に溶けていた(　イ　)イオンがほとんど酸化されると，酸素は大気中にも増加し，原生代の初めころには，大気圏に(　ウ　)が形成され始めたと考えられている。

問1　文中の空欄(　ア　)〜(　ウ　)に入る最も適切な語句をそれぞれ

答えなさい。

問2 グリーンランドのイスア地域では，約38億年前の地層から，当時海が存在していたことを示す岩石が発見され，少なくとも38億年前には海が存在していたと考えられている。イスア地域で発見された海の存在を示唆する岩石を，次のA～Eから2つ選び，記号で答えなさい。

A 花崗岩　　B 礫岩　　C 凝灰岩　　D 枕状溶岩

E 片麻岩

問3 文中の下線部①について，海水中の二酸化炭素を最も多く固定した堆積岩の名称を答えなさい。

問4 文中の下線部②の( ア )の活動によってつくられたドーム状の構造体を何というか。その名称を答えなさい。

問5 大気中の酸素濃度が地球史上最も高かった時代は，古生代後期の石炭紀からペルム紀にかけてであると考えられている。その時代に酸素濃度が上昇した最も大きな原因として考えられることを30～50字程度で説明しなさい。

問6 古生代のペルム紀末頃には，大気中の二酸化炭素濃度が上昇した。その時代に二酸化炭素濃度が上昇した最も大きな原因として考えられることを15字程度で説明しなさい。

(☆☆◎◎◎◎)

【6】図6は，ア～ケの9つの恒星のHR図を模式的に示したものである。図6に関するあとの問いに答えなさい。

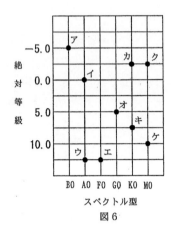

図6

問1　次の①〜③の内容に当てはまる恒星を，図6のア〜ケの恒星から1つ選び，それぞれ記号で答えなさい。

①　太陽と性質が最もよく似た恒星

②　半径が最も小さな恒星

③　赤色の主系列星

問2　図6のカの恒星の明るさは，キの恒星の明るさの何倍か。答えなさい。

問3　図6のカの恒星の半径は，キの恒星の半径の何倍か。答えなさい。

問4　図6のオの恒星の表面温度が6000〔K〕，ケの恒星の表面温度が3000〔K〕であったとき，同じ単位表面積で比較すると，オの恒星はケの恒星の何倍のエネルギーを放射しているか。答えなさい。

問5　図6のイの恒星の見かけの等級が5.0等級であったとき，地球からイの恒星までの距離は何光年か。有効数字3桁で答えなさい。(計算過程も示すこと)

問6　巨星や白色矮星の数に比べて，主系列星の数が多いのはなぜか。その理由を，簡単に説明しなさい。

問7　次の図7と図8は，それぞれある星団における恒星のHR図を示したものである。

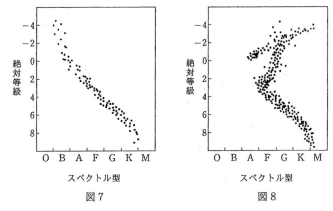

図7　　　　　　　　　　　図8

(1)　図8のHR図は，どのような星団の種類の特徴を表しているか。その星団の種類を答えなさい。

(2)　図7と図8のHR図を比較したとき，図8の星団では，スペクトル型がO〜A型の恒星がほとんど存在していない理由を，簡単に説明しなさい。

(☆☆☆☆◎◎◎)

## 解答・解説

### 中　学　理　科

【1】(1)　・物体の形を変える　・物体を支える　(2)　ア　摩擦力　イ　磁力　ウ　垂直抗力

(3)　〔例〕

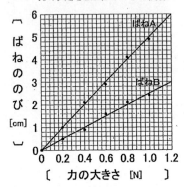

力の大きさとばねののびの関係

ばねののび[cm]

力の大きさ〔N〕

(4)　ばねののびは，力の大きさに比例すること。　　(5)　・変化の様子や規則性がよくわかる。　　・測定値以外についても，その値を推測することができる。　　(6)　「質量」は場所によって変わらない量で，てんびんで測定することができる量であり，「重さ」は物体に働く重力の大きさで，ばねばかりなどで測定することができる量である。

〈解説〉(1)～(3)　解答参照。　　(4)　実験では得られた測定値から規則性や関係性，共通性や相違点，分類するための観点や基準を見いだして表現させることが重要である。　　(5)　解答参照。　　(6)　質量は物体そのものの量である。「重さ」は物体に働く重力の大きさであるため，低所と高所や低緯度と高緯度など重力が変化する場合その値も変化する。

【2】(1)　主に量的・関係的な視点　　(2)　探究の過程を振り返る。
(3)　a　仕事　　b　位置エネルギー　　c　運動エネルギー　　d　質量　　e　力学的エネルギー　　f　力学的エネルギーの保存
(4)　記号…イ　　理由…CD間での速さを比較すると，小球(あ)は等速であるのに対し，小球(い)は，速さが増す。この速さの増分は，EF間で減り，FG間では再び，小球(あ)と小球(い)の速さは等しくなるが，CD，DE，EF間を通過する際の速さは，小球(あ)よりも小球(い)の方が大きい。したがって，CF間の所要時間は，小球(あ)よりも小球(い)の

方が短いことから，小球(い)の方が先にたどり着く。　(5)　$\sqrt{2gh}$〔m/s〕

〈解説〉(1)　中学校学習指導要領解説　理科編(平成29年7月)　第1章　総説　3　理科改訂の要点　(3)「理科の見方・考え方」に理科を構成するそれぞれの領域における特徴的な視点について示されている。

(2)　中学校学習指導要領解説　理科編(平成29年7月)　第1章　総説　3　理科改訂の要点　(4)「内容の改善の要点」　②　「指導の重点等の提示について」に各学年で主に重視する探究の学習過程について示されている。　(3)　解答参照。　(4)　解答参照。　(5)　力学的エネルギー保存則より，$mgh = \frac{1}{2}mv^2$　∴ $v = \sqrt{2gh}$〔m/s〕

【3】(1)　エ　(2)　①　$2Cu + O_2 \rightarrow 2CuO$　②　質量保存の法則　③　4：1　④　銅原子と酸素原子は1：1の割合で化合し，それぞれの原子量の比が4：1だから。　⑤　実験方法の妥当性について検討したり，振り返って改善策を考えたりするよう促す。　⑥　75〔％〕

〈解説〉(1)　題意にもあるように，加熱後の物質の質量は徐々に増加し，いずれ一定になることから，エが適切である。　(2)　①　解答参照。　②　質量保存の法則とは，反応物質の質量の総和と生成物質の質量の総和は等しい，という法則である。　③　実験結果の表から質量比を読み取ることができる。　④　解答参照。　⑤　実験の失敗の原因がどこにあったかを検証することが重要である。　⑥　酸素0.15gと化合する銅は0.15×4＝0.60〔g〕であるので，$\frac{0.60}{0.80} \times 100 = 75$〔％〕

【4】(1)　塩化アンモニウム，水酸化カルシウム(順不同)
(2)　アンモニアは水に溶けやすく，密度が空気よりも小さいため。
(3)　発生した水が加熱部に流れて，試験管が割れるのを防ぐため。
(4)　アンモニアは有毒なので，実験中は必ず換気をする。　(5)　アンモニアが充塡したことを確かめるため。　(6)　a　溶ける
b　圧力　　c　下がり　　d　アルカリ　　(7)　中和してから多量の水で薄めながら流す。　(8)　虫刺され用の医薬品

〈解説〉(1)　アンモニアの実験室製法は，$2NH_4Cl＋Ca(OH)_2→CaCl_2＋2H_2O＋2NH_3$である。　　(2)　空気の平均分子量28.8に対し，アンモニアは17でありアンモニアの方が空気より軽い。またアンモニアは水に溶けやすいため水上置換法は不適である。　　(3)　解答参照。　　(4)　解答参照。　　(5)　アンモニア水溶液はアルカリ性である。そのため試験管にアンモニアが充満し下部より漏れるとリトマス紙が青変する。

(6)　解答参照。　　(7)　実験廃液はそれぞれ適切な処理をする必要がある。酸やアルカリの廃液は中和してから多量の水で薄めながら流す必要がある。　　(8)　他に化学肥料や化学繊維などもあげられる。

【5】(1)　BTB溶液の色の変化が，植物の働きによるものであることを明らかにするため。　　(2)　実験の結果が根拠とならない「酸素」について記述されている。　　(3)　a　葉緑体　　b　気孔　　c　道管　d　師管　　e　呼吸　　(4)　①　い　　②　光合成で吸収する二酸化炭素量より，呼吸で放出する二酸化炭素量の方が大きいため。
③　光を強くしていくと光合成で取り入れる二酸化炭素の量は増えていくが，ある光の強さ以上になると一定になる。　　④　f　強い
g　弱い　　⑤　日当たりの悪いところでの生育に適していると考えられる。

〈解説〉(1)　条件の違いによる結果の差を比較するために特定の条件のみを変更した実験を対照実験という。　　(2)　実験結果より，試験管アにおいて二酸化炭素が減少していることは考えられるが，酸素が増えた根拠はないため，このことについて指摘する。　　(3)　解答参照。
(4)　①　図中の「い」は植物Xの光合成速度，「う」は植物Xの見かけの光合成速度，「え」は植物Xの呼吸速度である。　　②　C点での光の強さを光補償点という。　　③　二酸化炭素吸収速度が一定になるときの光の強さを光飽和点という。　　④　植物Xは陽生植物，植物Yは陰生植物である。　　⑤　陰生植物は日当たりの悪いところでも生育できる。

【6】(1)　食物網　　(2)　c　カエル　　d　クモ　　e　ネズミ

(3)　最多…h　　最少…a　　(4)　ア，ウ，オ　　(5)　①　呼吸によって，デンプンを無機物に分解した。　　②　加熱処理をして捨てる。

(6)　i　光　　j　水(i, j順不同)　　k　消費者　　l　分解者

m　生態系

〈解説〉(1)　解答参照。　　(2)　aはトビ，bはヘビ，cはカエル，dはクモ，eはネズミ，fはチョウ，gはバッタである。表の食べるものの数と，図1の矢印の数は一致するので，これらの関係から考えてもよい。

(3)　一般的に，栄養段階が上位になるにつれて個体数は少なくなるピラミッド型となる。これを生態ピラミッド(個体数ピラミッド)という。

(4)　解答参照。　　(5)　①　Aの土には微生物が存在するが，Bの土には微生物が存在しない。微生物は，呼吸によってデンプンを無機物に分解することでエネルギーを得る。　　②　解答参照。　　(6)　生態系は温度，光などの非生物的環境と，生産者，消費者，分解者などの生物群から構成されている。

【7】(1)　停滞前線　　(2)　ほぼ同じ勢力の寒気団と暖気団がぶつかることでできる。　　(3)　天気…雨　　風向…北北東　　風力…4

(4)　①　台風は上から見て反時計回りに強い風が吹き込むため，進行方向の右側では南側より暖かく湿った空気を大量に取り込むため。

②　・台風の中心では気圧が周囲より低いので，海水面が吸い上げられ上昇する。　　・台風に伴う強い風により海水が海岸に吹き寄せられるため。　　(5)　偏西風　　(6)　温帯低気圧　　(7)　8月から10月にかけて小笠原気団の勢力が弱まるから。

〈解説〉(1)　天気図記号のうち三角が連なるものを寒冷前線，半円が連なるものを温暖前線といい，図1アのような前線は停滞前線という。半円と三角が前線の同じ側に連なるものは閉塞前線という。　　(2)　停滞前線は寒気団と暖気団の勢力がつり合うことで，同じ位置に長時間とどまる前線であり，梅雨前線や秋雨前線が代表例である。　　(3)　イの記号では下の円部分で天気記号を示し，円から出た直線(矢)が風向

を，矢から出た線(矢羽根)で風力を示す。天気記号はそれぞれ決められており，黒丸は雨を表す。風が吹いてくる向きに矢が伸びており，今回は北北東の方向に矢が伸びているから，風向は北北東と分かる。矢羽根の数は4本あるため，風力は4である。　(4)　①　また，進行方向右側では，台風の進行方向と風向きが重なるため，風速も台風の進むスピードと相まって強くなる。このように被害が大きくなりやすい台風の進行方向右側を危険半円と呼んでいる。　②　高潮は海面が長時間，平常時よりも高く上昇することをいう。気圧が低くなると，海面を押さえる大気圧が弱まるために海水面が上昇する吸い上げ効果が起こる。また台風に伴って強風が吹き，この風で海水が沖合から海岸に集められるため海面が上昇する現象も起こり，これを吹き寄せ効果と呼ぶ。　(5)　台風はほとんど上空の風によって流されて動くと考えられている。台風が発生する低緯度地域では東からの風が吹いているため，西へ移動する。その後，太平洋高気圧のふちを吹く風によって北上し，中緯度帯の上空での偏西風によって，北または北東に進むようになる。地球の自転の影響で台風自身も北へ進む力を持っているが，上空の風が弱い時を除くとこの力の影響は小さくなる。　(6)　低気圧には温帯低気圧と熱帯低気圧があるが，前線を伴うのは前者であるから温帯低気圧とわかる。　(7)　台風の進路には太平洋高気圧の西部である小笠原気団の勢力が関わっている。勢力が強い場合，日本付近まで張り出すため，台風はそのふちを移動するから図3の7月のように大陸側を台風が移動する。季節が秋に向かうにつれて勢力が弱まるために台風の進路も東寄りに変化する。

【8】(1)　露頭　(2)　a　浅い海　b　流水　(3)　①　保護メガネをする。　②　必要な分だけ少量採取する。　(4)　試料を親指の腹で押しながら水で洗い，双眼実体顕微鏡で粒の形を観察する。火山灰は鉱物を含み，角ばっている。砂は丸みを帯びている。　(5)　土地が沈降した後，隆起した。　(6)　南北方向…北へ下がっている　東西方向…水平　(7)　5mから15m

〈解説〉(1)　露頭には崖や河床などの自然にできたものもあれば，道路の切り開きや工事現場など人工的にできた崖も含まれる。

(2)　a　堆積環境を示す化石は示相化石と呼ばれ，アサリやカキ，ハマグリの化石は浅い海だったことを示している。他にもサンゴの化石は暖かく浅い海であったこと，シジミは湖や河口であったことを示している。　b　れきは流れる水の働きによって運搬される過程で，れきどうしやそれ以外のものへの衝突によって角がとれて丸みを帯びる。　(3)　①　安全面ではハンマーで崖を崩した際に破片が目に入る可能性があるため，目を破片から保護するためのメガネが必要である。その他に，崖では上から砂やれきが落下する可能性があるため，頭を保護するためにヘルメットの着用も求められる。　②　その時代のその堆積環境でできた地層には必ず限りがある。そのため，試料の採取にあたっては，露頭の保護に努める必要がある。　(4)　火山灰か砂かを見分けるためには粒子を観察する必要がある。粒子を見るために，わんがけ法と呼ばれる，試料を蒸発皿などに移して親指の腹で押しながら水で洗う方法で粒子を取り出す。砂は砕屑岩であり，運搬の過程で角がとれて丸みを帯びた粒子となる。一方，火山灰は火山から噴出した後に風によって運ばれて堆積するため，角がとれないままの状態で堆積している。　(5)　粒径が大きくなるほど運搬するための流速は大きくなる必要がある。れきは上流で堆積する一方で，砂や泥などの細かい粒子は下流から海にかけて堆積する。地層は下の方が古く，上に向けて新しくなるので，EからDにかけて粒子の大きさが小さくなることから，土地が沈降して細粒な粒子がたまったと分かる。その後，DからCにかけて再び粒径が大きなれきが堆積することから，再び隆起したことが分かる。　(6)　南北の直線上にあるHとI地点をもとに南北方向の傾きを考える。HとIは白っぽい粒の層が比べるときの鍵層であると考えられる。I地点よりもH地点の方が標高は低く，白っぽい粒の層がI地点よりもH地点の方が深い位置にあるので，北向きに地層が下がっていることが分かる。東西方向はH地点とG地点を比較する。れきの層に挟まれた砂の層の上面を比較すると，H地点では地表から

20m地点であるから標高に換算すると90mの地点であると分かる。G地点では地表から10mの地点であるから標高にすると90m地点と分かる。同じ標高でれきの層に挟まれた砂の層が出てくることから，東西方向は水平であると分かる。　(7)　図1から学校はI地点の東に位置する。東西方向では地層が水平であることが(6)から分かっているので，学校でもI地点と同じ柱状図になると考えられる。

---

# 高 校 理 科

## 【共通問題】

【1】問1　ア　比較　　イ　探究　　問2　・生徒が常に知的好奇心をもって身の回りの自然の事物・現象にかかわるようにする。　・生徒自身が疑問を形成し，課題として設定できるようにする。　・あらかじめ自己の考えを形成した上で行うようにする。　・効果的な教材の開発をし，各教員の創意工夫を共有化する。　から1つ

〈解説〉問1　高等学校学習指導要領(平成30年告示)解説　理科編・理数編(平成30年7月)第1部　理科編　第1章　総説　第2節　理科改訂の趣旨及び要点　2　理科改訂の要点　(3)　「理科の見方・考え方」からの空所補充問題である。理科改訂の要点はよく取り上げられる部分である。キーワードを押さえてしっかり熟読・理解しておくこと。

問2　設問の内容は，高等学校学習指導要領(平成30年告示)解説　理科編・理数編(平成30年7月)　第1部　理科編　第1章　総説　第2節　理科改訂の趣旨及び要点　1　理科改訂の趣旨　(2)　理科の具体的な改善事項　に，「幼稚園，小学校，中学校，高等学校及び特別支援学校の学習指導要領等の改善及び必要な方策等について(答申)」(平成28年12月21日　中央教育審議会)の答申要旨として示されている。これに続く本答申要旨に示されている内容から，求められている重視する以下のような点を記述すればよい。「探究の過程」を通じた学習活動で重要な点としては，探究の過程全体を生徒が主体的に遂行できるように

すること。意見交換や議論など対話的な学びを適宜取り入れていくこと。あらかじめ自己の考えを形成した上で行うようにすること。生徒自身が観察・実験を中心とした探究の過程を通じて課題を解決したり，新たな課題を発見したりする経験を可能な限り増加させていくこと。観察・実験等を重視して学習を行う教科である理科がその中核となって探究的な学習の充実を図っていくこと。探究の過程の中で，観察・実験を通じて仮説を検証するために効果的な教材の開発をすること。各教員の創意工夫を共有化するような取組を行うこと。以上の点を記述する。また，設問の"重視すべき"という表現に沿うとすれば，次のいずれかを挙げることができる。生徒が常に知的好奇心をもって身の回りの自然の事物・現象に接するようになること。気付きから疑問を形成し，課題として設定することができるようになること。以上のような項目を挙げることができる。

## 【物理】

【1】問1　$\frac{1}{2}kd^2$　　問2　$d\sqrt{\frac{k}{3m}}$　　問3　$d\sqrt{\frac{2}{3}}$　　問4　$\frac{m}{M+m}v_0$

問5　$-\mu'mg(L+r)$　　問6　$L=\frac{Mkd^2}{6\mu'm(M+m)g}$

$r=\frac{Mkd^2}{6\mu'(M+m)^2g}$

〈解説〉問1　手がした仕事は，ばねに蓄えられる弾性エネルギーになるから，$\frac{1}{2}kd^2$　問2　力学的エネルギー保存則より，$\frac{1}{2}kd^2=\frac{1}{2}(3m)v_0^2$

∴　$v_0=d\sqrt{\frac{k}{3m}}$　問3　求める伸びの最大値を$X$とすると，力学的エネルギー保存則より，$\frac{1}{2}(2m)v_0^2=\frac{1}{2}kX^2$　これに問2の$v_0$を代入すると，

$X^2=\frac{2}{3}d^2$　∴　$X=d\sqrt{\frac{2}{3}}$　問4　運動量保存則より，$mv_0=(M+m)v$

∴　$v=\frac{m}{M+m}v_0$　問5　物体Qにはたらく動摩擦力は，運動を妨げる向きに$\mu'mg$であり，動摩擦力を受けた距離は，$L+r$である。したがって，求める仕事は，$-\mu'mg(L+r)$　問6　物体Qについての力学的

エネルギーと仕事の関係を考えると，$\dfrac{1}{2}mv_0{}^2-\mu'mg(L+r)=\dfrac{1}{2}mv^2$

…①　台車Rについての力学的エネルギーと仕事の関係を考えると，

$\mu'mgr=\dfrac{1}{2}Mv^2$　…②　①，②を辺々足すことにより，$\dfrac{1}{2}mv_0{}^2-$

$\mu'mgL=\dfrac{1}{2}(M+m)v^2$　したがって，$L=\left(\dfrac{1}{2\mu'mg}\right)\left(\dfrac{kd^2}{3}\right)\left(1-\dfrac{m}{M+m}\right)$

$=\left(\dfrac{1}{2\mu'mg}\right)\left(\dfrac{kd^2}{3}\right)\left(\dfrac{M}{M+m}\right)=\dfrac{Mkd^2}{6\mu'm(M+m)g}$　また，②より，$r=$

$\left(\dfrac{1}{2\mu'mg}\right)M\left(\dfrac{m^2}{(M+m)^2}\right)\left(\dfrac{kd^2}{3m}\right)=\dfrac{Mkd^2}{6\mu'(M+m)^2g}$

【2】Ⅰ　問1　Pの速さ…$\dfrac{|m-eM|}{M+m}v$　　　Qの速さ…$\dfrac{(1+e)m}{M+m}v$

問2　$\dfrac{mM(1+e)}{M+m}v$　　問3　$e>\dfrac{m}{M}$　　問4　Aの速さ…$\dfrac{V}{2}$

Bの速さ…$\dfrac{\sqrt{3}}{2}V$　　問5　$\dfrac{\sqrt{3}}{2}mV$　　Ⅱ　問6　コップが受ける力積は同じであるが，クッションがある方が，力がはたらく時間が長いため，コップにはたらく力の大きさが小さくなるから。

〈解説〉Ⅰ　問1　衝突後のPとQの速さをそれぞれ$v'$，$V'$とすると，運動量保存則より，$mv=mv'+MV'$　反発係数の式より，$e=-\dfrac{v'-V'}{v}$

$\therefore$　$V'=v'+ev$　運動量の式に代入して，$mv=mv'+M(v'+ev)$

これより，$v'=\dfrac{m-eM}{M+m}v$　求めるのは速さなので，$v'$は$(m-eM)$に絶対値をつけて，小球Pの速さは，$\dfrac{|m-eM|}{M+m}v$　また，$V'=v'+ev=$

$\dfrac{(m-eM)v+e(M+m)v}{M+m}=\dfrac{(1+e)m}{M+m}v$　これは正なので，小球Qの速さは，$\dfrac{(1+e)m}{M+m}v$　問2　小球Pの運動量変化に着目し，向きに注意して，求める力積の大きさは，$-(mv'-mv)=m(v-v')=$

$m\left\{v-\dfrac{(m-eM)v}{M+m}\right\}=\dfrac{mM(1+e)}{M+m}v$　問3　問1より，$(m-eM)$の符号が負になるときに，$v'$も負になるから，$m-eM<0$　$\therefore$　$e>\dfrac{m}{M}$

問4　衝突後の小球Aと小球Bの速さをそれぞれ$V_A$，$V_B$とする。直線AB

に沿う成分についての運動量保存則より，$mV = mV_A\cos60° + mV_B\cos30°$　また，直線ABに垂直な成分についての運動量保存則より，$0 = mV_A\sin60° - mV_B\sin30°$　これらを解いて，$V_A = \dfrac{V}{2}$，$V_B = \dfrac{\sqrt{3}}{2}V$

問5　直線AB方向の力積は，$mV_A\cos60° - mV = -\dfrac{3}{4}mV$　直線ABに垂直方向の力積は，$mV_A\sin60° = \dfrac{\sqrt{3}}{4}mV$　よって，求める力積の大きさは，$\sqrt{\left(-\dfrac{3}{4}mV\right)^2 + \left(\dfrac{\sqrt{3}}{4}mV\right)^2} = \dfrac{\sqrt{3}}{2}mV$　Ⅱ　問6　解答参照。

【3】Ⅰ　問1　$\dfrac{\rho_0 RT_0}{m}$　　問2　$\rho_0 T_0 = \rho T$　　問3　$\rho_0 Vg$

問4　$\dfrac{T_0}{T}\rho_0 Vg$　　問5　$\dfrac{\rho_0 V}{\rho_0 V - M}T_0$　　Ⅱ　問6　$\dfrac{Q_V}{n\Delta T}$

問7　$\dfrac{Q_P}{n\Delta T}$　　問8　$C_P = C_V + R$　　問9　$\left(1 + \dfrac{mg}{P_0 S}\right)T_0$

問10　$\dfrac{mg}{P_0 S}C_V T_0$

〈解説〉Ⅰ　問1　求める大気圧を$P_0$とし，大気圧下で物質量1mol，絶対温度$T_0$の気体の体積を$V_0$とおくと，状態方程式は，$P_0 V_0 = RT_0$

∴　$P_0 = \dfrac{1}{V_0}RT_0$　ここで，$\rho_0 = \dfrac{m}{V_0}$と表されるから，$\dfrac{1}{V_0} = \dfrac{\rho_0}{m}$　したがって，$P_0 = \dfrac{\rho_0 RT_0}{m}$　問2　絶対温度$T_0$のときの球体内の空気の状態方程式は，$P_0 V = \dfrac{\rho_0 V}{m}RT_0$　一方，絶対温度$T$のときの球体内の空気の状態方程式は，$P_0 V = \dfrac{\rho V}{m}RT$　これらを比較すると，$\rho_0 T_0 = \rho T$

問3　浮力は，物体が排除した流体の重さであるから，$\rho_0 Vg$

問4　球体内の空気の質量は$\rho V$だからはたらく重力の大きさは，$\rho Vg = \dfrac{T_0}{T}\rho_0 Vg$　問5　気球が浮き上がる条件は，気球全体の重力より浮力が大きくなったとき，つまり，$(M + \rho V)g \leqq \rho_0 Vg$である。$\rho = \dfrac{T_0}{T}\rho_0$であるから，$T \geqq \dfrac{\rho_0 V}{\rho_0 V - M}T_0$　Ⅱ　問6　モル比熱は，1molの気体が1K

上昇するために必要な熱であるから，$\dfrac{Q_V}{n\Delta T}$　問7　問6と同様にして，

$\dfrac{Q_P}{n\Delta T}$　問8　気体の内部エネルギー変化は，定積変化の場合と同じであるから，$nC_V\Delta T$　よって，熱力学第一法則より，$nC_P\Delta T=nC_V\Delta T+nR\Delta T$　∴　$C_P=C_V+R$　問9　シリンダー内の体積を$V$，気体の圧力を$P_1$とすると，ボイル・シャルルの法則より，$\dfrac{P_0V}{T_0}=\dfrac{P_1V}{T_1}$　∴　$P_1=\dfrac{T_1}{T_0}P_0$　ピストンにおける力のつり合いより，$P_0S+mg=P_1S=\dfrac{T_1}{T_0}P_0S$したがって，$T_1=\left(1+\dfrac{mg}{P_0S}\right)T_0$　問10　定積変化だから，$C_V(T_1-T_0)=\dfrac{mg}{P_0S}C_VT_0$

【4】　I　問1　$\dfrac{D}{L}x$　　問2　$2\dfrac{D}{L}x=\dfrac{\lambda}{2}(2m+1)$　　問3　$\dfrac{L\lambda}{2D}$

問4　$\dfrac{1}{n}$〔倍〕　　問5　$\dfrac{3}{2}D$　　II　問6　(1)　$\dfrac{250}{f}$　　(2)　⑦

問7　(1)　$m_1m_2$　　(2)　110〔mm〕

〈解説〉I　問1　三角形の相似から，$\dfrac{d}{x}=\dfrac{D}{L}$　∴　$d=\dfrac{D}{L}x$　問2　空気に対するガラスの屈折率を考慮すると，平面ガラスAの上側で反射した光は，位相が$\pi$ずれるが，平面ガラスBの下側で反射した光は，位相がずれない。したがって，明線が見える条件は，$2d=\left(m+\dfrac{1}{2}\right)\lambda$問1の結果を利用して，$2\dfrac{D}{L}x=\dfrac{\lambda}{2}(2m+1)$　問3　問2より，$x=\left(m+\dfrac{1}{2}\right)\left(\dfrac{L\lambda}{2D}\right)$である。$m$のときと$m+1$のときの差をとると，$\Delta x=\dfrac{L\lambda}{2D}$　問4　$\lambda$が$\dfrac{\lambda}{n}$になるから問3より，縞の間隔は$\Delta x$の$\dfrac{1}{n}$倍になる。問5　$\Delta x'=\dfrac{2}{3}\Delta x=\dfrac{2}{3}\left(\dfrac{L\lambda}{2D}\right)=\dfrac{L\lambda}{2h}$　∴　$h=\dfrac{3}{2}D$　II　問6　(1)　物体からレンズまでの距離を$a$，レンズから虚像までの距離を$b$とすると，虚像であることを考慮して，写像公式は，$\dfrac{1}{a}-\dfrac{1}{b}=\dfrac{1}{f}$　これより，

$\dfrac{1}{a} = \dfrac{1}{f} + \dfrac{1}{b}$　倍率は$\dfrac{b}{a}$であるから，$\dfrac{b}{a} = \dfrac{b}{f} + 1$，ここで，$b = 250$だから，求める倍率は$\dfrac{250}{f} + 1$　(2)　虫眼鏡は凸レンズである。倍率を大きくするためには，(1)の結果から，焦点距離を小さくしなければならない。焦点距離が小さいのは，曲率の大きいレンズであるから，球に近いレンズであることになる。　問7　(1)　対物レンズによる像を接眼レンズで見るから，求める倍率は$m_1 m_2$　(2)　実像P′Q′のできる位置を対物レンズから$b'$〔mm〕とすると，写像公式より，$\dfrac{1}{30.0} + \dfrac{1}{b'}$ $= \dfrac{1}{20.0}$であるから，$b' = 60.0$〔mm〕　この実像が，接眼レンズから$a'$〔mm〕の位置にあるとすると，虚像のできる位置が接眼レンズから250mmの位置であることから，$\dfrac{1}{a'} - \dfrac{1}{250} = \dfrac{1}{62.5}$　これを解いて，$a' = 50.0$〔mm〕　よって，求める長さは，$60.0 + 50.0 = 110.0$〔mm〕

【5】 I　問1　$qV_0$　問2　$\dfrac{2\pi m}{qB}$　問3　$\dfrac{qB}{2\pi m}$　問4　$\dfrac{2}{B}\sqrt{\dfrac{NmV_0}{q}}$

II　問5　$-\dfrac{V_0}{\omega L}$　問6　$\omega CV_0$　問7　$\dfrac{1}{\sqrt{\dfrac{1}{R^2} + \left(\omega C - \dfrac{1}{\omega L}\right)^2}}$

〈解説〉 I　問1　電場によって加速されるから，$K_1 = qV_0$　問2　荷電粒子の速さを$v$，軌道半径を$r$とすると，運動方程式は，$\dfrac{mv^2}{r} = qvB$

$\therefore$　$\dfrac{v}{r} = \dfrac{qB}{m}$　これと，円運動の周期の式$\dfrac{2\pi r}{v}$より，求める周期は，

$2\pi \times \dfrac{r}{v} = \dfrac{2\pi m}{qB}$　問3　円運動の周期が，交流の周期の整数倍に一致すればよい。交流の周波数が最小になるのは，円運動の周期の逆数と交流の周波数が一致するときなので，$\dfrac{qB}{2\pi m}$　問4　1周するごとに，運動エネルギーは$2K_1$だけ増加するから，$N$周後の運動エネルギーは$2NK_1$である。$N$周後の速さを$v_N$とすると，$\dfrac{1}{2}mv_N^2 = 2NqV_0$

$$\therefore\quad v_N=2\sqrt{\frac{NqV_0}{m}}$$ 　一方，問2の結果より，$r=\dfrac{mv}{qB}$ だから，これに

$v=v_N$ を代入して，$r=\dfrac{2}{B}\sqrt{\dfrac{NmV_0}{q}}$　Ⅱ　問5　コイルの電流は，コイルに加わる電圧に対して $\dfrac{\pi}{2}$ 遅れる。コイルのリアクタンスが $\omega L$ であることも考慮すると，$I_{\rm L}=-\dfrac{V_0}{\omega L}\cos\omega t$　問6　コンデンサーの電流は，コンデンサーに加わる電圧に比べて $\dfrac{\pi}{2}$ 進む。コンデンサーのリアクタンスが $\dfrac{1}{\omega C}$ であることを考慮すると，$I_{\rm C}=\omega CV_0\cos\omega t$　問7　抵抗を流れる電流は $\dfrac{V_0}{R}\sin\omega t$ である。よって，この並列回路を流れる電流の最大値は，$\sqrt{\left(\dfrac{V_0}{R}\right)^2+\left(\omega CV_0-\dfrac{V_0}{\omega L}\right)^2}=V_0\sqrt{\left(\dfrac{1}{R}\right)^2+\left(\omega C-\dfrac{1}{\omega L}\right)^2}$　インピーダンスを $Z$ とすると，電流の最大値は $\dfrac{V_0}{Z}$ となるから，比較して，

$$Z=\frac{1}{\sqrt{\dfrac{1}{R^2}+\left(\omega C-\dfrac{1}{\omega L}\right)^2}}$$

【6】問1　$\dfrac{hc}{\lambda}$　　問2　(Kから出た電子の運動エネルギーの最大値が) $eV_0$ より小さいため，Pに届かないから。　　問3　カ
問4　(1)　$\dfrac{c}{m}$　　(2)　$n$　　(3)　$\dfrac{n}{m}$　　問5　$\dfrac{\lambda Q}{hc}$　　問6　$\dfrac{hcI_0}{eQ\lambda}\times$ 100

〈解説〉問1　エネルギーは，振動数 $\nu$ を用いれば $h\nu$ となる。$c=\nu\lambda$ より，$\dfrac{hc}{\lambda}$　問2　解答参照。　問3　①　強度を変えると，光電流の値は増えるが，阻止電圧は変わらない。したがって，グラフはBである。
②　短くする前の波長を $\lambda$，仕事関数を $W$ とすると，$eV=\dfrac{hc}{\lambda}-W\cdots$(a)
一方，波長を短くしたときの阻止電圧を $V'$ とすると，$eV'=\dfrac{2hc}{\lambda}-W$
$\cdots$(b)　(a)において $W>0$ より，$\dfrac{hc}{\lambda}>eV$ であるから，(b) は，$eV'=\dfrac{2hc}{\lambda}-W=\dfrac{hc}{\lambda}+\left(\dfrac{hc}{\lambda}-W\right)>eV+eV=2eV$　よって，$V'>2V$　したがって，グラフはCである。　問4　(1)　限界波長を求める問題である。

求める限界波長を$\lambda_0$とすると，限界振動数はグラフの横軸での$m$であるから，$c=m\lambda_0$ ∴ $\lambda_0=\dfrac{c}{m}$ (2) 仕事関数は，グラフにおいて縦軸における切片の絶対値になるから，$n$ (3) プランク定数は，グラフの傾きであるから，$\dfrac{n}{m}$ 問5 求める数を$N$とすると，$N\times\dfrac{hc}{\lambda}=Q$ より，$N=\dfrac{\lambda Q}{hc}$ 問6 電流が$I_0$であることから，飛び出した光電子の数は1秒あたり$\dfrac{I_0}{e}$個である。よって，求める割合は，$\dfrac{I_0}{e}\div\dfrac{\lambda Q}{hc}\times100$ $=\dfrac{hcI_0}{eQ\lambda}\times100$〔%〕

# 【化学】

【1】 I 問1 892〔kJ/mol〕 問2 $C_3H_8+5O_2=3CO_2+4H_2O(液)+2220kJ$ 問3 メタン 問4 メタン II 問1 $CaCO_3+2HCl\rightarrow CaCl_2+H_2O+CO_2$ 問2 B 問3 B→C→A III 問1 接触式硫酸製造法 問2 ① $S+O_2\rightarrow SO_2$ ② $2SO_2+O_2\rightarrow2SO_3$ ③ $SO_3+H_2O\rightarrow H_2SO_4$ 問3 160〔kg〕

〈解説〉 I 問1 燃焼熱は，物質1molが完全燃焼したときの値であるので，$22.3\times\dfrac{22.4}{0.56}=892$〔kJ/mol〕 問2 プロパンの燃焼熱は，$55.5\times\dfrac{22.4}{0.56}=2220$〔kJ/mol〕なので，熱化学方程式は，$C_3H_8(気)+5O_2(気)=3CO_2(気)+4H_2O(液)+2220kJ$となる 問3 メタンの燃焼は$CH_4+2O_2\rightarrow CO_2+2H_2O$で表され，それぞれ1.0gの完全燃焼による発熱量は，メタンが$\dfrac{892}{16}=55.75$〔kJ〕，プロパンが$\dfrac{2220}{44}=50.45$〔kJ〕 問4 それぞれが完全燃焼するときの反応式はメタン$CH_4+2O_2\rightarrow CO_2+2H_2O$，プロパンは$C_3H_8+5O_2\rightarrow3CO_2+4H_2O$，同じ熱量(1kJとする)を得るときに生じる二酸化炭素の質量は，メタンが$\dfrac{44}{892}=0.049\fallingdotseq0.05$〔g〕，プロパンが$3\times\dfrac{44}{2220}=0.059\fallingdotseq0.06$〔g〕となり，メタンのほうが少ない。

II 問1 解答参照。 問2 キップの装置で，固体はBに，液体はAに入れる。 問3 コックを閉じると，発生した気体がBに閉じ込められ，

その圧力で液体はBからCに移動し，Aの水位が上昇する。

Ⅲ　問1　単に接触法ともいう。　問2　解答参照。　問3　接触法を①×2＋②＋③×2により一つの反応式にすると，$2S+3O_2+2H_2O \rightarrow 2H_2SO_4$となる。したがって，$32 \times 500 \times \dfrac{0.98}{98} = 160$〔kg〕

【2】問1　鉄…8〔個〕　　銅…12〔個〕　　問2　鉄…2〔個〕　　銅…4〔個〕　　問3　$3.01 \times 10^{-8}$〔cm〕　問4　67.9〔%〕

〈解説〉問1　体心立方格子の鉄は，中心の原子に立方体の各頂点の原子8個が隣接する。面心立方格子の銅は，立方体の一つの面の4個が3層に配列しているので，$4 \times 3 = 12$〔個〕と隣接する。　問2　鉄は，頂点$8 \times \dfrac{1}{8} = 1$〔個〕と中心の1個で合計2個。銅は，頂点$8 \times \dfrac{1}{8} = 1$〔個〕と面$6 \times \dfrac{1}{2} = 3$〔個〕で合計4個となる。　問3　体心立方格子は，立方体の中心を通る対角線に原子が並び対角線の長さは半径4個分になる。体心立方格子の一辺の長さを$a$，原子の半径を$r$とすると，三平方の定理より，$(4r)^2 = a^2 + (\sqrt{2}\,a)^2 = 3a^2$となり，$a = \dfrac{4 \times 1.30 \times 10^{-8}}{\sqrt{3}} = 3.005 \times 10^{-8} \fallingdotseq 3.01 \times 10^{-8}$〔cm〕　問4　体心立方格子の一辺の長さを$a$，原子の半径$r$とすると，充填率は$\dfrac{原子の体積}{単位格子の体積} \times 100$〔%〕なので

$$\dfrac{\frac{4}{3}\pi r^3 \times 2}{a^3} \times 100 となり，r = \dfrac{\sqrt{3}}{4}a より，\dfrac{\frac{4}{3}\pi \left(\frac{\sqrt{3}}{4}a\right)^3 \times 2}{a^3} \times 100 = \dfrac{\sqrt{3}}{8}\pi \times 100 = 67.90 \fallingdotseq 67.9 〔\%〕$$

【3】問1　①　透析　　②　酸　　③　凝析　　④　電気泳動

問2　イ，ウ　問3　イ　問4　エ　問5　$2.0 \times 10^3$〔個〕

〈解説〉問1　コロイド粒子は半透膜を通過できないため，セロハンを用いてコロイド溶液を精製することができ，この操作を透析という。水溶液中の$H^+$はセロハンを通過するため酸性を示す。電解質を少量加えてコロイドを沈殿させることを凝析という。コロイド溶液に電極を設置して電圧をかけると，コロイド粒子は帯電しているため，一方の極

に移動する。　問2・問3　コロイド粒子が多くの水分子で水和されている親水コロイドは，多量の電解質溶液を加えることによって沈殿する。これを塩析という。デンプンやタンパク質などの天然高分子化合物にみられる。　問4　水酸化鉄($\mathrm{III}$)のコロイド粒子は正に帯電しているため，陰イオンの価数の大きいものが有効である。

問5　$\dfrac{\text{塩化鉄(III)の個数}}{\text{コロイド粒子の個数}}$で求まる。塩化鉄($\mathrm{III}$)は，$0.40 \times \dfrac{5.0}{1000} = 2.0 \times 10^{-3}$〔mol〕。コロイド粒子を$n$〔mol〕とすると，ファントホッフの法則より，$24.9 \times 0.1 = n \times 8.3 \times 10^3 \times (273 + 27)$　∴　$n = 1.0 \times 10^{-6}$〔mol〕　よって，$\dfrac{2.0 \times 10^{-3}}{1.0 \times 10^{-6}} = 2.0 \times 10^3$〔個〕

【4】問1　A…$PbO_2 + 4H^+ + SO_4^{2-} + 2e^- \rightarrow PbSO_4 + 2H_2O$　　B…$Pb + SO_4^{2-} \rightarrow PbSO_4 + 2e^-$　　問2　$2Cl^- \rightarrow Cl_2 + 2e^-$　　問3　$+9.60$〔g〕　問4　44.8〔g〕　　問5　27.1〔%〕

〈解説〉問1　電極Cに銅が析出したことからCは陰極である。したがって，電極Bは負極であり，鉛が酸化され硫酸鉛に変化する。また，正極(電極A)では酸化鉛($\mathrm{II}$)が還元され硫酸鉛になる。　問2　電極Dは陽極であり，塩素が発生する。　問3　電極Cで銅が$\dfrac{6.35}{63.5} = 0.10$〔mol〕析出したので，$Cu^{2+} + 2e^- \rightarrow Cu$より，電子が0.20mol流れたことになる。一方，電極Bでは2molの電子の流れで$303 - 207 = 96$〔g〕増加するので，0.20molでは$96 \times \dfrac{0.2}{2} = 9.6$〔g〕増加した。　問4　電極Aでは2molの電子が流れると$303 - 239 = 64$〔g〕増加する。電極Bが7.20g減少したので，$2 \times \dfrac{7.20}{96} = 0.15$〔mol〕の電子が流れている。したがって，電極Aの増加分は$64 \times \dfrac{0.15}{2} = 4.8$〔g〕　　問5　充電の反応式は，$2PbSO_4 + 2H_2O \rightarrow Pb + PbO_2 + 2H_2SO_4$である。2molの電子が流れると2molの水が減少し，2molの硫酸が生じる。いま0.15molの電子が流れたので，減少した水は$2 \times 18 \times \dfrac{0.15}{2} = 2.7$〔g〕　　増加した硫酸は$2 \times 98 \times \dfrac{0.15}{2} = 14.7$〔g〕　　充電後の質量パーセント濃度は30.0%なので，硫酸が120g

で，水が280g。よって，充電前の濃度は，$\dfrac{120-14.7}{280+2.7+120-14.7}\times$

$100=27.13\fallingdotseq27.1$〔％〕

【５】問1　A　0.60〔mol〕　　B　1.8〔mol〕　　問2　18〔kJ〕

　　問3　1.8〔L〕　　問4　2.5×10⁶〔Pa〕　　問5　イ，ウ

〈解説〉問1　気体Aが$x$〔mol〕反応したとすると，$\dfrac{2x}{(1.0-x)+(3.0-3x)+2x}$

$\times100=25$が成り立ち，$x=0.4$〔mol〕　　よって，Aは1.0－0.4＝0.6

〔mol〕で，Bは3.0－0.4×3＝1.8〔mol〕　　問2　熱化学方程式より，

46×0.4＝18.4≒18〔kJ〕　　問3　Aが0.6mol，Bが1.8mol，Cが0.8mol，

合計3.2molの気体が存在するので，気体の状態方程式より，体積$V=$

$\dfrac{3.2\times8.3\times10^{3}\times(273+400)}{1.0\times10^{7}}=1.78\fallingdotseq1.8$〔L〕　　問4　分圧は各気体の

物質量に比例配分されるので，$1.0\times10^{7}\times\dfrac{0.8}{3.2}=2.5\times10^{6}$〔Pa〕

問5　アは，吸熱反応の方向である左に移動する。イは，体積が減少

するので圧力が大きくなる。そのため気体分子数が減少する方向であ

る右に移動する。ウは，気体Aを消費する方向である右に移動する。

エは，温度および体積が一定なので変化なし。オは，全圧が一定なの

で気体を注入すると分圧が減少するため，気体分子数が増加する方向

である左に移動する。

【６】問1　ア　アルミニウム　　イ　石灰石　　ウ　一酸化炭素

　　エ　スラグ　　オ　濃青　　問2　①　$Fe^{2+}$　　②　$Fe^{3+}$

　　③　KSCN　　問3　ウ

〈解説〉問1　クラーク数(地殻中の元素の存在度)は，O，Si，Al，Feの順

に多い。$SiO_2＋CaCO_3→CaSiO_3＋CO_2$で生じる$CaSiO_3$がスラグである。

この濃青色沈殿はベルリンブルーともよばれる。　　問2　血赤色溶液

になるのはチオシアン酸カリウム水溶液を加えた場合である。

問3　銑鉄は炭素を約4％含み，硬くてもろい。鋼は炭素の含有率が約

0.02～2％とされている。

【7】 Ⅰ　問1　60　　問2　$C_3H_8O$　　問3　名称…2-プロパノール(イソプロパノール)　　構造式…$CH_3-\underset{\underset{OH}{|}}{CH}-CH_3$

Ⅱ　問1　A $\left\{CH_2-\underset{\underset{OCOCH_3}{|}}{CH}\right\}_n$　　B $\left\{CH_2-\underset{\underset{OH}{|}}{CH}\right\}_n$

問2　(ア)　①　　(イ)　③　　(ウ)　④　　問3　46.5〔g〕

問4　$5.00\times10^2$　　問5　30.0〔%〕

〈解説〉Ⅰ　問1　求める分子量を$M$，有機化合物の質量を$w$とすると理想気体の状態方程式$PV=\dfrac{w}{M}RT$より，

$M=\dfrac{1.0\times10^{-3}\times8.3\times10^3\times(273+27)}{41.5\times1.00}=60$　問2　$C:H:O=\dfrac{59.9}{12}:$

$\dfrac{13.4}{1}:\dfrac{26.7}{16}≒3:8:1$　よって，組成式は$C_3H_8O$で，式量が60となるので，分子式は$C_3H_8O$　問3　ヨードホルム反応を示すのは，$CH_3-$$CO-R$または$CH_3-CH(OH)-R$の構造をもつ化合物であり，$C_3H_8O$で表されるのは2-プロパノールである。　Ⅱ　問1　解答参照。

問2　酢酸ビニルを付加重合することでポリ酢酸ビニルを得られる。ポリ酢酸ビニルを水酸化ナトリウムで加水分解するとポリビニルアルコールを得られる。この加水分解をけん化という。ポリビニルアルコールをホルムアルデヒドで処理する反応をアセタール化という。

問3　ポリ酢酸ビニルと水酸化ナトリウムの反応は1molずつの反応である。ポリ酢酸ビニルの単量体の分子量は86であるので，$40\times\dfrac{100}{86}=$ $46.51≒46.5$〔g〕　問4　ポリビニルアルコールの分子量は$44n$だから，$44n=2.20\times10^4$より，$n=5.00\times10^2$　問5　分子量の増加が$2.29\times10^4-$ $2.20\times10^4=900$である。ビニロンは2個の$-OH$より1個の$-O-CH_2-$ $O-$が生じるので，1箇所のアセタール化で分子量の増加は12である。よって，$\dfrac{900}{12}=75$〔個〕の$-O-CH_2-O-$が生じ，$75\times2=150$〔個〕の$-OH$が使われたことになる。よって，その割合は，$\dfrac{150}{500}\times100=$ $30.0$〔%〕

## 【生物】

【1】問1　d　　問2　b　　問3

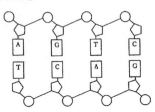

問4　(1)　ア　逆転写酵素　　イ　プライマー　　ウ　DNAポリメラーゼ　　エ　ヌクレオチド　　オ　サーマルサイクラー　　(2)　(A)
(3)　5′末端から3′末端に伸長　　(4)　通常のタンパク質に比べ，高温条件下でも変性，失活しない。　　(5)　3〔サイクル〕

〈解説〉問1　DNAはエタノールに溶けにくい。　　問2　鶏卵の卵白にはDNAが含まれていないため，実験材料として不適である。
問3　DNAは塩基と糖とリン酸によるヌクレオチドが基本単位であり，ヌクレオチド同士はリン酸を介したホスホジエステル結合で繋がっており，DNAは相補的な塩基対を形成する。また，条件①からこのDNAは4塩基対以上であるため各末端にそれぞれ足りない塩基を挿入する必要がある。　　問4　(1)　PCR法では主にDNAの増幅を行うため，RNAからDNAに逆転写する必要がある。　　(2)　溶液を95℃にすることでDNAの水素結合が切れる。溶液を55℃にすると，プライマーが1本鎖DNAに結合し，72℃に温度を上げると，DNAポリメラーゼがはたらき相補的なDNAが合成される。　　(3)　解答参照。　　(4)　耐熱性DNAポリメラーゼと呼ぶこともある。　　(5)　増幅したいDNA領域のみが含まれる2本鎖DNAは3サイクル目に生じる。

【2】問1　ア　38　　イ　電子伝達系　　ウ　クエン酸回路
エ　酸化　　オ　ピルビン酸　　カ　アセトアルデヒド　　キ　還元
ク　エタノール　　ケ　乳酸　　コ　解糖　　問2　パスツール
問3　(1)　式…$C_6H_{12}O_6 \rightarrow 2C_2H_5OH + 2CO_2(+2ATP)$
得られるATP…2〔分子〕　　(2)　1〔mol〕　　(3)　0.5〔mol〕

〈解説〉問1　解答参照。　　問2　酵母において，好気環境下ではミトコンドリアが発達し，嫌気環境下ではミトコンドリアのはたらきが抑制される。このような現象をパスツール効果という。　　問3　(1)　解答参照。　　(2)　好気呼吸において，反応式$C_6H_{12}O_6+6O_2+6H_2O\rightarrow6CO_2+12H_2O$より，$O_2$が3mol吸収されると，3molの$CO_2$が発生する。$CO_2$は4mol発生したのだから，残り1molの$CO_2$は発酵によって発生したと考えられる。　　(3)　発酵の反応式$C_6H_{12}O_6\rightarrow2C_2H_5OH+2CO_2$と(2)より，発酵によって生じた$CO_2$は1molであるから，分解されたグルコースは$1\times\dfrac{1}{2}=0.5$〔mol〕である。

【3】問1　ア　3　　イ　1　　ウ　3
　　完成した胚嚢…　　　　　　　　　問2

　　問3　(1)　30　　(2)　120　　問4　胚…G1G2　　胚乳…G1G2G2
〈解説〉問1　解答参照。　　問2　解答参照。　　問3　花粉と卵細胞がそれぞれ120個あると，120粒の種子が形成されると考えられる。花粉母細胞1個につき4個の成熟花粉がつくられるから，120個の花粉をつくるのに必要な花粉母細胞は30個である。一方，胚嚢母細胞1個につき卵細胞は1個形成されるから，120個の卵細胞をつくるのに必要な胚嚢母細胞は120個である。　　問4　系統1(G1G1)の配偶子(花粉)のゲノムはG1，系統2(G2G2)の卵細胞のゲノムはG2，中央細胞のゲノムはG2G2となる。重複受精が行われるから，胚のゲノムはG1G2，胚乳のゲノ

ムはG1G2G2となる。

【4】問1　ア　細尿管　　イ　糸球体　　ウ　ボーマンのう　　エ　毛
細血管　　オ　集合管　　問2　7200〔ml〕　　問3　23.04〔g〕
問4　ろ過されるが，すべて再吸収されるため。(19字)　　問5　タン
パク質は，本来ならば糸球体でろ過されることはないが，糸球体の血
管壁に障害が起き，通過しないはずのタンパク質が通過してしまう状
態になっている。　　問6　③→①→⑤→④→②

〈解説〉問1　腎単位は，腎小体と細尿管からなり，さらに腎小体は糸球
体とボーマンのうからなる。　　問2　糸球体にてすべてろ過され，か
つ細尿管・集合管にて再吸収されないイヌリンの濃縮率を1時間当た
りの尿生成量にかけることで計算する。すなわち，(原尿量)＝(イヌリ
ンの濃縮率)×(1時間当たりの尿生成量)＝$\frac{12.0}{0.1}$×60＝7200〔ml〕とな
る。　　問3　問2の結果より，1日の原尿量は7200×24〔ml〕，1日の尿
量は60×24〔ml〕と表せる。ここで，(血しょう中の尿素量)−(尿中の
尿素量)＝(尿素の再吸収量)より，(7200×24×0.3)−(60×24×20)＝
23040〔mg〕＝23.04〔g〕となる。　　問4　健常者において，グルコー
スは糸球体で100％ろ過され，細尿管で100％再吸収される。
問5　解答参照。　　問6　発汗によって体液中の水分量が減少し，これ
に伴ってNa$^{+}$濃度が上昇する(③)。これを感知した脳下垂体後葉はバ
ソプレシンの分泌を増加させる(①)。バソプレシンは集合管にて水の
再吸収を促進し(⑤)，体液のNa$^{+}$濃度は次第に減少する(④)。すると，
脳下垂体後葉からバソプレシンの分泌は抑えられる(②)。

【5】問1　665〔匹〕　　問2　区画法　　問3　5.75〔倍〕　　問4　天敵
や競争種がいないため。　　問5　ヒアリ　　問6　(1)　ア　⑧
イ　⑥　　ウ　③　　エ　②　　(2)　近交弱勢　　(3)　絶滅の渦

〈解説〉問1　湖に生息すると考えられるアカミミガメの個体数を$N$匹と
すると，$N$：95＝(12＋72)：12の関係が成り立ち，これを解いて，$N$＝
665〔匹〕となる。　　問2　解答参照。　　問3　親世代は40個体ずつい

るから，アカミミガメの雌は30個体，ニホンイシガメの雌は20個体いることになる。表6－1より，アカミミガメが1年で増やす子の数(生存している)は，$30 \times 23 \times 3 \times 0.5 \times 0.2 = 207$〔個体〕，ニホンイシガメが1年で増やす子の数(生存している)は，$20 \times 12 \times 2 \times 0.5 \times 0.15 = 36$〔個体〕となる。したがって，$207 \div 36 = 5.75$〔倍〕となる。

問4～問6 解答参照。

【6】問1 ア シルル イ 石炭 ウ デボン 問2 大気中にオゾン層が形成され，地表に届く紫外線量が減少した。(29字)

問3 乾燥に耐えられるようになった。 問4 クックソニア

問5 構造的変化…四肢を持つ 機能的変化…肺呼吸をする

問6 ・硬いうろこを持つ ・胚膜を形成する ・体内受精を行う

・尿酸を排出する から2つ

〈解説〉問1 解答参照。 問2 シアノバクテリアなどによる光合成によって，大気中に酸素が放出されるようになり，やがてオゾン層が形成されたと考えられている。オゾン層は紫外線を吸収するので，地表に届く紫外線量が減り，最初に植物の陸上進出が果たされたと考えられている。 問3，問4 解答参照。 問5 四肢は陸上を這うことに使われたと考えられている。また，原始的な魚類が獲得していた肺は陸上生活に適応する形で発達し，空気中で呼吸が可能になったと考えられている。 問6 解答参照。

## 【地学】

【1】問1 $\dfrac{300-180}{45-30} = 8.0$〔km/s〕 問2 エ 問3 モホロビチッチ不連続面(モホ面) 問4 O，Si，Al 問5 かんらん岩

問6 隆起する量を$x$〔m〕とすると，$0.9 \times 2500 \times 10^2 = 3.3 \times x \times 10^2$

$x = 6.8 \times 10^2$〔m〕

〈解説〉問1 震央距離の差とその間の伝播時間から速度を求めることができる。 問2 走時曲線は線中にある黒い点で折れ曲がっている。震央に近い地点では地表付近の岩石層を直接伝わってきた地震波が先

に到着する。しかし，震央から遠くなるとある地点からはより深い岩石層を伝わってきた地震波の方が速く到着するために折れ曲がりが生じる。今回②の方が折れ曲がる距離が震央に近いため，①よりも地震波が速く深い層に伝わったとわかるので，考えられる要因としてA層が薄いこと，伝わるP波の速度が大きいことが考えられる。　問3　A層とB層で地震波の速度が大きく変わっており，これをモホロビチッチ不連続面と呼んでいる。この面よりも上が地殻，下がマントルである。　問4　A層を構成する岩石の化学組成は，Oが重量比の約半分を占めている。SiとAlで3割強を占め，そのほかは多い順に，Fe，Ca，Na，K，Mgなどとなっている。　問5　下部地殻を構成する主な岩石は玄武岩，上部地殻は花崗岩である。　問6　南極大陸にある氷床の質量と隆起した量のマントルの質量は同じになる。それぞれの密度と体積の積が質量となるので，隆起量を$x$〔m〕として，単位面積当たり(1cm²)の質量を比較する。

【2】Ⅰ　問1　ウェゲナー　問2　②　ア　③　オ　④　ケ　⑤　サ　問3　ウェゲナーの説は，海底面を構成する地層の上を大陸自らが滑り動くとしており，プレートが動くことで，その表面に露出する大陸も動くとするプレートテクトニクス理論とは，大陸が動くメカニズムが異なる。(95字)　Ⅱ　問4　①　ひすい輝石　②　藍晶石　③　珪線石　問5　多形(同質異像)　問6　低温高圧型変成帯…カ　高温低圧型変成帯…イ　問7　イ

〈解説〉Ⅰ　問1　大陸移動説を提唱したのはドイツのベルリンで生まれたウェゲナーである。ウェゲナーは大西洋両岸の海岸線の形が類似していること，氷河の跡の分布や古生物の分布を証拠として大陸移動説を提唱した。　問2　大陸の移動だけでなく地球の極も移動するため，ウェゲナーは白亜紀以降の南磁極(南極点)の移動を割り出した。南アメリカを基準とした極移動と，アフリカを基準とした極移動を図2のように示し，このずれが大陸移動の証拠であるとされた。数字の単位は100万年単位で書かれている。それぞれの極移動は近くの大陸の極

移動を表しており，南アメリカ大陸のものはa−a′である。　問3　ウェゲナーの説では，地球上層部が花崗岩質の大陸地殻と，玄武岩質の海洋地殻に分かれ，大陸地殻が海洋地殻の上に浮かんでいるモデルが考えられていた。大陸地殻が海洋地殻の上を自ら滑ることで大陸移動を説明していた。プレートテクトニクスは，大陸プレートと海洋プレートがあり，プレートの動きで表面に露出した大陸も動くという理論である。　Ⅱ　問4　Naに富む斜長石は圧力が増すと石英と①のひすい輝石に分解する。$Al_2SiO_5$は3つの鉱物に分かれており，藍晶石，珪線石，紅柱石である。藍晶石は柱状で，高圧条件下でできた結晶片岩中でみられるため②である。珪線石は高温下であり，片麻岩やまれにホルンフェルスに含まれているため③である。紅柱石は泥質ホルンフェルス中にしばしば含まれる。　問5　化学組成が同じで，結晶構造が異なる鉱物の関係を多形(もしくは同質異像)という。　問6　花崗岩と玄武岩は火成岩であるため変成岩ではない。低温高圧型変成帯はプレートの沈み込み帯付近で起こり，結晶片岩を生じる。高温低圧型変成帯は大陸プレート内のマグマ溜まり付近で生じ片麻岩を形成する。ホルンフェルスや結晶質石灰岩(大理石)は接触型変成岩と呼ばれ，花崗岩質マグマの貫入などで，接した岩石が高熱のために変成作用を受けてできる岩石である。　問7　岩石が形成された圧力は，その地点までの岩石の重さによる圧力である。求める深さを$x$〔cm〕とすると，単位面積当たりにかかる岩石の重さは$2.60x$〔g〕となる。1気圧は単位面積に1kgの重さがかかっている圧力であるから，岩石が形成された気圧と，その地点までの岩石の重さが等しくなればよい。このことから，$2.60x = 9.00 \times 10^3 \times 10^3$が成り立つ。これを$x$について解くと，$x \fallingdotseq 3.46 \times 10^6$〔cm〕となり，kmに変換すると35kmとなる。

【3】問1　イ　　　問2　空気塊は，上昇とともに断熱膨張で温度が下がる。B地点に達すると空気塊が飽和に達し，水蒸気が凝結する。その際に，凝結熱(潜熱)が放出され，温度低下の割合が小さくなるから。
問3　エ　　　問4　ウ　　　問5　地上気圧を$P_0$，気圧が半分になる高度

をxとすると，$0.5 \times P_0 = P_0 \times 0.89^x$ より，$0.89^x = 0.5 \left(= \dfrac{1}{2}\right)$

$\log 0.89^x = \log \dfrac{1}{2}$　$x\log 0.89 = \log 1 - \log 2$　$x(\log 8.9 - \log 10) = 0 - 0.3010$

$x(0.9494 - 1) = 0 - 0.3010$　$x = 0.3010 \div 0.0506$　$x = 5.948\cdots$　5.95〔km〕

〈解説〉問1　上昇する空気塊は乾燥断熱減率で温度が下がり，持ち上げ凝結高度まで上昇すると凝結が起こり，雲ができはじめる。この高度を境にして空気塊の温度変化は小さくなるので，傾きが変化するBの高度が持ち上げ凝結高度であるとわかる。　問2　雲がB地点で発生するが，この際に潜熱を放出するため温度が低下するものの，放出された熱があるために温度低下の割合は小さくなる。　問3　空気塊の安定は，上昇した空気塊の気温が周囲の大気の気温よりも低ければ，空気塊はもとの位置に戻る絶対安定の状態である。気温減率が実際の気温分布を表しており，上昇した空気塊の気温が周囲の大気の気温よりも低い，つまり点線が実線よりも左側にある領域であるので，OからAの範囲が安定となる。　問4　上昇した空気塊の気温が周囲の大気の気温よりも高い場合，上昇を続ける絶対不安定の状態である。問3とは逆の状態であり，点線が実線の右側にくる領域であるからAより高いところとなる。　問5　気圧が半分になる高度をx〔km〕とする。高度が1km上がるごとに気圧の値が前の値の0.89倍になるから，地上気圧を$P_0$としたときに$P_0 \times 0.89^x$となる。求める値が累乗になるので両辺の対数をとってxを求めればよい。

【4】　Ⅰ　問1　$BD : x = 80.0 : x = 1 : \sqrt{3}$　よって，$x = 80.0 \times \sqrt{3} \fallingdotseq 80.0 \times 1.73 = 138.4$　138〔m〕　問2　ウ　問3　$50.0 \times \sin 30° = 50.0 \times \dfrac{1}{2} = 25.0$　25.0〔m〕　Ⅱ　問4　①　$CaCO_3$　②　$CO_2$　③　まさ　④　粘土　⑤　ボーキサイト　問5　温度変化によって岩石に細かい割れ目ができ，割れ目にしみ込んだ水の凍結による膨張によって，岩石が細かく砕かれていく。　問6　カルスト地形，ドリーネ，鍾乳洞　から1つ

〈解説〉Ⅰ　問1　地点Bで断層に達した点をB′とすると，B−B′の長さはx〔m〕となり，地点DBB′を結ぶと直角三角形となる。角BDB′は断層の傾斜角と等しく60°であり，各地点は一直線上であるのでBD＝BC＋CD＝80.0m，よって，直角三角形の辺の比で地表から断層までの長さを求められる。　問2　この地形について簡易的な断面図を書くと下図のようになる。

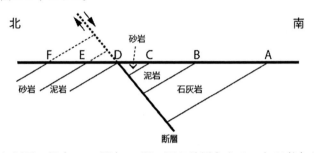

横ずれ断層の場合，CD間とDE間で同じ地層となることが考えられるが，今回は異なる地層であるから誤りであるといえる。地層は北に傾斜し，断層は南傾斜である。地層が北傾斜であり，BC間とDE間で同じ泥岩，CD間とEF間で同じ砂岩になるから断層を挟んで南側のAD間が上盤となる。DF間とBD間をつなげると，上盤が南側に落ちているので，上盤が下向きに落ちている正断層が正解となる。　問3　層厚は層理面間の距離と傾斜角から求めることができる。層理面間の距離をx〔m〕とすると，層厚はx×sin(傾斜角)である。　Ⅱ　問4　石灰岩の化学組成は$CaCO_3$(炭酸カルシウム)である。この炭酸カルシウムに水と$CO_2$(二酸化炭素)が加わることで反応Aのような化学的な風化作用が起こる。花崗岩は風化するとまさと呼ばれる砂状の風化物ができる。花崗岩は，含まれる鉱物によって温度変化にともなう膨張率が変わるために，岩石に割れ目が入る。これにより，風化が起こりやすくなる。カオリンなどは粘土鉱物と呼ばれ，砂の化学的風化が進むと粘土鉱物に変化する。熱帯でみられる粘土鉱物がより風化した際には，ボーキサイトと呼ばれる水に溶けにくいアルミニウムだけ残った残留鉱床ができる。　問5　物理的風化作用では，鉱物が日中と夜間の温度変化

で膨張や収縮をすることで細かい割れ目が生じる。この割れ目に雨水などの水がしみ込むが，水は温度が低下すると凍結し体積が膨張するため割れ目が拡大することとなる。　問6　石灰岩の反応Aによる風化では様々な地形が作られる。カルスト地形は，石灰岩が風化して柱状になったものが多く露出する地形であるカレンフェルトや，すり鉢状の凹地であるドリーネ，鍾乳洞などを含んだ総称である。

【5】問1　ア　シアノバクテリア　　イ　鉄　　ウ　オゾン層
問2　B, D　　問3　石灰岩　　問4　ストロマトライト　　問5　石炭紀からペルム紀にかけて地球上に大森林が形成され，その光合成により大量の酸素が放出されたため。(48字)　　問6　火山活動が活発化したため。(13字)

〈解説〉問1　約27億年前に登場した光合成を行う最初の原核生物はシアノバクテリアである。このとき海洋には鉄イオンが蓄積されており，この鉄イオンは酸素によって酸化されて沈殿し，酸化鉄層を作った。この酸化鉄に富む層と石英に富む層が交互になった縞状構造をもつ縞状鉄鉱層が形成された。酸素が大気中で増加した結果，酸素が紫外線を吸収してオゾン層を形成するようになった。このオゾン層が紫外線を吸収することで，陸上へ生物が進出することが可能になった。

問2　花崗岩は火成岩，凝灰岩も火山噴出物である火山灰が堆積してできたものである。片麻岩は大陸プレート内の高温低圧型変成帯でできる。以上から花崗岩，凝灰岩，片麻岩の生成に海は必要ない。礫岩は砕屑物の運搬によってできること，枕状溶岩は玄武岩質マグマが海水で急冷されてできるので，両者が海の存在を示唆する。　問3　海水中の二酸化炭素は，海水中のカルシウムイオンと結びつきやすく，生物のはたらきによって炭酸カルシウムを形成し，生物の死後に有機物とともに海底に堆積し石灰岩となる。カルシウムイオンは地表が風化されることで流水に溶け込み海へと運ばれる。　問4　シアノバクテリアの活動によって作られたドーム状の構造体は生痕化石であり，ストロマトライトと呼ばれている。オーストラリア西部のピルバラ地

域で見つかった27億年前のものが，現在確定している最古のものである。　問5　シルル紀ごろから陸上に植物が進出するようになり，石炭紀からペルム紀にかけて大森林が形成された。この森林によって光合成が行われ二酸化炭素が消費されることで，酸素濃度が上昇したと考えられている。　問6　ペルム紀末頃に火山活動が活発化したことで二酸化炭素濃度が上昇した。このころ過去6億年の中でも最大の火山噴火の一つとされているシベリア洪水玄武岩が噴出しており，この時代の火山活動は活発であった。このほかの様々な要因が重なったことで，ペルム紀と三畳紀の境界では大量絶滅が発生した。

【6】問1　①　オ　　②　ウ　　③　ケ　　問2　10000〔倍〕
　問3　100〔倍〕　　問4　16〔倍〕　　問5　イの恒星の絶対等級を$M$，見かけの等級を$m$，地球からイの恒星までの距離を$d$とすると，$M=m+5-5\log_{10}d$において，$M=0$，$m=5$より，$d=100$〔パーセク〕$=326$〔光年〕　　（別解）　絶対等級が見かけ5等級差で明るい。明るさが$\dfrac{1}{100}$なので，距離は10倍となり，$32.6×10=326$〔光年〕　　問6　恒星の進化において，主系列星の段階の期間は，巨星や白色矮星の段階の期間よりも長いから。　　問7　(1)　球状星団　　(2)　スペクトル型がO～A型の主系列星は，すべて巨星に進化したから。

〈解説〉問1　太陽はスペクトル型がG型で等級が5等級であるのでこれに最も近い恒星はオとなる。HR図では横軸で表面温度を表しており，M型は表面温度が低く，B型になるにつれて表面温度が高くなる。同じ表面温度で明るい星，同じ明るさで表面温度が低い星である右上の星は半径が大きいことを表している。半径が最も小さいのはこれと逆になる左下の恒星となるのでウである。HR図において主系列星はア・イ・オ・キ・ケが入る部分，白色矮星が左下，巨星・超巨星が右上の部分になる。恒星の色は温度が高くなるにつれて，赤，黄，白，青へと変わるため，主系列星の中でも温度が最も低いものが赤色となる。このことからケであるとわかる。　　問2　絶対等級は5等級小さくなるごとに100倍ずつ明るくなる。カの恒星はキと比べると10等級小さ

なるため，10000倍明るくなる。　問3　恒星が放射するエネルギーの総量はその恒星の表面積に比例するので，その恒星の半径の2乗に比例することとなる。カの恒星はキと比べて10000倍明るいことから放射するエネルギー量も同様に大きいことがわかる。これが恒星の半径の2乗に比例するので，明るさの平方根を取ると，半径は100倍となる。問4　黒体の表面$1m^2$から1秒間に放出されるエネルギーはシュテファン・ボルツマンの法則から表面温度の4乗に比例する。このことから，オの恒星とケの恒星の放射するエネルギーの比を取ると，$\dfrac{(6000)^4}{(3000)^4}=\dfrac{6^4}{3^4}=2^4=16$〔倍〕となる。　問5　恒星本来の明るさについて，見かけの等級を$m$，絶対等級を$M$，距離を$d$パーセクとしたとき，$M=m+5-5\log_{10}d$と表すことができる。図6からイの恒星の絶対等級がわかるので，式に当てはめると$0=5+5-5\log_{10}d$となり，$d$について解くと100パーセクとなる。10パーセクが32.6光年であるから，100パーセクは326光年である。別解では，天体の見かけの明るさは距離の2乗に反比例して暗くなることから，絶対等級との差を利用して距離を求めている。　問6　恒星の一生は暗黒星雲が重力で円盤を形成し，主系列星となり，その後赤色巨星や白色矮星へと変化する。主系列星の期間は非常に長く，例えば太陽と同じ質量の場合は100億年ほどの長さとなる。このように主系列星である期間が長いため，主系列星が多くなる。問7　(1)　図7が散開星団，図8が球状星団を表している。散開星団は重元素が多く若い種族Ⅰの恒星からなる星団であり，球状星団は重元素が少なく古い種族Ⅱの恒星からなる星団である。このことから，散開星団のほとんどが主系列星になるため，図7のようなHR図となる。一方で球状星団には赤色巨星が多数存在するため，右上に分布する恒星が多いHR図となる。　(2)　恒星が主系列星である期間はその質量の2～3乗に反比例する。すなわちHR図において左上に向かうにつれて恒星が主系列星である期間が短くなる。球状星団ではそれらがすべて巨星へと進化したために，スペクトル型がO～A型の恒星がほとんど存在していない。

## ●書籍内容の訂正等について

　弊社では教員採用試験対策シリーズ（参考書，過去問，全国まるごと過去問題集），公務員試験対策シリーズ，公立幼稚園・保育士試験対策シリーズ，会社別就職試験対策シリーズについて，正誤表をホームページ（https://www.kyodo-s.jp）に掲載いたします。内容に訂正等，疑問点がございましたら，まずホームページをご確認ください。もし，正誤表に掲載されていない訂正等，疑問点がございましたら，下記項目をご記入の上，以下の送付先までお送りいただくようお願いいたします。

---

① **書籍名，都道府県（学校）名，年度**
　（例：教員採用試験過去問シリーズ　小学校教諭　過去問　2025年度版）
② **ページ数**（書籍に記載されているページ数をご記入ください。）
③ **訂正等，疑問点**（内容は具体的にご記入ください。）
　（例：問題文では"ア〜オの中から選べ"とあるが，選択肢はエまでしかない）

---

〔ご注意〕

○ 電話での質問や相談等につきましては，受付けておりません。ご注意ください。

○ 正誤表の更新は適宜行います。

○ いただいた疑問点につきましては，当社編集制作部で検討の上，正誤表への反映を決定させていただきます（個別回答は，原則行いませんのであしからずご了承ください）。

## ●情報提供のお願い

　協同教育研究会では，これから教員採用試験を受験される方々に，より正確な問題を，より多くご提供できるよう情報の収集を行っております。つきましては，教員採用試験に関する次の項目の情報を，以下の送付先までお送りいただけますと幸いでございます。お送りいただきました方には謝礼を差し上げます。

（情報量があまりに少ない場合は，謝礼をご用意できかねる場合があります）。

◆あなたの受験された面接試験，論作文試験の実施方法や質問内容

◆教員採用試験の受験体験記

---

送付先

○電子メール：edit@kyodo-s.jp
○FAX：03-3233-1233（協同出版株式会社　編集制作部 行）
○郵送：〒101-0054　東京都千代田区神田錦町2-5
　　　　協同出版株式会社　編集制作部 行
○HP：https://kyodo-s.jp/provision（右記のQRコードからもアクセスできます）

※謝礼をお送りする関係から，いずれの方法でお送りいただく際にも，「お名前」「ご住所」は，必ず明記いただきますよう，よろしくお願い申し上げます。

教員採用試験「過去問」シリーズ

# 静岡県・静岡市・浜松市の
# 理科 過去問

| 編　集 | ©協同教育研究会 |
|---|---|
| 発　行 | 令和6年1月10日 |
| 発行者 | 小貫　輝雄 |
| 発行所 | 協同出版株式会社 |
| | 〒101-0054　東京都千代田区神田錦町2‐5 |
| | 電話　03－3295－1341 |
| | 振替　東京00190－4－94061 |
| 印刷所 | 協同出版・POD工場 |

落丁・乱丁はお取り替えいたします。

# 2024年夏に向けて
## ―教員を目指すあなたを全力サポート！―

## ●通信講座
志望自治体別の教材とプロによる
丁寧な添削指導で合格をサポート

詳細はこちら

## ●公開講座 (＊1)
48のオンデマンド講座のなかから、
不得意分野のみピンポイントで学習できる！
受講料は6000円〜　＊一部対面講義もあり

詳細はこちら

## ●全国模試 (＊1)
業界最多の **年5回** 実施！
定期的に学習到達度を測って
レベルアップを目指そう！

詳細はこちら

## ●自治体別対策模試 (＊1)
的中問題がよく出る！
本試験の出題傾向・形式に合わせた
試験で実力を試そう！

詳細はこちら

　上記の講座及び試験は，すべて右記のQRコードからお申し込みできます。また，講座及び試験の情報は，随時，更新していきます。

＊1・・・2024年対策の公開講座、全国模試、自治体別対策模試の情報は、2023年9月頃に公開予定です。

協同出版・協同教育研究会
https://kyodo-s.jp

お問い合わせは
通話料無料の
フリーダイヤル

0120 (13) 7300
いいみ　なさんおうえん
受付時間：平日（月〜金）9時〜18時　まで